AF330189

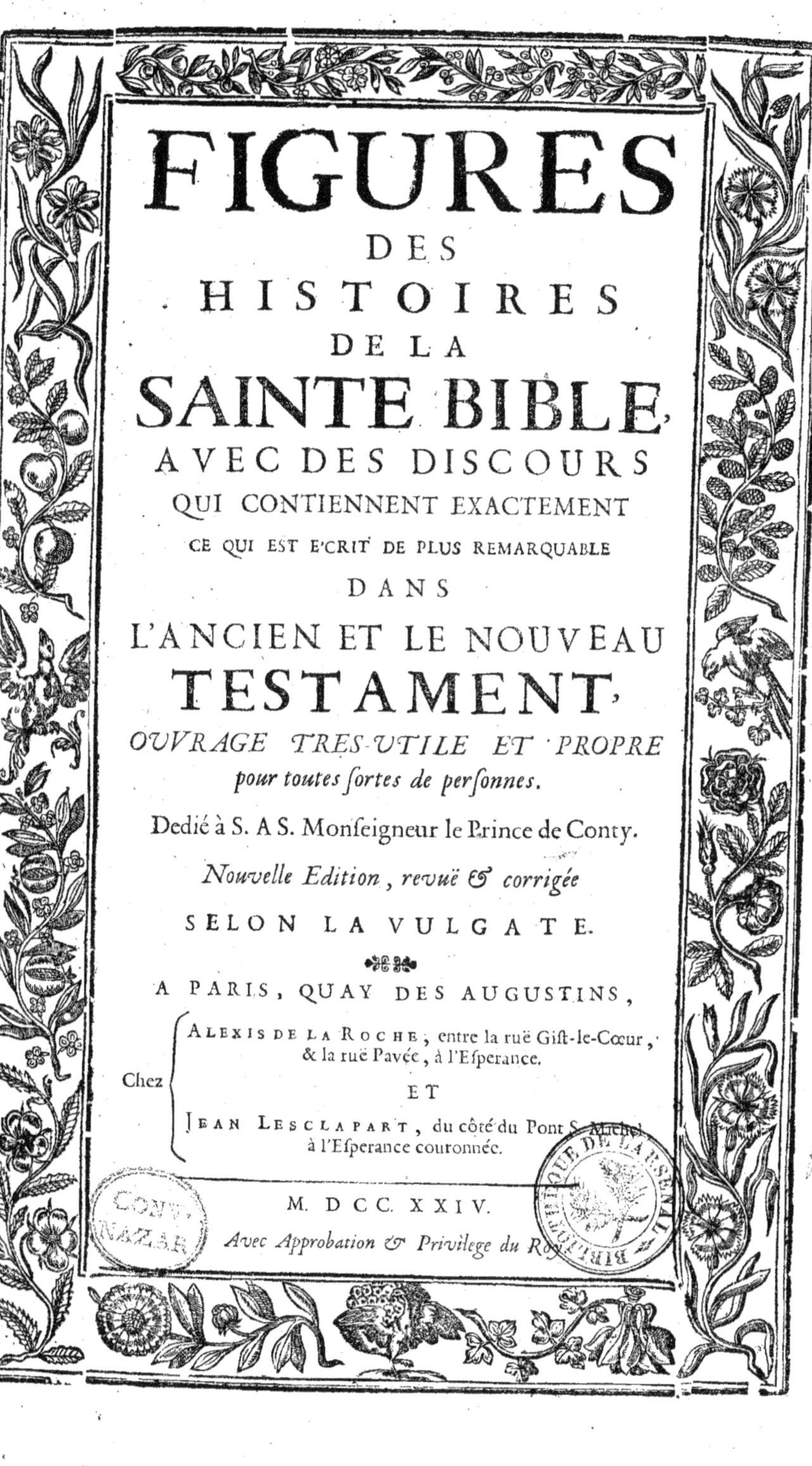

FIGURES

DES
HISTOIRES
DE LA
SAINTE BIBLE,

AVEC DES DISCOURS

QUI CONTIENNENT EXACTEMENT

CE QUI EST E'CRIT DE PLUS REMARQUABLE

DANS

L'ANCIEN ET LE NOUVEAU
TESTAMENT,

OUVRAGE TRES-UTILE ET PROPRE
pour toutes sortes de personnes.

Dedié à S. A S. Monseigneur le Prince de Conty.

Nouvelle Edition, revuë & corrigée

SELON LA VULGATE.

A PARIS, QUAY DES AUGUSTINS,

Chez

ALEXIS DE LA ROCHE, entre la ruë Gist-le-Cœur,
& la ruë Pavée, à l'Esperance.

ET

JEAN LESCLAPART, du côté du Pont S. Michel,
à l'Esperance couronnée.

M. DCC. XXIV.

Avec Approbation & Privilege du Roy.

A

SON ALTESSE SERENISSIME

MONSEIGNEUR

LE PRINCE DE CONTY.

MONSEIGNEUR,

Je crois rendre un grand service au Public, si je luy donne l'Histoire de l'Ancien & du Nouveau Testament, sous la protection de VOTRE ALTESSE SERENISSIME. Toute la France admire en vostre Personne tant de si loüables qualitez, & un si bel Esprit rempli de toutes les plus grandes Sciences, que je ne pouvois rendre cet Ouvrage plus recommandable, & luy donner un plus grand poids, qu'en le faisant paroistre sous vostre authorité. Tout le monde tombe d'accord, qu'entre tous les importans services que les grands Princes de votre Maison, ont rendus à l'Estat & à la Religion, on y doit compter l'estime & le respect qu'ils ont témoignez pour les Livres Saints par la Meditation continuelle qu'ils en faisoient. En effet, il est si rare de voir les Grands du monde s'appliquer à cette sorte de lecture, qu'on ne peut trop loüer à cét égard les exemples de pieté que nous admirons dans les derniers Princes de votre Nom. Ceux qui ont l'honneur de vous approcher & de vous entendre, publient par tout qu'il n'est point de Science dont vous n'ayez une parfaite connoissance, & qu'on ne peut penser ny s'énoncer d'une maniere plus juste & plus noble que vous le faites. Les beaux entretiens que VOTRE ALTESSE SERENISSIME a si souvent avec les Sçavans, leur font avoüer que vous ajoûtez beaucoup à leurs lumieres par vos Reflexions, & que vous jugez en Maistre des choses qu'eux mêmes ont eu peine de comprendre. Je ne doute donc point que les anciens & les nouveaux Catholiques étant informez, que V. A. S. m'a permis de mettre son Nom à la tête de ce Livre, ne soient également persuadez & de son prix & de son utilité. C'est, MONSEIGNEUR, le motif qui m'a porté à le publier, & à me declarer avec un tres-profond respect.

DE VOTRE ALTESSE SERENISSIME,

Le tres-humble, tres-obéïssant & tres-obligé
serviteur, G. d. B. d. S.

Eloge de tous les Auteurs des Livres Sacrez contenus dans la Sainte Bible.

IL ne suffit pas à la bonté de Dieu d'avoir tiré du neant l'homme, & toutes les choses qu'il a créées en sa faveur, si il ne le tire encore des tenebres de l'ignorance, où le peché d'Adam l'a plongé. C'est dans cette vûë qu'il a répandu ses dons sur ceux qu'il a voulu choisir pour nous annoncer ses merveilles, & pour nous instruire des veritez les plus importantes à notre salut. Entre cette precieuse élite de Serviteurs de Dieu, Moïse doit tenir le premier rang, puisque non seulement Dieu l'a établi Conducteur & Legislateur de son peuple délivré de la servitude d'Egypte, mais encore le fidele Historien de la Création du monde, & de tout ce qui n'est passé de plus remarquable depuis le commencement de toutes choses jusqu'à son temps. Les cinq Livres intitulez : la Genese, l'Exode, le Levitique, les Nombres & le Deuteronome, sont les Ouvrages de ce grand Prophete Josué, qui succeda à l'Esprit de Moïse, ainsi qu'à son ministere, ayant eu la gloire d'achever ce que son Predecesseur avoit commencé, & de mettre le Peuple de Dieu en possession de la Terre promise, aprés avoir surmonté tous les obstacles qui s'opposoient à cette glorieuse conqueste, nous en a laissé l'Histoire en abregé dans le livre qui porte son nom. Le Livre des Juges du Peuple Israël Successeurs de Josué, n'est qu'une suite continuelle des miracles que Dieu a fait en faveur de cette Nation choisie. L'Histoire des Rois de Juda & d'Israël n'est pas moins remplie de merveilles ; & les Auteurs de ces Livres sacrez, quoiqu'inconnus, ne laissent pas de meriter nos respects. Le Prophete Roy qui a embelly l'Ecriture Sainte de ses actions heroïques, l'a aussi enrichi de ses Pseaumes, qui sont autant de sources tres-pures dans lesquelles nous devons puiser l'esprit de l'oraison & de la penitence, & c'est dans ce pieux dessein que toute l'Eglise les chante dans l'Office divin. Salomon fils & successeur de ce saint Monarque, a répandu dans ses Cantiques, dans ses Proverbes, & dans ses autres Ouvrages le precieux don de la Sagesse dont il étoit rempli. Nous devons la même veneration aux Ecrits de ces Saints Personnages, Job, Tobie, Daniel, Esdras, & à ceux de tous les grands & petits Prophetes qui ont illustré & enrichi l'Ancien Testament des Propheties que le Saint Esprit leur a revelées. Ainsi nous ne devons entreprendre la lecture les Livres sacrez qu'avec un profond respect pour la memoire de leurs Auteurs, puisque Dieu s'est servi de leur ministere pour nous éclairer & pour nous conduire dans la voye du Salut.

DIEU qui de toute éternité avoit tracé le plan de la création du monde dans son entendement divin, voulant mettre au jour ce chef-d'œuvre de sa sagesse & de sa toute-puissance : le commença par la création du Ciel & la Terre, qui n'étoit qu'une matiere informe & un vuide tenebreux. Ce que Dieu avoit fait jusques-là, étoit seulement le premier trait de son dessein, & le fondement de cet édifice merveilleux. L'Ecriture nous apprend qu'il employa six jours à ce grand ouvrage. Au premier, aprés la création du Ciel & de la Terre, il commanda que la lumiere fut faite ; il la sépara des tenebres, & la lumiere fut appellée le jour, & les tenebres la nuit. Au second jour, il crea le Firmament au milieu des eaux, & lui donna le nom de Ciel. Au troisiéme, il commanda aux eaux qui étoient sous le Ciel de s'assembler en un même lieu, & de laisser à sec la terre qui en étoit couverte. Dieu ordonna ensuite à la terre de produire toutes sortes d'herbes & de plantes qui donnassent des fruits, & qui portassent d'elles-mêmes une semence qui servit à les multiplier, & à les conserver chacune dans son espece. Au quatriéme jour, Dieu crea ces deux grands corps lumineux, que nous appellons le Soleil & la Lune, dont le plus grand presideroit au jour & le moindre à la nuit, & qui serviroient encore à marquer les temps, les jours, les mois & les ans. Il fit aussi les étoiles qu'il attacha au Firmament, pour briller pendant la nuit. Au cinquiéme jour, Dieu commença la création des animaux par les Aquatiques, & par une infinité de Poissons de toute espece & de toute grandeur, qu'il forma dans le sein des eaux, leur imposant la necessité de croître & de se multiplier. Les Oyseaux eurent une même origine que les Poissons, & le même jour Dieu les tira de la mer, & les ayant créez, il leur donna l'air en partage, comme il avoit donné les eaux aux Poissons. Au sixiéme jour, il commanda à la terre, qui avoit déja produit des herbes & des plantes, de produire des estres plus nobles & plus parfaits, & de se peupler d'animaux de toutes sortes d'especes.

Genese Chap. 1.

DIEU ayant créé en cinq jours le Ciel & la Terre, les plantes & les animaux, il ne lui reſtoit plus qu'à donner un Maître à l'Univers. C'eſt ce qu'il fit le ſixiéme jour, lors qu'ayant dit : Faiſons l'Homme à noſtre image & reſſemblance, & qu'il étende ſa domination ſur tous les animaux, il prit du limon de la terre dont il le forma ; & pour en conſerver l'eſpece par la propagation, il en fit un maſle, & l'autre femelle, leur commandant de croiſtre & de ſe multiplier, & de remplir toute la Terre, ſur laquelle ils exerceroient leur puiſſance. Dieu enſuite le mit en poſſeſſion de toutes les plantes & de tous les arbres fruitiers, qu'il lui marqua pour ſa nourriture, & pour l'entretien de ſa vie; ce qu'il accorda de même à tous les animaux, & à tout ce qui ſe nourrit par le manger. Alors Dieu jettant les yeux ſur le grand ouvrage qu'il avoit créé, trouva que tout ce qu'il avoit fait étoit dans la bonté & dans la perfection, que toutes choſes doivent avoir, chacune dans ſon eſpece ; ainſi ſe paſſa le ſixiéme jour de la création. Ce grand ouvrage étant achevé, Dieu ſe repoſa au ſeptiéme jour, qu'il ſanctifia par ſon repos, ceſſant de s'occuper à la création de toutes choſes. Tel eſt le commencement du monde, & de tout ce qu'il contient.

Geneſe 1. & 2. Chap.

DIEU ne se contenta pas de créer l'Homme, & d'établir sa domination sur tout le monde, il voulut encore lui faire passer une vie heureuse, & tranquille dans le Paradis Terrestre, qui étoit le lieu le plus delicieux de la Terre, dans lequel il trouvoit tout ce que les arbres peuvent produire d'excellent au goût ou d'agréable à la vûë. Il y avoit au milieu de ce Paradis deux arbres, dont les fruits renfermoient en eux une singuliere vertu. L'un s'appelloit l'Arbre de vie, & l'autre l'Arbre de la science du bien & du mal. Ce fut des fruits de ce dernier que Dieu défendit l'usage à l'Homme, sur peine de la mort ; bien qu'il lui eût acordé la permission de manger de tous les autres. Dieu fit ensuite venir devant Adam tous les animaux, afin qu'il leur donnât leurs noms. Ce fut pour lors qu'Adam donna des marques de sa sagesse, imposant à chacun d'eux le nom qui convenoit le mieux à sa nature & à ses proprietez. Parmi cette affluence de delices, le bonheur d'Adam étoit encore imparfait, il lui manquoit une compagnie semblable à lui. Il s'endormit d'un profond sommeil, pendant lequel Dieu tira une des costes d'Adam, dont il forma la Femme, l'amena à Adam, qui la voyant lui dit : Qu'elle étoit l'os de ses os & la chair de sa chair : C'est pourquoi dans tous les Siecles à venir l'Homme seroit obligé de quitter son pere & sa mere, pour s'unir étroitement à sa femme, & n'êrre tous deux qu'une même chair. Or Adam & Eve étoient nuds, & ils n'avoient point de honte de leur nudité.

Genese 2. Chap.

ADAM & Eve engagez dans les liens de l'union conjugale, joüiſſoient à peine des délices du Paradis Terreſtre, lors que le Demon, qui étoit déja tombé par ſon orgüeil, jaloux de leur bonheur & de leur innocence, reſolut de leur faire perdre l'un & l'autre, & de les rendre coupables du même crime qui l'avoit précipité dans les enfers. Il employe pour ce ſujet les ruſes & les artifices du Serpent, le plus fin & le pernieux de tous les animaux, qui voulant attaquer l'homme par l'endroit le plus foible, s'adreſſa à la femme, pour l'obliger à manger du fruit deffendu. Il la tente d'ambition, & lui fait entendre que l'uſage de ce fruit leur donnant la connoiſſance du bien & du mal, les rendra ſemblables à Dieu. Eve ſuccombe à cette tentation delicate, elle mange du fruit deffendu, & engage ſon mari à en faire de même : Mais ils n'eurent pas plûtôt contenté leur paſſion, que leurs yeux s'étans ouverts, la honte de ſe voir nuds les obligea de ſe couvrir de feüilles de figuier : Dieu irrité de la déſobéïſſance d'Adam, lui dit : Adam où eſt-tu ? Adam & Eve craignant ſa colere s'enfoncerent dans l'épaiſſeur d'un bois, pour ſe cacher s'ils pouvoient à ſes yeux. Enfin Adam forcé de répondre à la voix de Dieu, rejetta la faute de ſa rebellion ſur les ſollicitations de ſa femme, & la femme ſur la perſuaſion du Serpent, que Dieu chargea auſſi-tôt de malediction en punition de ſa fraude, le condamnant à ramper ſur la terre, à ſe nourrir de pouſſiere, & être écraſé ſous les pieds de la femme, dont la race lui feroit une guerre éternelle. Eve en punition de ſa déſobéïſſance fut aſſujettie aux douleurs & aux perils de l'enfantement ; Et enfin Adam fut reduit à chercher ſa ſubſiſtance dans le travail de ſes mains, & à cultiver la terre, que Dieu avoit rendu ſterile en punition de ſa revolte.

Geneſe 3. Chap.

DIEU n'eut pas plûtôt prononcé cet Arreſt de condamnation contre Adam & Eve,
& toute leur poſterité, qu'ils furent chaſſez du Paradis Terreſtre ; & ces deux miſe-
rables exilez ne trouvant plus par tout où ils alloient, que de l'indigence & de la ſterilité,
puiſque la terre avoit été condamnée à ne leur produire que des chardons & des épines,
Adam fut contraint de la cultiver avec beaucoup de peine & de fatigue, & de gagner ſon
pain à la ſueur de ſon front. Ce fut en ce tems-là qu'Eve conçût & enfanta Caïn, diſant
que Dieu lui avoit donné un homme. Elle donna enſuite un ſecond fils à Adam, & le
nomma Abel. Ces deux enfans eurent chacun un emploi different : celui d'Abel fut de mener paiſtre les brebis, pendant que Caïn s'occupoit de ſon coſté à l'Agriculture. Chacun
d'eux offroit à Dieu les fruits de ſon travail : Caïn lui faiſoit une offrande des fruits de la
terre, & Abel lui faiſoit un Sacrifice des premiers agneaux de ſes brebis. Il y avoit encore
cette difference entre les Sacrifices de ces deux freres : Caïn preſentoit à Dieu ce qu'il
avoit de plus vil ; Abel au contraire, lui offroit l'élite de ſon troupeau. Auſſi Dieu regardoit
leurs Sacrifices d'une maniere bien differente, il recevoit avec plaiſir les offrandes d'Abel, au
lieu que le Sacrifice de Caïn lui eſtoit en horreur. Celui-ci conçût de là une haine implacable contre ſon frere, & il forma dés ce tems-là le deſſein de le faire mourir. Ce qu'il executa au milieu d'une campagne, où il avoit invité Abel de venir avec lui.

Geneſe 4. *Chap.*

LA voix du sang d'Abel injuftement répandu par fon frere, s'éleva jufqu'au Ciel, & follicita auprés de Dieu la vengeance d'un crime fi énorme. Dieu demanda à Caïn ce qu'étoit devenu fon frere, & ce paricide voulant cacher fon crime, répondit qu'il n'en fçavoit rien, & que fon frere ne lui avoit pas été donné en garde. Mais Dieu lui ayant fait connoiftre que rien ne lui étoit caché, chargea de malediction ce malheureux coupable, le condamnant à courir par toute la terre comme un vagabond & un fugitif, ayant toûjours devant fes yeux l'image de fon crime, dont l'horreur le fuivoit par tout. Caïn confeffe que fa faute eft trop grande pour ofer en efperer le pardon ; il fuit, il fe cache de caverne en caverne pour éviter la mort ; mais Dieu ayant menacé d'un châtiment rigoureux celui qui tuëra Caïn, prit foin de le diftinguer par une marque pour le garantir d'eftre tué. Caïn fuyant la prefence de Dieu, fe retira dans un Païs fitué à l'Orient du Paradis Terreftre, où il s'établit & engendra Enoch, lequel fut pere d'Irad, Irad eut pour fils Maviaël, d'où fortit Mathufaël, & de Mathufaël, Lamech, qui eut deux femmes, dont l'une s'appelloit Ada, & l'autre Sella.

Genefe 4. *Chap.*

LE monde étoit alors comme dans son enfance, & ces premiers tems sont appellez le premier âge du monde. Ce fut pour lors, que les hommes s'étant multipliez en grand nomble, & partagez en plusieurs Nations ; la necessité, que nous appellons la mere des Arts, les rendit ingenieux à inventer de differentes Profession, sans lesquelles il leur étoit impossible de subsister, & d'entretenir le commerce & la societé qui lient les Nations entieres. Chaque invention eut son inventeur particulier. Jabel, auteur de la vié champêtre, inventa l'usage des Tentes, & la maniere de faire paître & d'entretenir les troupeaux. La Musique doit à Jubal les Instrumens qui servent à l'Harmonie ; & Tabalcain mit au jour l'art de forger les Metaux. Pendant que la posterité de Caïn se multiplioit en nombre & en malice, celle de Seth, qui étoit un fils que Dieu avoit donné à Adam, pour réparer la perte d'Abel, croissoit en pieté à mesure qu'elle croissoit en nombre. Seth engendra Enos, qui a donné le premier une forme de Religion au culte que les hommes rendent à Dieu, dont il leur apprit à invoquer le nom, Dieu lui donna un posterité nombreuse. En ce tems-là Adam mourut aprés avoir vêcu neuf cens trente ans. Les descendans de Seth avoient conservé jusques là les sentimens de Religion & de Pieté, qu'ils avoient reçûs de pere en fils, lorsque venant à faire des aliances avec les enfans de Caïn, qui étoit une race impie & corrompuë, il se pervertirent entierement, & devinrent aussi mechans qu'ils avoient été bons. Depuis ce tems-là les hommes s'abandonerent à toutes sortes de crimes, & cette corruption fut si generale, qu'elle infecta tout le monde, qui méprisoit ouvertement la Loi de Dieu, & les châtimens que sa Justice lui préparoit : Car Dieu avoit resolu d'exterminer tous les hommes, excepté Noé & sa famille.

Genese 5. & 6. Chap.

DANS un Siecle ſi generalement corrompu, Dieu ne trouva qu'un ſeul homme juſte. Ce fut Noé, qui ſeul avec ſes enfans conſerva l'innocence de ſes mœurs. Dieu lui ayant déclaré qu'il avoit reſolu de purger toute la terre de ſes iniquitez par un déluge univerſel, & de ne reſerver que lui & ſa famille; lui commanda de conſtruire une Arche de bois de trois cens coudées en longueur, & de 50 en largeur, ayant pluſieurs Appartemens; l'un pour s'y loger avec ſa femme & ſes enfans, & les autres pour y recevoir 7 paires de toutes les eſpeces des Animaux purs, & deux paires des animaux impurs, pour repeupler la terre aprés le deluge. Noé executant ponctuellement ce que Dieu lui avoit ordonné, employa cens ans à la conſtruction de l'Arche. Lorſqu'il édifioit ce bâtiment prodigieux les hommes etoient ſi aveuglez, & ſi obſtinez dans leur malice, qu'ils ſe mocquoient des précautions que ce Saint Patriarche prenoit pour ſe garantir des eaux du deluge, bien qu'il les eût ſouvent avertis de la part de Dieu du deſaſtre qui leur devoit arriver, s'ils perſeveroient dans leur impieté.

Geneſe 6. & 7. Chap.

ENFIN le temps de la vengeance de Dieu fur les hommes étant arrivé, & Noé
s'étant refugié dans l'Arche avec fa famille, pour fe garantir du defaftre qui alloit
faire perir tout le refte du genre humain, les Cataractes du Ciel fe rompirent, & une
pluye abondante qui dura quarante jours & quarante nuits, innonda tellement la terre,
que les eaux s'éleverent quinze coudées au deffus des plus hautes Montagnes. Alors tout
ce qui refpiroit fur la terre fut étouffé dans les eaux, & les hommes avec les beftes furent
également entraînez, & confondus les uns avec les autres dans ce defaftre univerfel. La
Terre ayant demeuré prés d'un an enfevelie dans cette innondation, les eaux commencerent enfuite à s'abbaiffer, & l'Arche s'arrefta fur les Montagnes d'Armenie. Ce bâtiment
merveilleux eft la figure de l'Eglife, felon le fentiment des Peres: Car de même que nul
n'a été fauvé des eaux du déluge, que ceux qui ont été enfermez dans l'Arche de Noé: de
même auffi perfonne ne peut eftre prefervé de la damnation, que ceux qui fe font refu-
giez dans le fein de l'Eglife.

Genefe 7. Chap.

DIEU fe reffouvenant de Noé, & de tous les animaux qui étoient entrez dans l'Arche, fufcita un vent fur la terre qui diminua les eaux. Celles de la mer & des fontaines fe refferrerent dans leur lit, & la pluye ayant ceffé, les eaux courans de ça & de là, furent cent cinquante jours à fe retirer de deffus la terre, & s'abaifferent enfin le vingt-feptiéme jour du feptiéme mois. Alors l'Arche s'étant arreftée fur les montagnes d'Armenie, Noé ouvrit la feneftre de l'Arche pour en faire fortir un Corbeau, lequel ne revolant point dans l'Arche, il fit envoler une Colombe ; mais la Colombe n'ayant point trouvé d'endroit où elle pût fe repofer, retourna dans l'Arche. Sept jours étant écoulez, il la fit fortir une feconde fois de l'Arche, où elle retourna avec une feüille d'Olivier dans fon bec: Ce que Noé prit pour une marque infaillible que le déluge avoit ceffé, & que les eaux s'étoient entierement retirées ; & auffi-toft ayant découvert l'Arche, il reconnut que la terre étoit feiche. Alors Dieu lui commanda de fortir de l'Arche avec fa femme & fes enfans, & tous les animaux qui y étoient enfermez, afin qu'ils fe multipliaffent fur la terre. Noé n'eut pas plûtôt obeï au commandement de Dieu, qu'ayant mis le pied fur la terre, il remercia Dieu de l'avoir prefervé par une grace finguliere, d'un defaftre qui avoit fait perir tout le refte des hommes.

Genefe Chap. 8.

NOE' ne fut pas plûtôt forti de l'Arche, qu'il employa le premier moment de fa fortie à dreffer un Autel, fur lequel il offrit à Dieu un Sacrifice d'Animaux purs, en reconnoiffance de ce qu'il l'avoit fauvé des eaux du deluge. L'odeur de ce Sacrifice fut fi agréable à Dieu, qu'il promit de ne plus donner de maledictions à la Terre, & de ne plus détruire les hommes à l'avenir, & que l'ordre des Saifons & des jours, & les tems de la Moiffon ne feroient plus deformais interrompus, & qu'ils dureroient jufqu'à la fin du monde. Dieu donna enfuite fa benediction à Noé & à fes enfans, leur commandant de croître & de fe multiplier pour reparer les maux que le deluge avoit fait à la race d'Adam, à laquelle il donnoit un pouvoir general fur tous les animaux, dont il permettoit aux hommes de manger la chair pour l'entretient de leur vie, excepté qu'ils ne mangeroient pas la chair avec le fang. Dieu fit enfuite une **Aliance** éternelle avec Noé & fes enfans, établiffant l'Arc-en-Ciel, comme la marque & le fceau de ce pacte, dont ce meteore lui re-nouvelleroit la memoire autant de fois qu'il paroîtroit, pour le faire fouvenir, de ne plus deformais punir les hommes par un châtiment femblable à celui du déluge univerfel.

Genefe 8. & 9. Chap.

QUAND Noé sortit de l'Arche, il avoit trois fils, nommez Sem, Cham & Japhet, dont la posterité repeupla la terre, & il s'employa avec eux à la cultiver, & à reparer le desastre que le deluge y avoit causé. Ce fut dans ce tems-là qu'il commença à planter la vigne, qui jusqu'alors avoit esté inconnuë aux hommes ; & lorsque le fruit de cette plante fut venu en maturité, il en tira le jus dont il bût, & le trouva si délicieux, qu'il en prit avec excés, ne sçachant pas que ce breuvage pris outre mesure, avoit la force de troubler la raison. Mais il en ressentit bientost les effets ; car s'étant endormi & ayant laissé voir à ses enfans ce que la pudeur nous oblige de cacher avec soin : Cham qui vit son pere dans cette posture indecente, s'en mocqua, & en voulut faire à ses freres un sujet de raillerie ; mais Sem & Japhet plus sages que leurs freres, en eurent de la honte, & tournans la vûë d'un autre côté, couvrirent leur pere d'un manteau. Noé ayant appris la raillerie criminelle de Cham, & le peu de respect qu'il avoit eû pour lui, en eut de l'indignation contre ce fils dénaturé. Il ne voulut pas néanmoins le maudire dans sa propre personne, mais dans celle de son fils Chanaan. Il benit au contraire Sem & Japhet, & ayant vêcu neuf cens cinquante ans, il mourut trois cens cinquante ans aprés le Déluge. Ses descendans se multiplierent tellement en peu de tems, qu'ils remplirent toute la terre. Sem eut l'Asie en partage, Cham l'Affrique, & Japhet l'Europe.

Genese 9. Chap.

LA terre ayant été partagée entre Sem, Cham & Japhet, leurs descendans la repeu-
plerent en peu de temps. Chanaam fils de Cham occupa avec sa posterité le païs
auquel il a donné son nom, & les familles qui sont sorties de lui, se répandirent depuis
Sidon jusques à Gaza, & de-là en passant par les Villes de Sodome & Gomorre, Adama
& Seboïm, jusqu'à Laza. De Sem frere aîné de Japhet, sont sortis Heber & sa posterité. Elam, Assur, Arphaxad, Lud & Aram, furent aussi du nombre de ses descendans.
Ce fut en cette sorte que la terre se repeupla, & que l'on commança à bâtir des Villes
pour y ranger une partie des hommes sous de mêmes Loix & dans une même societé, &
pour les faire vivre en commun dans les Regles de la vie civile, pendant que les autres pre-
ferant la vie champêtre au sejour des Villes, s'adonnoient à l'Agriculture, & les autres
à la chasse. Ce fut aussi dans ce même tems que l'on commença à jetter les fondemens des
Monarchies, & des Republiques qui partagent le monde.

Genese 10. *Chap.*

TOUS les hommes jusques-là parloient le même langage, lorsqu'un peuple qui venoit du costé de l'Orient, ayant établi sa demeure dans le Païs de Sennaar, forma le dessein de bâtir une Ville avec une Tour, dont il prétendoit élever le faiste jusqu'au Ciel. Le Geant Nembrod, un des descendans de Cham, fut l'Auteur de ce grand dessein; il s'étoit fait déclarer le Chef de ce peuple, dont ensuite il devint le Tyran, tant il rendit sa domination odieuse & insuportable. Cet homme fier & superbe, crut que rien n'étoit capable de s'opposer à son entreprise; les Ouvriers qu'il employa, travailloient à ce grand édifice avec une ardeur incroyable; & cette Tour alloit bientost s'élever jusqu'aux nuës, lorsque Dieu qui se mocque des entreprises des hommes, mit une si grande confusion de langage parmi ce peuple insensé, que les Ouvriers ne s'entendans plus l'un l'autre, la discorde se glissa parmi eux. Il n'en fallut pas d'avantage pour leur faire abandonner un Ouvrage qu'ils avoient commencé avec tant de chaleur, & c'est de là que le nom de la Tour de Babel a tiré son origine. Ce peuple s'étant ainsi dispersé dans toutes les parties du Monde, cette division donna lieu à la diversité des Langues qui partagent les Nations.

Genese 11. Che.

HEBER de qui les Hebreux ont tiré leur origine, étoit de la race de Sem, fils aîné de Noé, Abram, fils de Tharé, fut un des descendans d'Heber. Ur Ville de Chaldée fut sa patrie. Les sentimens de la nature devoient l'engager à y passer toute sa vie; mais la voix de Dieu qui l'appelloit ailleurs, eut plus de pouvoir sur son esprit que les engagemens de la naissance : car il ne lui eut pas plûtôt commandé de quitter son pays natal, que ce Patriarche obéïssant à la voix du Seigneur, se mit en chemin avec Saraï son épouse, & son neveu Loth qu'il adopta parce qu'il n'avoit point d'enfans. Après avoir traversé plusieurs Provinces, ils arriverent à Sichem dans le pays de Chanaan où Dieu lui ayant apparù, vois-tu, lui dit-il, cette Region fertile & abondante en toutes choses, je la donnerai un jour à ta posterité. Abram voulant remercier Dieu d'une promesse si avantageuse, dressa un Autel dans l'endroit où l'apparition s'estoit faite, & invoqua le nom du Seigneur. Une grande famine estant survenuë dans la terre de Chanaan, il fut contraint de prendre la route de l'Egypte pour y trouver de quoi subsister ; mais craignant que la beauté de sa femme ne donnât sujet aux Egyptiens d'attenter à sa vie ; ta beauté, lui dit-il, sera cause que les Egyptiens me feront mourir, si tu ne dis que tu es ma sœur, c'est pourquoi il faut que tu passe pour telle, si tu veux que ma vie soit en sûreté. Sa crainte n'estoit pas sans fondement : car les Egyptiens ayant vû Saraï si belle, l'enleverent pour la mener à leur Roy Pharaon ; mais Dieu ayant puni severement ce Prince pour avoir attenté à la pudeur de cette femme, Pharaon fut contraint de la rendre à son mari, auquel il fit un traitement honneste, les faisant conduire l'un l'autre avec leurs richesses dans le lieu où ils voulurent aller.

Genese 12. Chap.

ABRAHAM qui étoit forti de l'Egypte avec de grandes richeffes, étant revenu dans la Paleftine, s'arrefta entre Bethel & Haï, où il avoit déja féjourné, & il invoqua en cet endroit le Nom du Seigneur. Loth étoit toûjours affocié avec lui ; mais comme ils menoient avec eux une fi grande quantité de brebis & de bœufs, que le pays où ils féjournoient enfemble ; étoit incapable de leur fournir fuffifamment de quoi nourrir leurs troupeaux, cela fit naître une difpute entre les Pafteurs de ces deux Maîtres. Pour remedier à ce défordre, Abraham propofa à Loth une féparation de gré à gré, pour éviter à l'avenir de femblables differens, lui donnant le choix d'aller de quel cofté il lui plairoit, puifqu'ils ne pouvoient plus demeurer enfemble. Loth ayant jetté les yeux fur de belles & fertiles plaines arrofées par le Fleuve du Jourdain, aux environs de Sodome & Gomorre, il fe détermina de choifir une habitation dans cet endroit là, pendant qu'Abraham allant d'un autre cofté, dreffa fes tentes dans la Plaine de Mambré, où il érigea un Autel

Genefe 13. Chap.

LOTH s'étant établi avec sa famille à Sodome, il arriva qu'Amraphel Roy de Sennaar, se ligna avec trois autres Rois ses voisins, pour faire la guerre aux Rois de Sodome & Gomorre. Les deux armées étans venuës aux mains dans la Vallée de Siden, les Rois de Sodome & de Gomorre furent défaits & mis en fuite. Le Roi de Sannaar & ses alliez poursuivans leur Victoire, Loth qui étoit engagé dans le parti des Vaincus, eut le malheur de tomber en la puissance des Vainqueurs, avec tout ce qu'il possedoit, & ils l'emmenoient prisonnier, lorsqu'un de ses serviteurs qui s'étoit sauvé de la défaite, en ayant porté la nouvelle à Abraham : Il se mit aussi-tost à la teste de trois cens dix-huit mil hommes, qui composoient toute l'élite de sa Maison, & marcha avec tant de diligence, qu'ayant atteint les ennemis, il les attaqua avec une vigueur extrême, & les ayant défaits, il retira son Neveu Loth de leurs mains. Milchisedech Roy de Salem, & grand Prestre, étant venu au devant de luy pour le congratuler de la Victoire qu'il venoit de remporter, & luy offrir du pain & du vin pour rafraîchir ses Soldats ; Abraham qui ne vouloit point ceder à la generosité de ce Prince, lui donna la dixiéme partie du butin qu'il avoit fait sur les Ennemis. Le Roy de Sodome qu'Abram avoit secouru si à propos, lorsqu'il étoit en danger de se voir chassé de son Royaume, l'ayant prié de retenir tout le butin, il le refusa genereusement, pour éviter le blâme de s'estre enrichi du bien d'autrui, & en retint seulement la valeur de la dépense que ses gens avoient faite.

Genese 14. Chap.

DIEU qui ne vouloit pas laisser son Serviteur Abraham sans lui donner des marques de sa bonté, lui apparut encore, lui promettant de le tenir toûjours sous sa protection : Ce Patriarche étoit affligé de la sterilité de sa femme, mais Dieu pour le consoler l'assura que le nombre de ses descendans égaleroit celui des Etoiles du Firmament. Cependant Sara ennuyée de se voir toujours sterile, presenta à son mary Agar sa servante, laquelle ayant enfanté Ismaël, en conçut un si grand mépris pour sa maîtresse, que Sara en ayant fait des plaintes à Abraham, la chassa de sa maison. Agar ne sçachant où se refugier, & déplorant son malheur, un Ange la vint consoler, lui conseillant de s'aller jetter aux pieds de sa maîtresse, pour lui demander pardon ; & en même tems il lui predit qu'une posterité nombreuse sortiroit de sa race. Abraham étant encore favorisé d'une nouvelle Apparition de Dieu, se prosterna devant lui. Ce fut pour lors que Dieu lui dit, qu'il vouloit contracter une alliance avec lui ; & qu'à l'avenir il ne se nommeroit plus Abram, mais Abraham, pour marquer qu'il devoit être le pere de plusieurs Nations ; Et voulant apposer le Sceau à ce traité d'alliance, qui devoit durer éternellement entr'eux, il lui ordonna de se circoncire avec tous les mâles de sa famille : Ce qu'Abraham executa sans differer.

Genese 16. & 17. Chap.

LE Seigneur ayant reïteré au Patriarche Abraham les promesses qu'il lui avoit faites, en faveur de leur alliance, lui commanda de changer le nom de Sarai son Epouse, en celui de Sara, laquelle lui devoit enfanter un fils, dont la generation se multiplieroit & deviendroit un grand Peuple : Ce qu'Abraham ayant entendu, il se prosterna en soûriant, ayant de la peine à croire qu'une femme âgée de quatre-vingt dix ans, avec un mary encore plus avancé en âge, pût être en état de concevoir. Mais Dieu luy ayant confirmé de nouveau que Sara luy donneroit un fils qui se nommeroit Isaac, lui fit un seconde promesse en faveur de son fils Ismaël, l'assûrant qu'il beniroit cet enfant & qu'il le feroit Auteur d'une grande Nation. Abraham ayant ensuite accomply en sa personne le precepte de la Circoncision, & tous les mâles de sa famille en ayant fait de même à son exemple, le Seigneur lui apparut encore une fois à l'entrée de sa tente, où ce Patriarche vit trois personnes, & se prosterna en terre, priant le Seigneur de lui accorder la grace de loger chez lui & de ne point passer outre, ce qui lui fut accordé : Et quand ils eurent pris leur refection, ils lui donnerent de nouvelles assurances de la naissance d'Isaac, qui devoit arriver dans peu de tems.

Genese 17. & 18. Chap.

ON peut dire veritablement qu'Abraham étoit ami de Dieu, puisqu'il lui faisoit part de ses desseins les plus secrets. Il lui fit donc entendre que les crimes de Sodome & Gomorre étoient trop grands pour en differer davantage la punition, & qu'enfin il avoit resolu de réduire en cendres ces villes remplies d'abominations. Abraham demande à Dieu si c'étoit sa volonté de perdre l'innocent avec le coupable, & si un petit nombre de justes qu'il trouveroit dans ces Villes, ne seroit pas capable de désarmer sa colere & de lui faire changer de résolution. Dieu lui répond, que s'il se rencontroit seulement dix justes dans Sodome, il lui pardonneroit en leur faveur. Aprés cette vision Abraham étant de retour dans sa maison, deux Anges entrerent dans Sodome & allerent loger chez Loth. Les Sodomites qui s'en apperçûrent vinrent en foule environner la maison de Loth, le menaçant d'y entrer avec violence, s'il n'abandonnoit ses Hostes à leur discretion: Mais ces malheureux ayant été aussi-tost frappez d'aveuglement, en punition d'un attentat si horrible, furent contraints de s'en retourner avec confusion, étant également saisis de crainte & d'étonnement, de se voir privez de la vûë, & ne sçachant pas que la colere de Dieu étoit preste à tomber sur leur Patrie

Genese 18. & 19. Chap.

LES Anges que Loth avoit reçûs dans sa maison, l'avertirent aussi-tôt d'en sortir à la hâte avec sa femme, ses filles & ses gendres, & que l'heure de la destruction de cette Ville étant proche, Dieu les avoit envoyez exprés pour la reduire en cendre. Loth suivant le conseil des Anges, ayant fait entendre à ceux qui devoient épouser ses filles, qu'ils se hâtassent de sortir de la Ville, s'ils ne vouloient être enveloppez dans sa ruine; ces malheureux, au lieu de profiter de cet avertissement salutaire en firent un sujet de raillerie. Le jour n'avoit pas encore paru, lorsque les Anges conduisant Loth, sa femme & ses deux filles horsde la Ville, les avertirent de se sauver promptement, & de ne point regarder derriere eux. Loth se confiant en la bonté de Dieu, luy demanda par grace qu'il pût se retirer en seuretè dans la Ville de Segor, voisine de Sodome; ce qui luy ayant été accordé, à peine fut il arrivé dans cet azile, que Dieu fit tomber sur les Villes de Sodome & de Gomorre une pluye de souphre qui les reduisit en cendres avec tous leurs habitans, & brula toutes les Campagnes d'alentour. La femme de Loth ayant eu la curiosité de jetter les yeux sur l'embrasement de Sodome, contre les défenses que l'Ange luy en avoit faite, fut aussi-tot changée en une Statue de sel.

Genese 19. Chap.

LORS que le petit Isaac que Sara avoit enfanté dans sa vieillesse, eut été sevré, Abraham qui étoit le pere de cet enfant, voulut en témoigner sa joye par un festin qu'il donna à toute sa maison. Pendant que tout étoit dans la réjoüissance chez ce saint Patriarche, il arriva une chose qui troubla le plaisir de cette Feste. Sara ne pût voir sans chagrin qu'Ismaël fils d'Agar sa servante, eût l'impudence & la hardiesse de maltraiter son fils Isaac, qui étoit l'enfant legitime d'Abraham & l'heritier présomptif de sa maison; elle s'en plaignit hautement à son mari, qui pour lui complaire, donna une cruche pleine d'eau & un pain à Agar, & la congedia avec son fils, quoiqu'il aimât rendrement Ismaël. Cette servante affligée ne sçachant où se refugier, s'en alloit errant de çà & de là dans le desert de Bersabée, jusqu'à ce que n'ayant plus d'eau pour donner à boire à son fils, qui mouroit de soif, elle resolut de l'abandonner à la misericorde de Dieu & de le laisser dans le desert, pour n'avoir pas le déplaisir de le voir mourir devant ses yeux; Mais la Providence divine qui vouloit conserver ce jeune enfant, envoya à sa mere un Ange, qui l'ayant consolée, lui enseigna une fontaine pour appaiser la soif de son fils. Or Dieu prit en sa protection Ismaël, qui croissant en force à mesure qu'il croissoit en âge, établit sa demeure dans le desert de Pharan. Ce fut en ce tems-là qu'Abraham faisant un Traité d'alliance avec Abimelech, accompagné de Phicol son General d'Armée, lui donna sept brebis pour gage de cette alliance, & comme un droit qu'il payoit à ce Roy pour le Puits qu'il lui avoit permis de creuser en Bersabée. Abraham planta ensuite un bois prés de ce Puits, & invoqua le nom de Dieu en cet endroit, où il établit une demeure solide & permanente. Ainsi Abraham fut long-tems habitant de la Palestine.

Genese 21. Chap.

DIEU ne se contenta pas des marques d'obéïssance qu'Abraham lui avoit données jusques-là, il en voulut avoir encore des preuves plus sensibles, en l'éprouvant par l'endroit le plus tendre & le plus capable d'ébranler la fermeté de ce saint Patriarche. Dieu lui avoit accordé par une grace toute particuliere, un fils qu'il tenoit pour un gage specieux de la bonté de Dieu, & l'accomplissement de tous ses desirs: Cependant Dieu même sembloit ne lui avoir donné ce fils que pour le lui ravir, puisqu'il commanda à Abraham de lui en faire un Sacrifice d'holocauste sur une montagne que Dieu lui marqua. Abraham n'en eut pas plûtôt reçû le commandement, qu'il emmena avec lui son fils Isaac, & deux de ses serviteurs qui conduisoient un âne chargé de tout ce qui étoit necessaire pour le Sacrifice, au lieu qui lui avoit été prescrit. Le troisiéme jour Abraham ayant découvert de loin l'endroit où il devoit sacrifier son fils, il commanda à ses serviteurs de s'arrêter avec l'âne, & mena avec soi seulement son fils, à qui il fit porter le bois, pendant qu'il portoit lui-même le coutelas & le feu qui devoient servir à égorger & consumer la Victime. Comme ils alloient ensemble, Isaac dit à Abraham qu'il voyoit bien les instrumens necessaires pour le Sacrifice, mais qu'il ne voyoit point de Victime; Abraham lui repondit, qu'il ne s'en mît point en peine, & que Dieu y pourvoiroit. Lorsqu'ils furent arrivez au lieu destiné à cette action, Abraham dressa un Autel, sur lequel il arrangea le bois; & ayant mis Isaac sur ce Bûcher, il lui banda les yeux: Mais comme il levoit le glaive pour l'immoler, il entendit la voix d'un Ange qui arrêta le coup dont il étoit prés de sacrifier son fils; lui déclarant que Dieu se contentoit de son obéïssance qui le portoit jusqu'à vouloir immoler son propre fils, dont la posterité seroit innombrable.

Genes. 22. Chap.

LORS qu'Iſaac fut parvenu à l'âge propre pour le mariage, Abraham qui avoit un deſir extrême d'établir ſa poſterité, ayant obligé par ſerment le plus ancien de ſes domeſtiques, à ne point choiſir de femme pour ſon fils dans la Nation Chananéens, mais plûtôt dans la Meſopotamie parmi ſes parens & ſes alliez, lui commanda de ſe diſpoſer à en faire le voyage, l'aſſurant que l'Ange du Seigneur lui ſerviroit de Guide. Ce ſerviteur ponctuel à executer les ordres de ſon Maître, ayant chargé dix chameaux de tout l'équipage qui étoit neceſſaire pour un tel deſſein, prit auſſi-tôt la route de Meſopotamie, & aprés une longue traite, étant arrivé prés de la Ville de Nachor, il s'arrêta prés d'un puits pour faire repoſer ſes chameaux, priant le Seigneur qu'il plût à ſa bonté de lui faire trouver une heureuſe rencontre, afin de s'acquitter de la commiſſion que ſon maître lui avoit confiée, & que quand les filles de la Ville viendroient puiſer de l'eau à la fontaine, il pût reconnoître celle que Dieu avoit deſtinée, pour être l'épouſe de ſon jeune Maître, par la grace qu'elle lui feroit de lui donner à boire & à ſes chameaux. A peine eut-il achevé ſa priere, que Rebecca fille de Bathuel, ſe preſenta à lui ſur le bord du Puits ; & ayant executé tout ce que ce ſerviteur avoit demandé à Dieu, le mena chez ſon pere, qui n'eut pas plûtôt appris de quelle maniere la rencontre s'étoit faite, qu'il lui accorda ſa fille en mariage pour Iſaac. Alors ce ſerviteur tranſporté de joye pour un ſuccez ſi favorable, lui preſenta de la part de ſon époux futur des braſſelets & des pendans d'oreilles, comme des marques de ſon affection & de ſa tendreſſe.

Geneſe 24. Chap.

BATHUEL & Laban ayant reconnu dans cette judicieuse conduite du serviteur d'Abraham, qu'elle étoit la volonté de Dieu touchant le mariage d'Isaac & de Rebecca, que la main de Dieu avoit visiblement choisie pour être l'épouse de ce saint Patriarche, il ne balancerent point à la lui accorder. Ses parens qui l'aimoient tendrement & qui avoient du déplaisir de la voir si proche de son départ, voulurent le retarder de dix jours. Mais le serviteur d'Abraham les ayant conjuré de la laisser partir promptement, puisque Dieu le vouloit ainsi ; ils appellerent Rebecca, & lui ayant demandé si son inclination la faisoit pencher de ce costé-là, & si elle vouloit partir au plûtôt, elle y consentit sans difficulté, & ils lui donnerent aussi-tôt leur benediction, priant Dieu de lui accorder une heureuse fecondité, & que ses descendans étant multipliez en grand nombre, pussent un jour subjuguer leurs ennemis. Ainsi Rebecca ayant pris congé de ses parens, se mit en chemin accompagnée de sa nourrice & de sa servante, sous la conduite d'Eliéser. Isaac à leur arrivé se promenoit à la campagne, lorsqu'il apperçût le serviteur de son pere qui lui amenoit Rebecca. Elle de son côté ayant apperçû Isaac, se couvrit le visage d'un voile, & ce fidelle serviteur ayant raconté à son maître tout le succez de son voyage, Isaac reçût Rebecca avec toute la joye & toute la tendresse imaginable, comme son épouse, & l'ayant conduite dans l'appartement de Sara sa Mere, qui étoit décedée peu de temps auparavant, le plaisir de voir sa nouvelle épouse appaisa la douleur que cette mort lui avoit causée.

Genes. 24. Chap.

ABRAHAM étant demeuré veuf par la mort de Sara, épouſa en ſeconde noces Cethura, dont il engendra Zamran, Jecſan, Madan, Madian, Jeſboc, & Sua, d'où ſont ſortis autant de Peuples. Enfin ce ſaint Patriarche chargé d'années & comblé de merites, mourut âgé de cent ſoixante & quinze ans. Ses enfans Iſaac & Iſmaël lui rendirent les derniers devoirs, & inhumerent ſon corps dans la double Grotte ſituée dans le champ d'Ephron, auprés de Sara ſa premiere femme, qu'il avoit fait inhumer dans cet endroit pluſieurs années auparavant. Son fils Iſaac fut ſon heritier dans ſes benedictions celeſtes, ainſi que dans ſes biens. Il choiſit ſa demeure auprés du Puits vulgairement appellé le Puits du Vivant & du Voyant. Juſqu'alors ſa femme étoit demeurée ſterile: & pour obtenir de Dieu ſa fecondité, il lui addreſſa ſes vœux, & il fut exaucé. Rebecca conçût peu de temps aprés deux enfans, qui s'entrechoquant dans ſon ventre, ébranloient ſes entrailles & lui cauſoient des douleurs ſi violentes, qu'elle s'en plaignit, & alla conſulter Dieu, qui pour la conſoler lui déclara qu'elle portoit dans ſes flancs deux enfans, d'où ſortiroient deux puiſſantes Nations, & dont le plus jeune maîtriſeroit ſon aîné. Quand le terme de l'accouchement fut venu, elle enfanta deux Jumeaux, dont celui qui naquit le premier étoit tout couvert de poil roux, & fut appellé Eſaü; & celui qui vint au monde le dernier, tenant ſon frere par le talon, fut nommé Jacob. Iſaac avoit atteint l'âge de ſoixante ans lorſqu'ils naquirent. Ces deux Jumeaux étoient nez avec des inclinations bien differentes, Eſaü qui étoit d'une complexion forte & robuſte, aimoit les exercices violens, & ſur tout la chaſſe; Jacob au contraire étoit d'un naturel doux & paiſible, aimant à demeurer dans les Tentes.

Geneſ. 25. Chap.

ISAAC aimoit tendrement Esaü son fils aîné, parce qu'il s'exerçoit beaucoup à la Venerie, & qu'il ne revenoit jamais de la chasse sans apporter de quoi entretenir sa table de viandes. Rebecca au contraire aimoit mieux Jacob, à cause de sa douceur. Esaü revenant un jour de la chasse accablé de faim & de lassitude, pria Jacob qui faisoit un potage de lentilles, de lui en donner à manger, Jacob lui accorda ce qu'il demandoit, pourvû qu'Esaü voulût lui ceder son droit d'aînesse. Esaü y consentit d'autant plus volontiers, qu'il regardoit ce droit d'aînesse, comme un avantage dont il ne jouiroit pas long-tems, puisqu'il se sentoit si foible qu'il étoit sur le point de mourir. En ce tems-là une grande famine étant survenuë dans le Pays où Isaac habitoit, il en sortit pour se retirer en Egypte : mais Dieu lui commanda de demeurer au païs de Gerar, où regnoit pour lors Abimelech Roy de la Palestine. Isaac obéit à la voix du Seigneur, mais se voyant étranger dans ce lieu-là, & craignant que le peuple de Gerar, épris de la beauté singuliere de Rebecca, ne le fit mourir ; lui fit changer le nom de son épouse en celui de sa sœur. Abimelech sçachant qu'elle étoit sa femme, lui en fit des plaintes, & défendit à ses sujets, sous des peines rigoûreuses, d'attenter à la pudicité de Rebecca. Isaac ayant obtenu d'Abimelech un champ pour y faire une habitation, le bled qu'il y sema & les troupeaux qu'il y faisoit paître, se multiplierent en telle abondance, que les Habitans de ce pays envieux de sa posterité, comblerent tous les puits que ses serviteurs avoient creusé aux environs de ce lieu-là, pour y abreuver ses troupeaux.

Genese 25 & 26. Chap.

ABIMELECH Roy de Gerar, incité par la même envie que fes fujets portoient au bonheur d'Ifaac, dont la famille & les richeffes s'augmentoient de jour à autre, lui commanda de fortir des terres de fon obéiffance, reprochant à Ifaac qu'il étoit de venu plus riche & plus puiffant que lui même. Ifaac obéiffant à fes ordres, fe retira avec tous fes biens pour aller établir fa demeure fur le bord du Torrent de Gerar, où ayant fait creufer quantité de puits, il s'émût une querelle entre les Pafteurs de Gerar, & ceux d'Ifaac, qui pour empêcher à l'avenir de femblables démêlez, fit creufer des puits en d'autres endroits. Il abandonna enfuite ce lieu-là, pour faire une nouvelle habitation en Berfabée, où Dieu s'apparut à lui, & lui déclara qu'il étoit le Dieu de fon pere Abraham, & qu'il ne craignit rien, puifqu'il le tenoit fous fa protection, lui promettant une pófterité nombreufe en confideration des merites de fon ferviteur Abraham. Ifaac en reconnoiffance de cette faveur, érigea un Autel en ce lieu-là, & invoqua le nom du Seigneur. Or Abimelech qui avoit chaffé Ifaac de fon pays, le vint trouver en Berfabée accompagné d'Ochofath fon amy, & de Phicol fon General d'armée, pour contracter une alliance avec lui. Ifaac lui ayant dit qu'il étoit furpris qu'Amilech le vint rechercher, aprés l'avoir chaffé de fes terres, ce Prince lui répondit qu'il l'avoit laiffé fortir paifiblement fans lui faire aucun tort, ni en fa perfonne, ni en fes biens ; & qu'ayant reconnu que Dieu le favoriferoit de fes graces les plus fingulieres, il fe fentoit engagé à rechercher fon amitié & à faire avec lui une étroite alliance. Ifaac en étant demeuré d'accord avec lui, & ceux de fa fuite, il leur donna un fplendide Feftin, & le lendemain au matin ils fe feparerent aprés qu'ils eurent fait ferment entr'eux, d'obferver religieufement le Traité d'alliance qu'ils venoient de faire enfemble. Ainfi Ifaac les laiffa retourner en paix dans leur pays.

Genef. 26. Chap.

ISAAC étant parvenu à une extrême vieillesse, & devenu aveugle, apprehendoit de mourir sans donner sa benediction à Esaü son fils aîné, il luy commanda d'aller à la chasse, & de lui en apprester la venaison pour son souper, lui promettant de le benir à son retour. Rebecca qui vouloit transferer cette benediction à Jacob, pour qui elle avoit de la prédilection, ayant entendu ce qu'Isaac avoit dit à Esaü, se servit adroitement de l'occasion favorable que la Providence de Dieu lui offroit. Elle voulut que Jacob se vêtit de ses habits les plus magnifiques, & lui mit des peaux de Chevreau à l'entour des bras & du col pour tromper Isaac lorsqu'il viendroit à le toucher, en lui persuadant que c'étoit Esaü. Jacob se presenta en cette posture à son pere, sous le nom d'Esaü, lui apportant un mets de viande de Chevrau que sa mere avoit apprestè, & faisant croire au bon vieillard que c'étoit de la venaison qu'il avoit trouvé en chassant. Isaac ayant tâté les mains de Jacob, le prit aisément pour Esaü, & dans cet erreur, il lui donna sa benediction & attira en même tems sur lui celle du Ciel, qu'il pria de le combler de toutes sortes de biens, de le rendre redoutable à toute la terre, & de l'établir le Seigneur de ses freres, de benir ceux qui le beniroient, & de donner au contraire sa malediction à ceux qui le maudiroient. A peine Jacob s'étoit il retiré, que son frere Esaü retournant de la chasse, vint se prosterner aux pieds de son pere pour le prier de le benir ; mais il fut bien surpris d'apprendre que Jacob l'ayant prévenu, la lui avoit enlevée par finesse : ce qui lui causa un regret si sensible, qu'il en pleura amerement. Isaac touché de compassion, lui donna une autre benediction qui le rendoit redoutable dans la guere, mais qui ne l'exempteroit pas neanmoins d'être sous la domination de son frere, dont il s'affranchiroit dans la suite des tems.   *Genes.* 27. *Chap.*

ESAU qui se vit frustré de la principale benediction de son pere, entra dans une colere si furieuse contre Jacob, qu'il cherchoit tous les moyens possibles de le perdre, Rebecca en fut alarmée, & ne trouva point de meilleur expedient pour garantir Jacob de la fureur de son frere, que celui de faire consentir Isaac à lui permettre de se retirer dans la Mesopotamie. Isaac en étant demeuré d'accord, lui donna une seconde benediction, & l'envoya chez Bathuel pere de Rebecca, lui commandant de ne point prendre de femme que parmy les filles de Laban frere de sa mere. Jacob ayant pris la route du pays d'Haram, s'arresta en un endroit où il se fit un chevet avec quelques pierres pour se reposer dessus. Il ne fut pas plûtôt endormy, qu'il vit en songe une échelle qui atteignoit jusqu'au Ciel, sur laquelle les Anges du Seigneur montoient & descendoient, suivant les ordres de Dieu, qui étant assis au sommet de l'échelle adressa sa parole à Jacob, lui disant qu'il étoit le Dieu d'Abraham & d'Isaac son pere, qu'un jour il le mettroit en possession, lui & ses descendans de la terre où il prenoit son repos, & que toutes les Nations de la terre seroient comblées de graces & de benedictions en sa personne, & dans sa posterité. Jacob s'étant éveillé se sentit penetré & saisi d'une sainte horreur, qui lui fit bien connoître que Dieu honoroit ce lieu-là de sa presence : ce qui lui fit dire que cet endroit étoit sans doute la maison du Seigneur, & la porte du Ciel. Jacob étonné d'un songe si merveilleux, prit la pierre sur laquelle il avoit appuyé sa teste en dormant, & l'ayant plantée dans la terre pour remarquer l'endroit, où ce songe lui étoit arrivé, il versa de l'huile dessus & changea le nom de ce lieu qui s'appelloit Luza, en celui de Bethel.

Genese 2*8. Chap.*

JACOB ayant planté une pierre en Bethel, pour monument de la vision qu'il avoit euë en ce lieu-là, il fit vœu au Seigneur de ne point reconnoître d'autre Dieu que lui, voulant que cette pierre fut deformais appellée la maison du Seigneur, s'il luy plaisoit de lui accorder un heureux voyage. Jacob étant enfin arrivé heureusement au lieu où Isaac son pere l'envoyoit, il trouva prés d'un Puits trois Pasteurs conduisans leurs troupeaux, ausquels s'étant informé en quel état étoit son oncle Laban, Rachel sa fille y survint avec les brebis de son pere qu'elle conduisoit. Jacob s'étant fait connoître à elle, la salua d'un baiser. Elle aussi-tôt aussi-tôt ayant averty son pere de l'arrivée de Jacob, il lui fit un tres-bon accueil, & lui promit Rachel en mariage, s'il vouloit le servir pendant sept années. Il en demeura d'accord : mais Laban n'observa pas la parole qu'il lui avoit donnée : car Jacob l'ayant servy avec toute la fidelité imaginable, dans l'esperance d'obtenir Rachel, Laban eut assez de mauvaise foy, pour lui supposer à la faveur de la nuit, Lya sa fille aînée en la place de Rachel. Jacob reconnoissant la tromperie de son oncle, lui en fit des reproches. Laban le paya d'une mauvaise excuse, & ne lui accorda Rachel qu'à condition qu'il demeureroit encore sept ans à son service. Iacob qui l'aimoit se soumit à tout ce que son oncle lui voulut imposer, & la plus dure servitude lui sembloit douce, puisque celle qu'il aimoit si tendrement en devoit estre la recompense. Le tems de ses services étant expiré, il épousa Rachel qu'il trouva aussi sterile que Lya, & toutes deux ne pouvans avoir d'enfans, elles donnerent leurs servantes à Iacob, dont il eut plusieurs fils. Enfin aprés une longue sterilité, Lya quoique la moins aimée, fut la plus feconde ; car elle enfanta Ruben, Simeon, Levi & Iuda. Dieu ayant compassion de Rachel, qui s'étoit vûë long-tems privée de la fecondité, elle eut l'avantage de donner à Iacob un fils nommé Ioseph, que son pere cherissoit plus tendrement que ses autres enfans.

Genese 29 & 30. Chap.

JACOB voulut se separer d'avec Laban, qui l'engagea par des offres avantageuses
à lui continuer ses services, lui offrant pour recompense toutes les brebis qui naîtroient
bigarrées. Jacob en demeura d'accord, & pour augmenter son gain, il tint une conduite
fort ingenieuse, qui fut de mettre des baguettes differentes couleurs dans les auges des
brebis, qui ayant sans cesse ces objets devant les yeux ne produisoient que des agneaux
bigarrez : Ce qui augmenta tellement le Troupeau de Jacob, que Laban & ses fils en
conçûrent une étrange jalousie contre lui. Jacob craignant les suites fâcheuses que cette
envie lui pouvoit attirer, prit resolution d'emmener en cachette ses femmes, avec tout
ce qui lui appartenoit. Ce qui ayant été executé, Laban qui en fut averty le suivit avec
tant de diligence, qu'il le joignit sur la montagne de Gaad. L'avertissement que Dieu
avoit donné en songe à Laban, lui avoit fait quitter le dessein de l'insulter & de lui nuire :
Il se contenta de lui faire des reproches, non seulement d'estre party à son insçû, mais
encore de lui avoir emporté ses Idoles, que Jacob qui ne sçavoit pas qu'on les avoit ca-
chées, lui permit de chercher dans son bagage. Rachel se servit d'une finesse tres-inge-
nieuse pour rendre inutile cette recherche exacte, feignant d'estre incommodée du mal
ordinaire des femmes, pour n'estre pas obligée de se lever de dessus les Idoles de son
pere, sur lesquelles elle s'étoit assise pour les cacher. Ainsi Laban n'ayant point trouvé ce
qu'il cherchoit, Jacob lui fit voir qu'il avoit tort de l'accuser d'un larcin dont il étoit innocent. Aprés quelques discours tenus de part & d'autre, ils jurerent un accord mutuel,
dont ils firent le serment sur un monceau de pierres, & rendirent graces à Dieu par un
sacrifice, qui fut suivi d'un Festin ; ensuite dequoi Laban ayant embrassé ses filles & leurs
enfans, retourna sur ses pas.

Genese 31. *Chap.*

JACOB continuoit son chemin vers la Terre promise, & les Anges venant au devant de lui, il appella cette Troupe celeste, l'armée de Dieu : mais il ne se trouvoit pas en seureté, s'il n'appaisoit la colere de son frere Esaü, par des Députez qu'il lui envoya pour lui faire des soumissions de sa part, & lui témoigner le desir extréme qu'il avoit d'acquerir sa bien-veillance. Ces Envoyez étans de retour, lui annoncerent qu'Esaü venoit à sa rencontre à la teste de quatre cens hommes. Cette nouvelle alarma Jacob, qui separa toute sa suite en deux Troupes, priant Dieu de garantir sa famille de la fureur d'Esaü, auquel il envoya des presens magnifiques pour tâcher à l'adoucir ; ensuite de-quoi ayant fait passer le gué de Jaboc à sa suite, il resta seul, & accepta genereusement le Combat qu'un Ange lui vint presenter, luy faisant une vigoureuse resistance, qui merita à Jacob le glorieux nom d'Israel, parceque s'il étoit demeuré victorieux dans les Combats que Dieu lui avoit livrez : à plus forte raison devoit-il l'estre, dans ceux qu'il auroit à soutenir contre les hommes. Jacob poursuivant sa route rencontra Esaü, lequel ayant mis bas tous les sentimens de haine & de vengeance, le vint embrasser, luy faisant toutes les caresses imaginables ; Et aprés s'estre donné des témoignages reciproques d'une amitié fraternelle, ils prirent congé l'un de l'autre. Aprés cette separation, Jacob continua son chemin jusqu'à la Ville de Salem, prés de laquelle il choisit sa demeure, & y dressa un Autel, sur lequel il invoqua le puissant Dieu d'Israël.

Genese 32 & 33. Chap.

JACOB ayant changé de demeure, s'étoit établi prés de la ville de Sichem, dans un
canton de terre qu'il avoit acheté pour y dreſſer ſes Tentes; & ſuivant ſa pieté ordinaire, il y avoit érigé un Autel ſous l'Invocation du Dieu d'Iſraël. Il menoit dans ce lieu une
vie fort tranquille avec ſa famille, lorſque Dina ſa fille ayant eu la curioſité d'aller voir
les filles du païs, Sichem fils d Hemor Prince de ce lieu, l'enviſagea pour ſon malheur, &
fut tellement charmé de ſa beauté, qu'il forma le deſſein de l'enlever pour contenter ſa
paſſion; mais cette violence non ſeulement lui coûta la vie, elle fut cauſe auſſi de la deſo-
lation entiere de ſa Patrie. Ce jeune Prince voulant en quelque façon reparer l'outrage
qu'il venoit de faire aux parens de cette fille, pria ſon pere de la demander en mariage à
Jacob & à ſes fils; leur offrant, pour l'obtenir, des avantages tres conſiderables. Les enfans de Jacob diſſimulant le déplaiſir ſenſible que le Rapt de leur ſœur leur cauſoit, feigni-
rent de conſentir à la demande de Sichem, à condition toutefois qu'il ſubiroit la Circon-
ciſion avec tous les habitans de la ville de Sichem. Ce qui fut accepté. Trois jours étoient
à peine écoulez, que Simeon & Levi freres de Dina, entrant dans la Ville à la faveur de
la nuit, paſſerent au fil de l'épée tout ce qu'ils rencontrerent, ſans épargner le Roy
Hemor ni ſon fils Sichem, ramenans enſuite leur ſœur. Les autres enfans de Jacob animez par l'exemple de leurs freres, tuerent indifferemment tous les habitans de la Ville,
ſans diſtinction de ſexe ni d'âge, & la ſaccagerent. Cette ſanglante execution déplut
extrememement à Jacob, qui blâma la fureur barbare de ſes enfans, leur reprochant qu'une
telle action lui attireroit indubitablement la haine de tous les habitans du païs, qui ne
manqueroient pas de s'armer de toutes parts contre lui.

Geneſ. 34. Chap.

JACOB allarmé de la ruine & du pillage de Sichem, ayant été contraint de quitter
le voiſinage de cette malheureuſe Ville, & de ſe remettre en chemin, Dieu le favoriſa
d'une nouvelle Apparition, lui commandant de purifier ſes tentes, afin d'accomplir le
vœu qu'il lui avoit fait pendant ſon voyage en Meſopotamie, lorſque fuyant la colere
d'Eſaü, il vit en ſonge cette échelle myſterieuſe par où les Anges montoient & deſcen-
doient du Ciel. Jacob executa ponctuellement l'ordre de Dieu, & s'étant tranſporté ſur
le lieu où le ſonge luy étoit arrivé, il offrit à Dieu un Sacrifice ſur la pierre qu'il avoit auparavant remarquée, & verſa de l'huile deſſus. Ce fut pour lors que Dieu changea le
nom de Jacob en celui d'Iſraël, lui promettant une poſterité nombreuſe, qui devoit un
jour entrer en poſſeſſion de la terre qu'il avoit donnée à Abraham & Iſaac. Jacob s'étant
acquité de ſon vœu, partit de cet endroit pour venir dans la region d'Ephrata. Ce fut là
que Rachel enfanta Benjamin, avec des douleurs & des tranchées ſi cruelles & de ſi
longue durée, qu'elle en mourut. Jacob fut ſenſiblement touché de cette mort, il la fit
inhumer en Bethel avec de grandes marques de triſteſſe, & il fit mettre une Epitaphe ſur
ſa ſepulture. Jacob ayant quitté ce triſte ſejour pour s'arreſter dans un autre endroit,
Ruben ſon fils aîné eut un commerce inceſtueux avec Bala, l'une des concubines de ſon
pere, qui fut extrêmement irrité contre lui, de ce qu'il avoit ſouillé ſa couche. De là
Jacob vint à Hebron, rendre les derniers devoirs à ſon pere Iſaac, qui étoit mort âgé
de cent quatre-vingt ans. Eſaü ſe trouva auſſi à ſes funerailles.

Geneſe 35. Chap.

JACOB, avoit deſſein de faire ſon ſejour ordinaire à Hebron ; mais ſon frere Eſaü qui s'y étoit étably avant lui, occupoit une telle étenduë de païs par le nombre de ſes familles & de ſes troupeaux, que Jacob qui vouloit vivre en paix avec lui, fut obligé d'aller demeurer dans le territoire de Sichem, avec ſes douze fils, dont Joſeph étoit celui qu'il aimoit le plus tendrement. Ce jéune enfant étoit âgé de ſeize ans, & il gardoit les moutons avec ſes freres, lorſqu'il leur raconta, que ſongeant qu'il moiſſonnoit avec eux, il avoit vû dans un champ ſa gerbe toute droite au milieu des leurs, qui s'abaiſſoient devant elle pour l'adorer. Ses freres irritez de ce ſonge, lui demanderent avec dedain s'ils ſeroient quelque jour ſes Sujets, & par quelle avanture il deviendroit leur Souverain ? Il fit un autre ſonge, où il lui ſembla que le Soleil, la Lune les onze Etoiles lui rendoient leurs hommages. Il en fit le recit à ſon pere, qui lui demanda avec aigreur ce que ſignifioit ce ſonge, & s'il ſeroit vrai que ſon pere, ſa mere & ſes freres dûſſent lui faire l'honneur & s'humilier devant lui. Depuis ce tems-là ſes freres conçûrent un envie & un haine implacable contre lui. Mais Jacob qui le cheriſſoit avec beaucoup de tendreſſe, faiſoit ſouvent reflexion ſur ces ſonges, qui n'étoient pas ſans myſtere.

Geneſ. 37. *Chap.*

LES Freres de Joseph conduisans un jour leurs troupeaux dans la plaine de Sichem, Jacob l'envoya vers eux pour s'informer de ce qu'ils faisoient, & lui en rapporter les nouvelles. Joseph alla de Sichem en Dothain, pour executer les ordres de son pere. Ses freres, qui le virent venir de loin à eux, animez par la haine & l'envie qu'ils lui portoient, conspirerent aussi-tost sa mort. *Voicy*, dirent-t'ils entre eux, *notre conteur de songes, faisons-le mourir, ou le jettons dans la citerne, & nous ferons accroire à notre pere qu'une beste feroce l'a devoré.* Ruben plus humain que les autres, n'y voulut jamais consentir : il leur montra quel excez de cruauté, ce seroit de tremper leurs mains dans leur propre sang; qu'il y avoit un autre moyen de se défaire de lui, & qu'il le faloit le jetter dans la citerne du desert, qui étoit sans eau. Ils furent tous de ce sentiment : mais avant de le jetter dans la citerne, ils le dépouillerent de sa robbe, ce qu'ayant ait, ils prirent leur refection, aprés laquelle ils apperçûrent des Marchauds Ismaëlites qui venoient de Galaad; ausquels suivant l'avis de Juda, Joseph fut vendu pour le prix de trente pieces d'argent, & mené en Egypte : ce qui causa un sensible regret à Ruben. Ils porterent ensuite à leur pere la robbe de Joseph, qu'ils avoient trempée dans du sang, pour lui faire entendre qu'une beste carnaciere avoit déchiré en pieces son cher Joseph. Jacob voyant ce funeste objet, fut penetré d'une si vive douleur, qu'il en fut long-tems inconsolable, disant sans cesse qu'il ne survivroit de gueres son bien-aimé Joseph.

Genese 37. Chap.

JUDA fils de Jacob prit en mariage une Chananéenne ; dont il eut trois fils, Her, Onam & Sela. Her épousa Thamar, avec laquelle il ne vécut pas long tems, sa méchanceté ayant attiré sur lui la colere de Dieu. Onam par le commandement de Juda se maria avec la femme de son frere, pour en relever la race : mais il fit par une malice sans exemple, tout le contraire de ce que la nature lui ordonnoit, ce qui fut cause que Dieu le punit de mort, comme il avoit puni son frere aîné. Ainsi Thamar étant veuve de deux maris freres ; Iuda la renvoya chez son pere pour y demeurer dans l'état de la viduité, jusqu'à ce que Sela, troisiéme fils de Iuda, fut en âge de l'épouser. La mort de Sua étant ensuite survenuë, & Iuda peu de tems après le deüil étant allé voir tondre ses brebis, Thamar sa bru à qui il avoit manqué de parole, en refusant de lui donner Sela en mariage, se trouva en son chemin le visage voilé de peur d'estre reconnuë, & ayant toutes les apparences d'une prostituée. Iuda qui la vit en cet état, la prenant pour telle, eut commerce avec elle sans la connoître, & lui laissa son anneau, ses brasselets & son baton, pour gage d'un Chevreau qu'il promit de lui envoyer pour son salaire. Thamar étant devenuë enceinte ; Iuda irrité de ce qu'elle deshonoroit sa viduité par une telle infâmie, voulut lui faire expier son crime par les flammes ; mais elle évita ce cruel supplice, ayant fait connoître par les gages que Juda lui avoit laissez, qu'elle estoit grosse de son fait. Ce que Iuda ayant reconnu avec étonnement, il avoüa qu'il étoit plus coupable qu'elle, puisqu'il avoit violé la promesse qu'il lui avoit faite de lui donner Sela pour mary, & quand le tems de son accouchement fut arrivé, elle enfanta deux jumeaux, dont l'un fut nommé Pharès, & l'autre Zara.

Genese 38. *Chap.*

LES Marchands Ismaëlites, qui avoient emmené Ioseph en Egypte, le vendirent en
qualité d'esclave à Putiphar, Chef de la Milice du Roy Pharaon, qui fut si content de
l'assiduité & de la belle conduite qu'il gardoit à son service, que l'ayant pris en affection,
il lui confia l'Intendance de sa maison. Ioseph qui outre ses belles qualitez avoit une grace
& une beauté singuliere, fut assez malheureux pour estre une occasion innocente à sa
Maistresse de sentimens ausquels son devoir & sa chasteté l'empêcherent de répondre.
Toutes les raisons qu'il opposât à cette femme impudique pour se deffendre de consentir à
son crime, ne servirent qu'à augmenter sa passion. Se trouvant donc un jour seule avec
lui, elle crût qu'elle pourroit le faire condescendre à ses volontez, & dans cette occasion
elle redoubla ses sollicitations pour le rendre aussi infidelle à son Maistre, qu'elle l'étoit à
son mari. Mais c'est en vain qu'elle employe tous les artifices pour vaincre la fermeté de
son jeune serviteur, Ioseph qui la vit de plus en plus obstinée la quitta brusquement. En
vain sa Maistresse veut le retenir par son manteau, qu'il aime mieux lui abandonner que
de lui laisser en proye sa chasteté. Cette femme irrité d'un tel refus, changea son amour
en une haine implacable, appellant à grands cris ses domestiques pour la deffendre (di-
soit-elle) de la violence de Ioseph, qui avoit osé attenter à son honneur, & qui dans l'apprehension d'être découvert lui avoit laissé son manteau en fuyant. Putiphar ajoûtant foy
aux calomnies de sa femme, prit cette fausse accusation pour une verité, & fit mettre
aussitôt Ioseph en prison. Mais pendant que les hommes travailloient à la perte de l'innocent, Dieu ne l'abandonna pas, & Ioseph ayant eu l'adresse de s'insinuer dans les bonnes
graces du Golier, il entra si avant dans la confidence de cette homme, qu'il lui confia la
garde de sa prison.

Genes. 40. Chap.

ENtre toutes les belles qualitez que Joseph possedoit, il avoit le don tout particulier d'interpreter les songes. Il arriva pour lors que le grand Sommelier & le grand Pannetier, deux des principaux Officiers de la Maison du Roy Pharaon, ayant été enfermez dans la prison où étoit Joseph, & mis sous sa garde, il firent tous deux la même nuit des songes qui leurs donnoient de l'inquietude. Joseph qui remarqua leur chagrin, leur en ayant demandé la cause, chacun d'eux lui conta le songe qu'il avoit fait. Le Sommelier lui raconta qu'ayant vû en songe trois seps de vigne, dont les grappes venoient en maturité, il lui sembloit qu'il en avoit pressé le jus dans une coupe qu'il tenoit en sa main, pour la presenter au Roy. Joseph ayant entendu ce songe en tira un bon augure, & prédit au Sommelier que dans trois jours il seroit rétably dans sa Charge, le priant de se souvenir de lui & de faire connoître au Roy son innocence. Le Pannetier qui avoit entendu l'interpretation favorable de ce songe, raconta à Joseph qu'il avoit porté en songe sur sa teste trois corbeilles de farines, dont la plus haute étoit remplie de plusieurs sortes de pain, que des oyseaux voltigeant à l'entour becquetoient sans cesse. Joseph ayant examiné cette vision, en tira un mauvais presage pour celui qui l'avoit songé, & lui predit que dans trois jours il seroit pendu à un gibet, & son cadavre mangé des oiseaux : ce qui étant arrivé de point en point, suivant la prédiction de Joseph, le Sommelier fut assez ingrat pour mettre en oubli la grace qu'il lui avoit demandée. Ainsi Joseph demeura deux ans dans la captivité.

Genese 40. *Chap.*

IL y avoit deux ans que Joseph étoit en prison, & le don d'interpreter les songes lui
avoit été jusqu'alors inutile, quand le Roi Pharaon songea qu'étant sur le bord
d'un fleuve, il apperçût sept vaches grasses & en bon point qui paissoient à l'aise dans une
prairie abondante en pasturages ; & qu'ensuite sept vaches maigres & affamées étant sur-
venuës, devorerent les grasses. Ce songe fut suivi d'un autre à peu prés semblable, qui
representa à l'imagination de ce Prince, sept gros épis de bled sortant d'un seul tuyau,
qui furent à l'instant consumez, & devorez par sept autres épis secs & arides. L'effroy que
ces songes jetterent dans l'esprit de Pharaon, le fit éveiller en sursaut, & l'obligea de
consulter ses Devins pour en sçavoir l'explication. Mais comme il ne s'en trouva pas un
seul qui pût l'éclaircir de ce doute, le Sommelier qui avoit experimenté la capacité de Joseph sur cette matiere, proposa à ce Prince de le faire sortir de la prison, pour tirer de lui
l'éclaircissement des difficultez que les Devins de l'Egypte n'avoient pû resoudre. Joseph
ayant été amené au Roy, qui lui fit le recit de ce qu'il avoit songé, lui expliqua ses songes
en cette maniere, lui faisant connoistre que ses deux songes, ou plûtôt ces deux énig-
mes, ne devoient avoir qu'une même solution, & qu'ils étoient un presage certain de
sept années fertiles & abondantes, qui devoient estre suivies de sept années de disette &
de sterilité, qui consumeroient tout ce que les sept années d'abondance auroient produit.
Et qu'ainsi il étoit necessaire de choisir des personnes qui prissent le soin d'amasser dans
les greniers la cinquiéme partie de la recolte des sept années d'abondance, pour subvenir
à la disette des sept années steriles. Cette explication des songes suivie d'un conseil si judicieux, lui attira tellement l'estime & l'admiration de ce Prince, que le considerant,
comme un homme éclairé d'en haut, & remply de l'esprit de Dieu, il le commit lui-même
à l'execution de l'avis salutaire qu'il lui avoit donné.

Genese 41. Chap.

PHARAON ayant trouvé dans la personne de Joseph, un homme dont l'entendement étoit éclairé des plus belles lumieres & des connoissances les plus rares, dont l'esprit humain est capable, il ne le regarda plus comme un esclave & comme un prisonnier qui sortoit des fers, mais comme un Ange descendu du Ciel pour le bien de l'Egypte. C'est pourquoi il ne se contenta pas de l'honorer d'une estime toute particuliere, il le fit encore son premier Ministre d'Estat, lui donnant une autorité absoluë sur son peuple, qui ne connoissoit que le Roy au-dessus de lui; & pour marque du pouvoir dont il le revestoit, le Roy tira un anneau de son doigt pour le mettre à celui de Joseph, auquel ayant fait vêtir une robbe de crespe, avec un colier d'or, il le fit monter sur un Char de Triomphe, precedé d'un Heraut, qui commandoit de la part du Roy à tous ses Sujets, de se prosterner devant Joseph, & de le reconnoistre pour celui, à qui Pharaon avoit confié le Gouvernement de son Empire; & pour achever de le combler d'honneurs, ce Prince changea le nom de Joseph en celui de Sauveur de l'Egypte. Ainsi Joseph étant monté de l'esclavage au sommet de la grandeur, acquit un tel ascendant sur l'esprit de son Maistre, qu'il ne faisoit rien sans le consulter; & Joseph qui avoit autant de modestie dans sa prosperité, qu'il avoit eu de patience dans ses disgraces, se comporta avec tant de prudence dans l'exercice d'un emploi si élevé, qu'il étoit également aimé du Roy & de ses Sujets.

Genes. 41. *Chap.*

PHARAON voyant arriver les sept années d'abondance, que Joseph lui avoit prédites, ne doutoit point qu'ellesne fussent suivies des sept années de sterilité, suivant la même Prediction. Cet évenement le fortifia de plus en plus dans l'estime qu'il avoit pour son favori, auquel il donnoit de jour en jour de nouvelles marques de sa bienveillance. Il ne restoit plus qu'à lui procurer un parti avantageux & une alliance honorable ; ce qui obligea Pharaon à lui donner pour femme Aseneth fille de Putiphar, grand Prêtre de la ville d'Heliopolis. Dieu benit son mariage par la fecondité de son épouse qui lui enfanta deux fils ; il donna au premier le nom de Manassé, en reconnoissance de ce que Dieu l'ayant délivré des peines que ses freres lui avoient fait, pour l'élever à cette suprême dignité dont il se voyoit revêtu avec tant d'éclat, lui avoit fait oublier tous les travaux qu'il avoit endurez dans la maison de son pere. Il imposa au second le nom d'Ephraïm, pour remercier Dieu des biens dont il l'avoit comblé dans un païs où il s'étoit vû esclave, prisonnier & reduit à une extrême pauvreté. Cependant les sept années de fertilité étant expirées, elles furent aussi tost suivies de sept années de disette qui fut generale dans toute l'Egypte, que la famine auroit desolée entierement, si la sage prévoyance de Joseph n'eût prevenu un si grand mal.

Genes. 41. Chap.

JOSEPH ayant fait amaſſer avec une diligence extrême, les bleds que ſept Moiſ-ſons fertiles avoient fourny à l'Egypte, il établit dans chaque Ville un magazin du bled qui provenoit de ſon Territoire; & l'on y recueillit du froment en ſi grande abon-dance, que la quantité des grains égaloit celle du ſable de la mer. Mais les ſept années ſuivantes furent auſſi ſteriles, que les autres avoient été abondantes; & la cherté du bled alla à un tel excez, que le peuple preſſé par la faim, s'aſſembla devant le Palais de Pharaon pour lui demander du pain. Pharaon les renvoya à Joſeph; qui ayant fait ou-vrir les magazins Royaux; & vendu le bled à meſure que le peuple en venoit acheter; il fit mettre dans le Treſor du Roy tout l'argent qui provenoit de cette vente. Par ce moyen le Roy d'Egypte unit à ſon Domaine tous les biens de ſes Sujets; & depuis ce temps-là il ſe mit en droit d'exiger tous les ans la cinquième partie de tous les fruits que l'on recueilloit dans ſon Royaume. La famine n'avoit pas ſeulement affligé l'Egypte, elle s'étoit même étendue dans tous les pays d'alentour, dont les habitans accouroient de toutes parts en Egypte pour y acheter des grains. Le païs de Chanaam, où Jacob habi-toit avec ſa famille ne fut pas exempt de ce fleau. Ce fut la raiſon pour laquelle il en-voya tous les fils en Egypte acheter une proviſion de bled pour la nourriture de ſa famille, excepté Benjamin le plus jeune de ſes enfans, qu'il retint avec ſoi pour lui fai-re compagnie. Les fils de Jacob étans arrivez en Egypte, ſe proſternerent devant le Gou-verneur de l'Etat, lui demandant humblement permiſſion d'acheter du bled pour leur ſubſiſtance. Joſeph qui vit que c'étoient ſes freres, feignant de ne les point connoître, leur parla d'abord d'un air ſevere, & commanda qu'on les mit en priſon, comme des Eſ-pions qui venoient obſerver les endroits les plus foibles du Royaume, ſous pretexte de commerce.

Geneſe 41 & 42. Chap.

LES enfans de Jacob étonnez de fe voir retenus en prifon, traitez comme des efpions,
& interrogez fur leurs noms, leurs qualitez & leur patrie, alleguerent toutes les
raifons poffibles pour fe juftifier du crime qu'on vouloit leur impofer, difans : Qu'ils n'é-
toient venus en Egypte que dans le deffein d'y faire une provifion de bled ; qu'ils étoient
douze freres tous enfans d'un même pere, habitant de la Province de Chanaan, dont le
plus jeune étoit demeuré auprés de leur pere, & qu'ils croyoient que l'autre étoit mort.
Iofeph les ayant écouté attentivement, perfifta toûjours à leur foûtenir qu'ils étoient des
efpions, avec menace de les retenir prifonniers jufqu'à ce que l'un d'eux lui eût amené leur
frere. Iofeph qui fe faifoit une violence extrême, fentant que fa tendreffe alloit démentir
cette vigueur feinte qu'il leur faifoit paroiftre, & s'étant retiré pour donner à fes larmes
la liberté de fe répandre, révint enfuite à eux ; & reprenant fon air fevere, il commanda
que l'un d'entr'eux appellé Simeon, fut mis aux fers & demeurât en ôtage jufqu'à ce qu'ils
lui amenaffent leur frere Benjamin ; & leur fit auffitoft diftribuer du bled pour une fomme d'argent, que Iofeph fit mettre fecretement à l'entrée dans leurs facs remplis de bled,
& les envoya. Comme ils étoient en chemin, il arriva que l'un d'eux voulant prendre dans
fon fac du grain pour repaiftre fon âne, fut furpris de trouver à l'ouverture du fac l'argent
qu'il avoit donné pour le prix du bled ; ce qu'ayant découvert à fes freres, ils furent faifis d'étonnement, & de crainte d'eftre accufez de larcin, & punis feverement.

Genefe 42. *Chap.*

LES enfans de Jacob étant de retour chez leur pere, lui conterent tout ce qui leur étoit arrivé en Egypte, où ayant été pris comme espions & mis aux fers par l'ordre du premier Ministre de ce Royaume, ils lui avoient remontré humblement qu'ils étoient des gens aimant la paix, n'étant pas venu en Egypte dans un mauvais dessein : qu'au reste ils étoient douze enfans d'un même pere, dont le plus jeune étoit demeuré avec lui dans la maison, & que l'autre étoit mort; mais que le Ministre ne voulant pas ajoûter foy à ce qu'ils alleguoient pour leur justification, & faisant serment de ne les point remettre en liberté, avant que d'estre informé de la verité, avoit retenu en prison Simeon, jus-qu'à ce qu'ils lui amenassent Benjamin. Aprés avoir raconté de point en point leurs avan-tures, les enfans de Jacob voulans vuider leurs sacs furent surpris en les ouvrans d'y trouver l'argent qu'ils avoient donné pour l'achapt du bled. Ils tâcherent ensuite de faire consentir leur pere à laisser partir Benjamin avec eux : ce que Jacob ne voulant pas per-mettre, dans la crainte de perdre ce fils qu'il tenoit si cher, & qui faisoit toute sa consola-tion, Ruben lui offrit ses deux enfans pour gage, s'il vouloit leur accorder Benjamin : Juda lui remontra d'ailleurs, que s'il persistoit dans le sentiment de retenir Benjamin au-prés de lui, ils n'oseroient plus retourner en Egypte pour y faire provision de bled, & retirer de prison leur frere Simeon; qu'au reste il s'offroit de le prendre en sa garde, & s'engageoit de le ramener sain & sauf à son pere. Jacob sollicité par les prieres importunes de ses enfans, & par la disette qui s'augmentoit de jour en jour, se vit enfin obligé à le laisser partir avec ses freres, à qui il donna une somme d'argent considerable, avec ce que le païs produisoit de plus rare & de plus exquis, pour en faire present au Gouverneur d'E-gyte, & lui rendre au double l'argent qu'ils avoient trouvé dans leurs sacs.

Genese 42. & 43. Chap.

LES fils de Iacob ayant amené leur frere Benjamin en Egypte, se presenterent avec
lui devant Ioseph, qui les ayant reçûs favorablement, & particulierement Benjamin auquel il fit de grandes caresses, il s'informa d'eux si leur pere vivoit encore. Il commanda ensuite à son Maître d'Hôtel de les mener dans un appartement & de leur préparer
un festin, où il vouloit manger avec eux. Mais toutes ces marques de bonté qu'ils recevoient du Gouverneur ne servoit qu'à augmenter leurs soupçons. L'apprehension qu'ils
avoient qu'on ne leur fit du mal, les ayant obligez de declarer au Maître d'Hôtel, qu'ayant
retrouvé dans leurs sacs l'argent dont ils avoient acheté du bled à leur voyage, ils l'avoient
rapporté pour le rendre, il leur dit que cela ne devoit point les inquieter, & que l'argent
qu'ils avoient trouvé dans leurs sacs étoit un don que leur Dieu, & celui de leur pere leur
avoit fait. Cependant Simeon ayant été delivré de prison & ramené à ses freres, Ioseph
revint à eux, & ayant reçû les presens, qu'ils lui offrirent de la part de Jacob, il se mit à
regarder fixement Benjamin son frere uterin, & priant Dieu de lui faire misericorde, il
sentit pour ce jeune frere un mouvement de tendresse, qui l'obligea de se retirer pour
pleurer en secret. Aprés qu'il eut donné à ses yeux le tems de verser des larmes, il se lava le
visage, & retournant ensuite vers ses freres, il les fit asseoir à la table chacun selon le rang
qu'il devoit tenir, & les traita avec beaucoup d'honneur & de magnificence ; ce qu'il fit
en particulier, n'étant pas permis aux Egyptiens de manger avec les Hebreux, parce
qu'ils tiennent pour prophane le festin qu'ils font avec eux. Cependant les fils de Jacob
étoient surpris de l'honnesteté & de la magnificence avec laquelle Ioseph les recevoit ;
mais particulierement Benjamin, auquel il fit servir une portion cinq fois plus grande
que celle de ses freres.

Genese 43. Chap.

BIEN que Joseph eut donné à fes freres mille témoignages d'affection, il ne s'étoit pas neanmoins encore fait connoiftre à eux. Aprés leur avoir donné un fplendide regal, il commanda à ceux qui devoient remplir leurs facs de bled, d'y mettre non feulement leur argent, comme on avoit déja fait la premiere fois ; mais de glifler adroitement dans le fac de Benjamin la coupe d'argent, dans laquelle Joseph avoit coûtume de boire ; ce qui ayant été fait, les enfans de Jacob partirent le matin. Mais à peine étoient-ils fortis de la Ville, que Joseph envoya en diligence aprés eux fon Maiftre d'Hôtel, qui les fit arrêter par un Commis, qui les ayant blâmé de ce qu'ils payoient d'ingratitude les bons traitemens que Joseph leur avoit faits, en dérobant fa coupe ; ils protefterent de leur innocence, & ils en prirent Dieu à témoin : difant qu'ils s'offroient de demeurer fes efclaves toute leur vie, en cas qu'ils fuffent convaincus d'un crime fi odieux, & qu'ils étoient bien éloignez de commettre de telles actions, puifqu'ils avoient même rendu de bonne foy l'argent que lon avoit mis fecretement dans leurs facs, la premiere fois qu'ils vinrent en Egypte. Le Commis qui ne cherchoit qu'à les convaincre, faifant vifite de tous leurs facs, la coupe fut trouvée dans celuy de Benjamin. Ce malheur imprevû les affligea dans un tel excez, qu'ils déchirerent leurs vêtemens ; mais quelque ferment qu'ils puffent faire pour protefter leur innocence, ils furent à l'inftant arreftés, & reconduits à la Ville.

Genef. 44. *Chap.*

JUDA qui s'étoit chargé de ramener à Jacob son cher Benjamin, voyant que Joseph
le vouloit retenir pour en faire son esclave en punition de la coupe qu'on avoit trouvée dans son sac, lui remontra humblement, qu'entre tous les enfans de Jacob, Benjamin & Joseph étoient ceux qu'il aimoit le plus tendrement, que Joseph étoit mort depuis
plusieurs années, & que leur pere cherissoit Benjamin jusqu'à un tel excez d'amour, qu'-
ils le verroient mourir d'ennui, s'ils étoient assez malheureux pour ne le lui pas ramener;
& qu'enfin il le supplioit de permettre qu'il demeurât son esclave en la place de Benjamin.
Joseph sentant que la compassion & la tendresse lui alloient arracher des larmes qu'il s'efforçoit de retenir, fit retirer ses domestiques pour se declarer à ses freres, ausquels il dit
d'un ton plein de douceur qu'il étoit leur frere Joseph qu'ils avoient vendu ; mais que cela
ne devoit point leur donner de crainte, puisque Dieu l'avoit permis pour leur avantage,
sur tout dans un tems où la disette devoit s'augmenter de plus en plus ; que la famine qui
avoit déja regné pendant deux années, devoit encore durer cinq ans, & que Dieu avoit
voulu se servir de lui pour leur conservation, & celle de toute l'Egypte ; qu'ils se hâtassent d'aller trouver leur pere, pour l'informer promptement de ce qu'ils avoient appris,
& qu'ils l'amenassent avec tous ses biens, ses domestiques & ses troupeaux en Egypte, où
il lui destinoit le païs de Gessen, pour le lieu de son établissement.

Genese 44 *&* 45. *Chap.*

LES enfans de Jacob tranſportez de joye d'avoir reconnu leur frere qui étoit monté au
plus haut degré de la fortune, & d'avoir reçû un traitement ſi favorable d'un frere qu'-
ils avoient voulu faire mourir. & à qui ils n'avoient accordé la vie que pour le condamner à
l'eſclavage, ne demandoient qu'à partir promptément pour porter cette heureuſe nouvelle à leur pere. Le Roy qui leur avoit fait beaucoup de careſſes & d'honneurs en conſidera-
tion de Joſeph, leur fit preparer des chariots magnifiques & bien attelez, pour les mener
en diligence au païs de Chanaan, où étant arrivez en peu de jours, ils apprirent à Jacob
des nouvelles d'autant plus agréables, qu'il les attendoit le moins. Il avoit pleuré la mort
de Ioſeph, & cependant ſes enfans lui vinrent annoncer, non ſeulement que Ioſeph eſt vivant, mais encore qu'il eſt le Favori du Roy, & celui ſur qui le Prince ſe repoſoit du gouvernement d'un ſi grand Empire. Iacob entendit toutes ces choſes avec une ſurpriſe qui
ne ſe peut concevoir, il prenoit ce diſcours pour un ſonge, & il lui ſembloit plûtôt un conte
fait à plaiſir, qu'une verité, tant il paroiſſoit fabuleux ; mais voyant les chariots magnifiques & les preſens que Ioſeph lui envoyoit, il revint auſſitoſt de ſon erreur : diſant, qu'il
étoit content & qu'il n'avoit plus rien à deſirer, puiſque Ioſeph étoit vivant & qu'il pouvoit le voir avant que de mourir. L'empreſſement qu'il avoit de voir ce fils revenu au
monde pour lui, étoit ſi grand, qu'ayant fait auſſi-tôt diſpoſer tout ce qui étoit neceſſaire pour ſon départ, il partit de Chanaan avec ſa famille, compoſée de ſoixante & dix perſonnes, ſes troupeaux & tout ce qui lui appartenoit. Ce Patriarche commença ſon voyage
par un ſacrifice qu'il fit prés de la Citerne du Serment, où Dieu lui apparoiſſant , promit
de le conduire en Egypte, où ſa race s'étant multipliée en grand nombre, en ſortiroit un
jour pour revenir habiter en Chanaan. Enfin Dieu lui aſſeura qu'il mouroit entre les bras
de Ioſeph.

Geneſe 45. & 46. Chap.

LES Egyptiens qui avoient été contraints par necessité de vendre tous leurs effets
mobiliaires, n'ayant plus d'autres possessions que leurs terres, furent aussi reduits à
les aliener au profit du Roi, pour les interests duquel Joseph établit des Commissaires;
& par ce moyen toutes les terres que le peuple possedoit appartinrent au Roy en pro-
prieté, ayant esté annexées à son domaine. La disette s'augmentant de jour en jour, & le
peuple dépoüillé de tous ses biens, s'étant engagé dans l'esclavage, pour avoir de quoi
ensemencer toutes les terres; Joseph qui tenoit le timon de l'Etat, rétablit le peuple dans
la possession des terres, à condition de les cultiver & ensemencer, & de payer au Roy
pour tribut annuel la cinquiéme partie de chaque recolte. Les Egyptiens qui par ce moyen
rentroient dans leurs premieres possessions, ayans sans balancer accepté ce parti, travail-
lerent avec chaleur à cultiver la terre, remerciant le Roy d'une liberalité si genereuse,
qui attira leur bienveillance sur Joseph, lequel ayant introduit cette coûtume dans l'E-
gypte, en fit dresser par écrit une Ordonnance qui fut toûjours observée depuis ce
tems-là.

Genes. 47. *Chap.*

LE Patriarche Jacob étant arrivé avec ces deux fils dans la ville capitale de l'Egypte, & ayant été favorablement reçû du Roy, étoit dans une joye inconcevable de voir ſon fils Joſeph élevé dans ſi haut degré de faveur, ne pouvant aſſez admirer la providence de Dieu, qui l'avoit conduit à cette dignité ſuprême par des voyes oppoſées au raiſonnement humain, pour tirer ſa famille de la miſere où elle étoit prête de tomber, & la placer dans un pays qui produiſoit en abondance tout ce qui étoit neceſſaire à l'entretien de la vie. C'étoit la terre de Geſſen, où le Roy d'Egypte, à la priere de Ioſeph, permit à Iacob de s'établir avec ſa famille. Ce ſaint homme ayant paſſé dix-ſept ans dans ce ſéjour délicieux, & ſentant que ſes forces ſe diminuëoient de jour en jour, & que le terme de ſa vie approchoit, manda ſon fils Ioſeph, auquel ayant fait jurer de ne lui point donner d'autre ſepulture que celle de ſes Ancêtres avoient choiſie dans le païs de Chanaan, Ioſeph le lui promit avec ſerment d'executer ſa derniere volonté. Iacob ſe baiſſant, adora Dieu, pour le remercier de toutes les graces qu'il en avoit reçûës pendant ſa vie. Quelques jours aprés Ioſeph étant averti que ſon pere declinoit à vûë d'œil, vint lui rendre viſite avec ſes deux fils Ephraïm & Manaſſé, auſquels, à la priere de Ioſeph, Iacob donnant ſa benediction, croiſa ſes bras, mettant ſa main droite ſur Ephraïm, & la gauche ſur Manaſſé. Ioſeph qui crut que le bon vieillard ſe trompoit, voulant lui faire changer l'impoſition des mains; Iacob lui dit de le laiſſer faire, & qu'il ſçavoit bien pour quelle raiſon il agiſſoit ainſi.

Geneſe 47 & 48. Chap.

JACOB âgé de cent quarante-sept ans, sentant approcher son heure derniere, appella Joseph, qu'il obligea par serment de ne le point inhumer ailleurs que dans le Tombeau de ses peres. Ce que Joseph lui aïant promis, il lui amena ses deux fils, Ephraïm &
Manassé. Jacob se levant alors sur son seant, s'entretint avec Joseph d'une certaine benediction que Dieu lui avoit accordée, & Joseph se prosternant aussi tôt devant le lit de son
pere, lui fit benir ses enfans. Jacob benit aussi leur pere, priant le Dieu qui avoit conduit
& protegé Abraham & Isaac, de joindre sa benediction à la sienne. Jacob fit la même
chose à tous ses enfans, prédisant à chacun d'eux tout ce qui leur arriveroit aprés sa mort,
& aïant choisi sa sepulture dans la double grote du champ d'Ephron Hethéen, il rendit
son ame à Dieu à l'âge de cent quarante-sept ans. Joseph à qui cette mort causoit de sensibles regrets, fondit en larmes sur le corps de son pere, baisant la face de cet illustre défunt, avec une tendresse accompagnée d'une douleur profonde.

Genes. 47. 48. 49. & 50. *Chap.*

JOSEPH ayant fait embaumer le corps de Jacob, lui fit préparer de magnifiques funerailles, priant le Roy de laisser partir avec lui les plus anciens serviteurs de sa maison, pour accompagner la Pompe funebre de son pere, jusqu'au lieu de sa sepulture. Ce qui lui ayant été accordé, toutes les familles d'Israël se mirent en chemin pour rendre les derniers devoirs à leur Patriarche, excepté les plus jeunes qui resterent dans la Terre de Gessen, pour avoir soin des troupeaux. Le corps du deffunt ayant été conduits avec cette nombreuse escorte jusqu'à la Plaine d'Arad, toute la troupe s'arrestant en cet endroit, l'enfevelit avec de grandes marques de douleur & de tristesse, qui donnerent sujet d'appeller ce lieu-là le champ des Pleurs des Egyptiens. Joseph & ses freres s'étant ainsi acquittez des derniers devoirs envers leur pere, retournerent en Egypte. Alors les freres de Joseph craignant qu'il ne se ressentit de l'outrage qu'ils lui avoient fait en le vendant, lui en demanderent pardon, le priant de vouloir oublier une injure si atroce. Joseph leur repondit avec sa douceur ordinaire, que Dieu s'étant servi de leur mauvaise volonté pour leur bien, & celui de toute l'Egypte, ils ne devoient rien craindre & qu'il pourvoiroit abondamment à toutes leurs necessitez. Joseph gouverna l'Egypte jusqu'à sa mort, & aprés avoir conversé l'espace de cent dix ans avec ses freres, & vû naistre les enfans de son fils Ephraïm, jusqu'à la troisiéme generation, il mourut paisiblement, ayant auparavant predit à ses freres, qu'ils retourneroient un jour dans la terre promise, où il leur fit jurer de transferer ses os ; ce qui fut depuis exécuté, selon qu'il l'avoit ordonné.

Genes. 50. Chap.

ON a fait voir dans les precedentes Figures de quelle maniere les Israëlites s'établirent en Egypte, & comme le Roy Pharaon, en consideration de Joseph fils de Jacob, & Vice-Roy d'Egypte, leur avoit assigneé un canton de terre dans le païs de Gessen, une des Provinces de ce grand Royaume, pour y habiter. Lorsque Jacob passa en Egypte, il mena avec soy sa famille, composée de soixante & dix personnes, qui venant à se multiplier dans la suite des tems, se partagerent en douze Tribus, qui portoient les noms des douze enfans de Jacob, lesquels se nommoient Ruben, Simeon, Levi, Juda, Issachar, Zabulon, Joseph, Benjamin, Dan, Nephtali, Gad & Aser. Or Joseph & ses freres étans morts, leurs descendans se multiplierent en si grand nombre, que le pays où ils habitoient ne les pouvoient contenir, leurs richesses s'augmentant à mesure que leur nombre croissoit. Le Roy qui regnoit pour lors en Egypte, entra dans une telle apprehension de leur puissance, qu'il resolut par une raison politique d'en arrêter le progrez, remontrant à son peuple qu'il étoit à craindre, que les Israëlites augmentez en nombre & en richesses n'eussent des intelligences secretes avec les ennemis de son Royaume, pour ensuite lui declarer la guerre. Pharaon (c'est ainsi que les Juifs nommoient tous les Rois d'Egypte) voulant executer le dessein qu'il avoit de les opprimer, établit des Commis qui avoient un ordre exprés de les accabler à force de travaux & d'ouvrages penibles, les faisant travailler sans relâche aux ouvrages de Maçonnerie & de Brique, dont ils étoient surchargez avec une tirannie insupportable. Mais la protection de Dieu qui éclatoit visiblement sur ce peuple, rendoit inutile tous les moyens que Pharaon employoit pour les perdre, & plus les Israëlites étoient persecutez, plus il se multiplioient en nombre & en richesses.

Exod. 1. Chap.

PHARAON qui avoit employé vainement toutes les violences imaginables pour opprimer les Iſraëlites, s'aviſa d'un moyen deteſtable pour empêcher la multiplication de ce peuple, ordonnant aux Sages-femmes de tuer tous les enfans mâles des Iſraëlites qui tomberoient entre leurs mains ; mais la crainte de Dieu & la compaſſion naturelle que l'on a pour les enfans qui viennent de naître, les empêcherent d'executer ce deſſein barbare. Le refus qu'elles firent d'obéïr à Pharaon en ce point là, l'ayant obligé de commander à ſon peuple de jetter dans le Fleuve tous les mâles des enfans de Jacob ; il arriva pour lors qu'un Iſraëlite de la Tribu de Levi, ayant épouſé une femme de ſa lignée, en eut un fils, dont la beauté le rendit ſi aimable aux yeux de ſa mere, qu'elle le cacha avec ſoin pendant trois mois, pour lui conſerver la vie ; mais ne pouvant le celer plus long-temps elle fut obligée de le mettre dans un petit berceau calfeutré de poix & d'argile, & l'ayant poſé en cet état ſur le Nil parmi des roſeaux, elle commanda à une ſœur de cet enfant de jetter les yeux ſur lui & d'obſerver ce qu'il deviendroit. La fille de Pharaon ſe promenant alors ſur le rivage du Nil, & appercevant un enfant qui crioit, en eut pitié, & le fit retirer de l'endroit où il étoit, pour le mettre en nourrice. La jeune fille qui obſervoit ce que deviendroit ſon petit frere, s'offrit de faire venir la mere de l'enfant, à qui la fille du Roy le donna à nourrir ; Cet enfant étant devenu grandelet, ſa mere le mena à la fille de Pharaon, qui l'ayant adopté pour ſon fils lui donna le nom de Moïſe, qui ſignifie, ſauvé des eaux.

Exod. 1. *& 2. Chap.*

LORS que Moïse eut atteint l'âge d'adolescence, la fille de Pharaon soigneuse de
lui donner une belle éducation, le mit sous la discipline des plus sçavans hommes de
tout le Royaume, qui lui enseignerent les belles Lettres & la Philosophie. Or Moïse,
quoy qu'adopté par la fille du Roy, sçachant bien qu'il étoit Israëlite par sa naissance,
l'inclination naturelle que l'on a pour ses compatriotes l'obligea de les aller visiter. Il
ne pût voir qu'avec un déplaisir sensible, le cruel traitement que ceux qui étoient pré-
posez aux ouvrages de Pharaon, leur faisoient souffrir. Ayant donc apperçû un Egyptien, maltraitant sans sujet un Israëlite, il fut si indigné de cette rigueur injuste, que
se voyant seul avec cet Egyptien, il le tua aussi-tôt & le couvrit de sable. Deux jours
aprés étant retourné à ses freres, & deux d'entr'eux ayant un démêle ensemble, Moïse
entreprit de blâmer celuy qui avoit tort. Mais cet homme ayant dit arrogamment à Moïse, pourquoy il se mêloit de leurs differens, & s'il étoit venu là pour le tuer, comme il
avoit tué l'Egyptien depuis quelques jours; Moïse fut saisi de crainte, ne pouvant
s'imaginer par quel moyen cet homicide avoit été découvert. Cependant ayant appris
qu'on en avoit fait des plaintes à Pharaon, qui le faisoit chercher de toutes parts pour
le faire mourir, il s'enfuit hors de l'Egypte, & se refugia dans le païs de Madian, pour
éviter la colere de Pharaon.

Exod. 2. Chap.

MOYSE que sa fuite precipitée dans le païs de Madian, aviot beaucoup fatigué, s'étant assis auprés d'un Puits, les filles de Jethro, Prestre Madian, vinrent au nombre de sept puiser de l'eau pour abreuver les troupeaux de leur pere. Il survint une troupe de Pasteurs, gens rustiques & incivils, qui les empêcherent de puiser de l'eau. Moïse à qui cette violence déplût extrémement, entreprit la défense de ces filles, & abreuva leurs troupeaux malgré les Pasteurs. Elles s'en retournerent ensuite à la maison de leur pere, qui les voyant revenir plûtôt qu'elles n'avoient accoûtumé, & leur en ayant demandé la cause, elles répondirent qu'elles avoient trouvé un Egyptien qui étoit survenu fort à propos pour les défendre de la violence des Pasteurs, & pour abreuver leurs troupeaux. Iethro qui vouloit reconnoître le bon office que Moïse leur avoit rendu, l'ayant fait inviter à venir se reposer & manger chez luy, Moïse y vint, & ayant fait serment de demeurer au service de Iethro, il épousa l'une de ses filles nommée Sephora, dont il eut un fils qu'il nomma Gersam, à cause qu'il étoit étranger dans ce Païs-là. Elle luy enfanta un second fils, qu'il nomma Eliezer, en reconnoissance de ce que le Dieu de son pere l'avoit secouru & delivré de la main de Pharaon.

Exod. 2. Chap.

LES Egyptiens irritez des efforts inutiles qu'ils avoient faits jufques alors, pour an-
neantir les Ifraëlites, & perfiftant toûjours dans le deffein de les détruire, leurs im-
pofoient de jour en jour de nouvelles charges, redoublant fans ceffe leurs travaux, qu'ils
prenoient plaifir à rendre plus penibles. Toutes ces peines jointes aux mauvais traitemens
qu'ils leurs faifoient fans ceffe, leur ayant rendu ce joug infupportable ; laffez enfin de
cette tyrannie qui les accabloit & leur faifoit traîner une miferable vie parmi les afflictions,
& ne trouvant point d'autre remede à leurs maux que celui d'avoir recours à Dieu, ils lui
adrefferent humblement leurs vœux & leurs foupirs, le fuppliant de fe fouvenir de l'alliance qu'il avoit contractée avec Abraham, Jacob, & toute leur pofterité, & des promeffes
qu'il leur avoit tant de fois réïterées, de les proteger & de les deffendre de leurs ennemis;
& le conjurant par toutes les marques d'amour & de bonté qu'il avoit données à leurs Ancêtres, de les délivrer de l'oppreffion & de la fervitude d'Egypte, dont ils ne pouvoient
plus fupporter le pefant fardeau. Dieu qui jufques alors fembloit être fourd à leurs cris
& à leurs juftes plaintes, fe fouvenant du pacte qu'il avoit fait avec leurs ayeuls, les
exauça enfin, & refolut de les délivrer de la fervitude d'Egypte.

Exod. 2. Chap.

MOYSE gardoit les troupeaux de Jethro, Sacrificateur des Madianites prés de la montagne d'Horeb, lorſque le Seigneur lui apparut dans les flammes du buiſſon ardent. Ce buiſſon enflammé, toûjours brûlant ſans ſe conſumer, lui parut un miracle ſi ſurprenant & ſi extraordinaire, qu'il lui fit naiſtre la curioſité de s'en approcher. Dieu lui en deffendit l'approche, ſi auparavant il n'oſtoit ſa chauſſure, l'avertiſſant que la terre où il marchoit, eſtoit une terre ſainte. Moïſe obéït à la voix du Seigneur, qui lui ayant fait connoiſtre qu'il eſtoit le Dieu d'Abraham, d'Iſaac & de Jacob; & Moïſe étonné de la preſénce de Dieu, s'eſtant voilé la face, Dieu lui declara qu'ayant égard aux plaintes & aux ſoupirs de ſon peuple, accablé ſous la peſanteur du joug de l'Egypte, il avoit reſolu de l'en retirer, pour le conduire de là dans un pays où le miel & le lait couloient en abondance, habité par les Chananéens, Hethéens, Amorrhéens, Pherezéens, Hevéens & Jebuzéens, lui commandant d'aller au plûtoſt en Egypte faire ſçavoir ſes intentions à Pharaon, afin qu'il donnât aux Iſraëlites la liberté de ſortir de ſon Royaume. Moïſe à qui cette entrepriſe paroiſſoit impoſſible, ayant dit qu'il ſe trouvoit incapable d'executer ce commandement, & qu'il y avoit trop de diſproportion entre lui & Pharaon; Dieu lui répondit qu'il ne s'embaraſſât point de ce qu'il avoit à dire à ce Roy, promettant de l'aſſiſter & de lui ſuggerer les paroles qu'il devoit porter à ce tyran, à qui il diroit qu'il eſtoit envoyé de la part de *celui qui eſt*, pour lui demander la délivrance du peuple d'Iſraël: & que pour marque de ſa miſſion, il jetteroit devant Pharaon ſon bâton qui ſe changeroit en ſerpent, & qui retourneroit à ſa premiere forme, lorſqu'il viendroit à le reprendre. Moïſe obéïſſant au commandement que Dieu lui faiſoit, alla trouver Aaron ſon frere, auquel ayant raconté ſa viſion, & étans demeurez d'accord de concourir enſemble à cette entrepriſe, ils retournerent en Egypte dans une ferme reſolution de l'executer.

Exod. 3. & 4. Chap.

MOYSE & Aaron étans de retour en Egypte, s'adrefferent aux plus anciens des Ifraëlites, aufquels Aaron ayant declaré la volonté de Dieu, & confirmé par des miracles le commandement qu'il leur avoit fait de retirer fon peuple de l'efclavage d'Egypte ; Ces perfonnes éclairées reconnoiffant qu'enfin Dieu s'étoit laiffé fléchir par leurs larmes, & que Moïfe & Aaron étoient veritablement envoyez de fa part, pour les délivrer de l'oppreffion, les reçûrent avec tout le refpect qui étoient dû à leur caractere. Moïfe & Aaron étans allez enfuite directement à Pharaon, luy declarer de la part de Dieu, qu'il eût à laiffer fortir fon peuple de l'Egypte pour aller luy faire un Sacrifice dans le defert ; Et Pharaon ayant répondu fierement, qu'il ne connoiffoit point ce Dieu qui luy commandoit de laiffer aller les Ifraëlites ; Ils luy remontrent que le Dieu des Hebreux leur ayant ordonnéde traverfer le defert pendant trois jours, & d'y appaifer fa colere par un Sacrifice, ils étoient obligez de luy obeïr. Mais Pharaon les accufant d'avoir porté les Ifraëlites à la revolte, commanda à ce peuple de retourner à fon travail ordinaire, & à ceux qui en avoient la conduite de les y contraindre, fans leur donner de relâche, avec ordre mefme de leur retrancher la paille qu'on avoit coutume de leur donner, les accufans de faineantife & de pareffe, fous pretexte de voûloir faire un Sacrifice à leur Dieu.

Exod. 4. & 5. Chap.

EN ce tems-là le Seigneur dit à Moïſe qu'il l'avoit étably pour être le Dieu de Pharaon, c'eſt à dire, pour faire s'entir à ce Prince la puiſſance divine & qu'il auroit ſon
trere Aaron pour Prophete, qu'il inſtruiroit de tout ce qu'il devoit dire de la part de
Dieu, à ce Roy, pour le faire conſentir à la ſortie dés Iſraëlites hors de l'Egypte ; mais
que rendant le cœur de Pharaon inflexible à leurs remontrances, il rempliroit toute
l'Egypte de prodiges & de ſignes merveilleux. Moïſe & Aaron, ſuivant l'ordre que
Dieu leur en avoit donné, s'étans adreſſez une ſeconde fois à Pharaon, pour obtenir
de luy, que les Iſraëlites puſſent aller faire un Sacrifice à leur Dieu dans le deſert ;
Aaron voulant faire connoître à Pharaon qu'il étoit envoyé de Dieu pour luy demander cette permiſſion, jetta par terre ſon bâton, qui ſe changea auſſi-tôt en Serpent.
Pharaon ayant vû ce Miracle, fit venir des Magiciens de ſon Royaume, qui par leurs
enchantemens firent le même prodige qu'Aaron venoit de faire ; mais la verge d'Aaron
ayant devoré celle des Magiciens de l'Egypte, Pharaon qui en fut témoin n'en fut pas
plus touché : au contraire ce miracle ne ſervit qu'à le rendre plus ferme dans ſa reſolution barbare. Moïſe & Aaron avertirent une autrefois Pharaon, que s'il refuſoit au
peuple de Dieu la permiſſion de ſe tranſporter au deſert pour y Sacrifier, il exprimen-
teroit bient-tôt à ſon malheur, combien il eſt dangereux de deſobeïr à celuy qui renver-
ſe les trônes, & qui abat les têtes couronnées, quand il luy plaît ; & que pour lui confirmer la verité de ſes menaces, Moïſe d'un coup de ſa verge changeroit en ſang les
eaux des fleuves de l'Egypte. Ce qui ayant été executé, les poiſſons furent étouffez
dans les eaux : mais les enchanteurs Egyptiens ayant fait le même prodige par la force de leurs enchantemens, Pharaon retourna à ſon premier endurciſſement.

Exod. 7. Chap.

I

DIEU ordonna encore à Moïse de retourner à Pharaon, pour luy reïterer la demande qu'il luy avoit faite en faveur des Ifraëlites, le menaçant en cas de refus,
de couvrir de grenoüilles toute la terre d'Egypte, qui penetreroient jufques dans les
plus fecrets appartemens de fon Palais. Pharaon ayant méprifé les menaces de ce Prophete, Moïse commanda de la part de Dieu à Aaron d'étendre fa main fur les fleuves,
les marais & les étangs de l'Egypte, d'où il fit fortir une quantité fi prodigieufe de grenoüilles qu'elles couvrirent toute la terre. Les Magiciens de Pharaon ayant fait le même
prodige par la force de leurs charmes; Pharaon étonné de voir fon Royaume defolé par
ce deluge, fupplia Moïse de l'en délivrer, luy promettant d'accorder aux Ifraëlites la liberté d'aller faire leur Sacrifice dans le defert. Moïse ayant confenty à fa demande,
à condition de luy marquer precifément le jour auquel il devoit executer fa promeffe,
& Pharaon l'ayant prié d'en remettre l'execution au lendemain; Moïse adreffant fon
oraifon au Seigneur, le pria de faire ceffer le fleau dont il avoit affligé Pharaon, pour
luy faire connoître qu'il n'y avoit point d'autre Dieu que celuy d'Ifraël, & ce faint
Prophete n'eut pas plûtôt fini fa priere, que les grenoüilles s'étant entaffées les unes fur
les autres furent exterminées. Mais Pharaon fe voyant delivré de ce fleau fi funefte à
l'Egypte, reprit fa dureté de cœur, refufant d'obferver la parole qu'il avoit donnée à
Moïse & à fon frere Aaron.

Exod. 8. Chap.

DIEU voulant punir d'une nouvelle playe l'endurcissement de Pharaon, commanda à Moïse de dire à Aaron de fraper avec sa verge la poussiere de la terre, qui s'étant convertie en moucherons, dont les hommes & les bestes furent étrangement tourmentez, les Enchanteurs de Pharaon entreprirent de contrefaire ce prodige : mais ayant fait des efforts inutiles pour y parvenir, ils furent contraints d'avoüer qu'il n'appartenoit qu'à Dieu de faire un semblable miracle. Le cœur de Pharaon s'endurcissant de plus en plus, Moïse revint encore à lui de la part de Dieu, pour lui dire que s'il empêchoit davantage les Israëlites de faire ce que Dieu leur commandoit, il répandroit dés le lendemain sur l'Egypte une nuée de mouches, dont le seul païs de Gessen habité par les Israëlites seroit exempt, pour luy faire connoître quelle difference il y avoit entre ce peuple & les Egyptiens. Ce nuage d'Insectes s'étant jetté sur Pharaon & sur tous ses Sujets, il déclara au peuple d'Israël qu'il lui permettoit de faire son Sacrifice à Dieu, pourvû que ce fut dans l'Egypte. Mais Moïse lui aïant répondu que le peuple ne pouvoit se resoudre à sacrifier dans un païs où son Sacrifice seroit en abomination, & que Dieu lui avoit ordonné de ne le faire qu'aprés avoir marché trois jours dans le desert, Pharaon pria ce Prophete d'emploïer son pouvoir auprés de Dieu, pour faire cesser le fleau, dont lui & son peuple étoient accablez. Moïse le lui aïant promis, à condition qu'il ne l'amuseroit plus par de vaines promesses, se retira à l'écart pour faire sa priere, & ce nuage de mouches fut à l'instant dissipé : mais ce Prince persevera dans sa malice.

Exod. 8. Chap.

MOYSE revenant à Pharaon, pour lui declarer que s'il n'amolissoit la dureté de son cœur, Dieu fraperoit son Rojaume d'une peste si violente qu'elle feroit mourir tous les chevaux, asnes, chameaux, bœufs & brebis de l'Egypte, ce Prince impie ne fit pas plus de cas de ses menaces, que des precedentes; ce qui fut cause que dés le lendemain une peste universelle extermina tous les bestiaux des Egyptins, ceux du peuple d'Israël n'en ayant été nullement endommagez. Mais Pharaon malgré ces punitions étranges, s'affermissant de plus en plus dans son obstination, Dieu commanda à Moïse & à son frere de prendre une poignée de cendre de la cheminée, laquelle ayant été répanduë en l'air en presence de Pharaon, fit naître sur les corps des hommes & des bestes une quantité prodigieuse d'ulceres, & de pustules enflées, qui les rendoient insuportables à euxmêmes. Les Magiciens sur qui cet étrange fleau étoit tombé, honteux de se voir tout couverts d'ulceres, n'oserent plus paroître. Dieu qui n'affligeoit l'Egypte de tant de playes que pour fléchir le cœur de Pharaon, luy renvoya encore Moïse, pour luy annoncer que la peste, après avoir exterminé tous les bestiaux de l'Egypte, étoit toute preste à tomber sur les hommes pour dépeupler son Royaume, & que si ce fleau n'étoit pas encore assez fort pour le reveiller de l'assoupissement, où sa malice l'avoit engagé, Dieu exciteroit dans l'air des orages mêlez de foudres, d'éclairs & de gresles si épouvantables, que toutes les campagnes en seroient desolées, excepté la Province de Gessen, qu'il épargneroit en faveur des Israëlites. Ce qui étant arrivé, comme Moïse l'avoit prédit, Pharaon avoüant son crime, confessa en même temps que Dieu étoit juste : mais Moïse touché du repentir de ce Prince, ayant appaisé par ses prieres cette horrible tempeste, Pharaon dont la penitence étoit feinte, oublia bien-tôt ce qu'il avoit promis à Dieu.

Exod. 9. Chap.

MOYSE qui avoit donné tant d'avertissemens inutiles à Pharaon, ne se rebuta pas ; il revint encore à la charge, & Dieu le renvoya à ce Prince, en lui disant, qu'il avoit endurci le cœur de Pharaon, afin qu'ayant esté témoins des prodiges qu'il avoit faits dans l'Egypte, en faveur de son peuple, il en fit quelque jour un recit fidelle à ses neveux. Moïse & Aaron étant donc revenus vers Pharaon, pour le menacer d'une nouvelle punition toute preste à tomber sur son Royaume, Dieu couvrit le lendemain les campagnes de l'Egypte d'une multitude effroyable de sauterelles qui devorerent en un instant le peu de fruits & de grains que la gresle avoit épargné. Les serviteurs de Pharaon se plaignant à lui de son obstination, qui attiroit sur eux tant de malheurs effroyables, dont il pouvoit arrester le cours en laissant sortir de son Royaume les Israëlites, s'étoient efforcez avant cela de lui persuader qu'il leur donnât la liberté de s'en aller au desert pour s'acquiter du Sacrifice qu'ils devoient à leur Dieu. Pharaon ayant quelque égard à leurs remontrances, Moïse & Aaron furent ramenez devant lui, ausquels il déclara qu'il consentoit volontiers que les Israëlites allassent où ils desiroient, pourvû que leurs femmes & leurs enfans restassent dans la terre de Gessen ; mais Moïse ayant insisté à demander qu'il fût permis aux Israëlites, sans exception, de partir avec tout ce qu'ils possedoient, Pharaon irrité d'une demande si juste, le fit aussi-tost chasser de sa presence. Ce fut pour lors que cette multitude effroyable de sauterelles, dont nous avons déja parlé, desola entierement les campagnes de l'Egypte. Ce ravage horrible obligea Pharaon de revenir un peu à soy ; & Moïse s'étant mis en oraison pour faire cesser ce fleau redoutable, il s'éleva un vent impétueux qui emporta toutes les sauterelles dans la mer.

Exod. 10. Chap.

CE deluge de maux qui avoit accablé l'Egypte, devoit amolir le cœur de Pharaon;
mais ce Prince impie, bien loin d'estre flechi par tant de disgraces, se roidit de plus
en plus contre la puissance de Dieu, qui ayant commandé à Moïse de lever sa main vers
le Ciel, l'Egypte fut à l'instant couverte de tenebres si épaisses l'espace de trois jours, que
les Egyptiens ne pouvoient s'entrevoir, pendant que le Païs habité par les Israëlites joüis-
soit d'un jour clair & serain. Pharaon épouvanté de l'horreur des tenebres modera un peu
sa rigueur, leur permettant de mener avec eux toute leur famille, & de laisser seulement
leurs troupeaux; mais Moïse ayant répondu qu'ils ne pouvoient faire de Sacrifices sans
victimes, ni trouver des victimes s'ils n'emmenoient leurs troupeaux, sur tout dans l'in-
certitude où ils étoient de ce qu'ils devoient offrir à Dieu, lorsqu'ils seroient arrivez sur le
lieu destiné pour cette ceremonie, Pharaon demeura dans sa dureté de cœur & congedia
Moïse, lui faisant à l'avenir des deffenses expresses de paroître en sa presence, sur peine de
perdre la vie, à quoi Moïse consentit, promettant de n'y revenir jamais.

Exod. 10. *Chap.*

DIEU ordonna à Moïfe de compter a l'avenir l'année, à commencer par le mois qui couroit alors, & d'enjoindre de fa part à toutes les familles d'Ifraël de prendre chacune un agneau le dixiéme de ce mois, pour le garder jufqu'au quatorziéme ; & le même jour, aprés l'avoir immolé vers le foir, arrofer de fon fang le feüil de la porte du logis ; le faire tôtir & le manger avec du pain fans levain, & des laituës fauvages, n'étant pas permis de le manger crud ni boüilli, mais feulement rôti, dont on jetteroit les reftes au feu, afin de n'en rien garder pour le lendemain ; Qu'en le mangeant à la hâte, ils au-roient une ceinture autour d'eux, leurs fouliers aux pieds, & un bâton à la main, & qu'ils appelleroient cette ceremonie Phafe, c'eft-à-dire le paffage du Seigneur, en me-moire de ce que cette nuit-là même, Dieu paffant à travers l'Egypte, devoit frapper à mort tous les premiers nez de ce Royaume, tant hommes que beftes. Il leur commanda enfuite de conferver la memoire de ce jour, de confacrer au culte de Dieu fept jours, dont le premier & le feptiéme feroient diftinguez par une Solemnité particuliere ; & en-fin de ne faire ce jour-là aucun ouvrage, excepté ce qui regarde le manger.

Exod. 12. Chap.

MOYSE ayant assemblé tous les anciens du peuple d'Israël, pour leur annoncer qu'ils devoient être bientôt affranchis de la servitude. Il arriva environ l'heure de minuit que tous les premiers nez de l'Egypte, depuis le fis aîné de Pharaon, jusqu'à celui de l'esclave, & pareillement tous les premiers nez d'entre les animaux furent exterminez par la main de Dieu. Cet évenement remplit toute l'Egypte de gemissemens & de funerailles, n'y ayant pas une seule maison parmi les Egyptiens qui n'eût un mort à pleurer & un deffunt à ensevelir. Pharaon qu'une playe si sanglante & lamentable avoit accablé de douleur & de crainte, lassé enfin de tant de miseres, fit sçavoir cette nuit là même à Moïse & à son frere, qu'ils pouvoient partir dés ce moment là avec tout le peuple, & tout ce quil eur appartenoit, comme ils l'avoient souhaité, les suppliant au reste de prier Dieu pour lui, & de le benir à leur départ. Les Egyptiens qui apprehendoient qu'un plus long séjour des Israëlites dans l'Egypte ne leur arrirât encore de nouvelles disgraces, les exhortoient à partir promptement. Chacun des Israëlites ayant ramassé à la hâte tout ce qui lui appartenoit, même jusqu'à la pâte sans levain, ils emporterent outre cela une grande quantité de vaisselle d'or & d'argent que les Egyptiens leur prêterent. Les enfans d'Israël partirent donc de Ramesses en cet équipage, au nombre de prés de six cens mille hommes de pied, sans les femmes & les petits enfans, avec un nombre infini de menu peuple, & de bestiaux de toutes sortes pour aller de là en Socoth. Ils firent ensuite des pains de la pâte qu'ils avoient apportée de l'Egypte, & les firent cuire sous la cendre.

Exod. 12. *Chap.*

LES Enfans d'Ifrael étant fortis de l'Egypte, aprés y avoir habité l'efpace de quatre cens trente ans, Moïfe ordonna à ce peuple d'en celebrer la memoire, & Dieu commanda en même tems que tout ce qui naîtroit entr'eux le premier, tant de l'homme, que de la befte, luy fût confacré. Moïfe exhorta enfuite le peuple à conferver le fouvenir du jour qu'ils eftoient fortis de l'Egypte d'où le Seigneur les avoit retirez par la force de fon bras, & de ne manger point de pain levé. Il leur dit d'en fortir un des jours du mois des fruits nouveaux, & que lors qu'ils feroient arrivez dans la terre promife à leurs ancêtres, ils ne manquaffent pas d'en faire la folemnité dans ce mois, pendant fept jours confecutifs, où ils mangeroient du pain fans levain, le feptiéme jour étant marqué pour être la fefte du Seigneur, & que ce jour-là il raconteroient à leurs enfans les merveilles que Dieu avoit operées pour les retirer de la fervitude de l'Egypte. Il leur ordonna enfuite de feparer les premiers nez mâles des hommes pour être confacrez à Dieu, & ceux des beftes pour lui eftre immolés; Voulant que le premier né de l'homme fût racheté à prix d'argent, & celui de l'afne pour une brebis: Or le peuple d'Ifrael fortant de l'Egypte, pour arriver à la terre promife, ne prit pas la route qui conduit au païs des Philiftins, mais celle qui mene au defert fitué prés de la Mer rouge: Moïfe n'oublia pas auffi de faire tranfporter hors de l'Egypte les os de Jofeph, fuivant le ferment que les freres luy firent de les transferer dans la Province de Canaan, lors qu'il plairoit à Dieu de les vifiter.

Exode 12. & 13. Chap.

LES Enfans d'Israël conduits par Moïse, étoient campez devant Phihahirot, lorsque
Pharaon étonné de leur retraite retourna à sa premiere dureté de cœur, & reprenant ses sentimens de haine contre les Israëlites, à la persuasion de ses Sujets, qui
se reprochoient entr'eux la faute qu'ils avoient faite de laisser sortir hors du Royaume
un peuple, dont ils tiroient des services si considerables, il se mit à la teste de toutes les
forces de l'Egypte avec six cens chariots d'élite, & poursuivit avec tant de diligence
ce peuple fugitif, que les Israëlites étonnez de voir cette Armée nombreuse toute
preste à fondre sur eux, blâmerent Moïse de les avoir tirez de la servitude d'Egypte
pour les livrer ensuite dans le desert à la fureur d'un peuple barbare. Mais ce Prophete
leur ayant assûré que le bras puissant du Seigneur les délivreroit bien-tôt de ce danger,
leva sa verge sur les eaux de Mer rouge, qui se separant à droit & à gauche, & faisant
des deux côtez une espece de mur aux Israëlites, leur ouvrirent au milieu de cette mer
un chemin, par lequel l'Ange de Dieu marchant à leur teste les conduisoit jusqu'à l'autre bord, pendant que Moïse qui étoit à la queuë de l'Armée faisoit teste à Pharaon, qui
les poursuivoit avec chaleur. Alors Dieu qui vouloit faire éclater sa puissance sur ce
Roy impie, ayant commandé à Moïse l'étendre sa main sur la Mer rouge, les eaux qui
s'estoient separées à la voix de ce grand Prophete, venans à se joindre par son commandement, ensevelirent dans le fond de la mer Pharaon & toute son Armée.

Exode 14. Ch.

LE S Iſraëlites ayans paſſé à ſec la Mer Rouge , entonnerent à la loüange de Dieu un Cantique , où les femmes des Iſraëlites animées par l'exemple de Marie Prophe-teſſe, Sœur de Moïſe, accorderent leurs voix au ſon des Inſtrumens. Ces actions de graces étant finies, Moïſe les mena du rivage de la mer rouge au deſert du Sur, où ayant marché trois jours entiers ſans trouver de l'eau, ils arriverent à Mara , dont ils trouverent les eaux ſi ameres, que leur ayant eſté impoſſible d'en boire pour étancher leur ſoif, ils mur-murerent hautement contre luy. Ce Prophete eut auſſi toſt recours à Dieu, qui voulant apporter du remede à ce mal, enſeigna à Moïſe un bois, qui eſtant jetté dans l'eau avoit la vertu de l'adoucir. Ce que Moïſe ayant executé, ſuivant l'ordre de Dieu, le mur-mure du peuple fut appaiſé. Ce fut en ce lieu là que le grand Legiſlateur commença à leur preſcrire des Loix, & à eſtablir des preceptes pour la conduite des mœurs , di-ſant à ce peuple, que s'il eſtoit attentif à la voix de ſon Dieu, qui luy ordonnoit de pra-tiquer ce qui eſt juſte devant luy, & d'obeir à ſes Commandemens, il le preſerveroit à l'avenir de toutes ſortes de maux & d'afflictions. Or les Iſraelites pourſuivans leur che-min, arriverent dans un ſejour agreable, appellé Elim, où ce peuple goûtoit un frais delicieux ſur le bord de douze fontaines, ombragées de ſoixante & dix palmiers; mais la diſette des vivres les ayant fait murmurer contre Moïſe ils en décamperent aprés y avoir ſejourné quelque temps.

Exode 15. Chap.

LES Israëlites ayant décampé d'Elim le quinziéme jour du second mois aprés leur départ de l'Egypte, pour venir au desert de Sin, assez prés de la montagne de Sinaï, ce grand peuple accablé de faim en fit des reproches à Moïse, regrettant l'abondance des viandes & de pain qu'ils avoient laissée en Egypte, pour venir ensuite périr par la famine dans un lieu sterile. Dieu ayant égard à leurs plaintes, commanda à Moïse de dire à ce peuple qu'il pourvoiroit bien-tôt à ses besoins, en faisant pleuvoir du Ciel une viande dont ils ramasseroient chaque jour une quantité suffisante pour les nourrir, les avertissant d'en faire double provision le sixiéme jour; & que ce miracle lui feroit connoistre à l'avenir s'ils seroient fideles à ses commandemens. Moïse ayant declaré à ce peuple le prodige que Dieu vouloit faire en sa faveur, le blâma de ce qu'il murmuroit contre un Maître qui l'avoit comblé de tant de biens; & à l'instant Dieu ayant formé un nuage épais dans l'air, il s'éleva un vent qui couvrit le camp d'Israël d'une quantité prodigieuse de cailles; & quand le jour fut venu, ils virent la terre couverte d'une rosée, laquelle étant tombée prenoit la figure du coriandre: Ce que les Israëlites ayant apperçû, & se demandant l'un à l'autre ce que ce pouvoit estre, Moïse leur dit que c'étoit le pain que Dieu leur envoyoit, leur faisant deffenses d'en amasser à chaque fois pour plus d'un jour.

Exode 16. Chap.

IL arriva pour lors que quelques Israëlites se défians de la providence de Dieu, firent provision de manne pour plus d'un jour, contre la défense qui leur en avoit esté faite. Moïse qui en fut averti se fit apporter cette manne, qui s'étant trouvée corrompuë & pleine de vers, il leur en fit de severes reprimandes; c'est de cette viande que Dieu nourrit son peuple dans le desert l'espace de quarante ans, jusqu'à ce qu'ils arrivassent sur les frontieres de Chanaan. Elle avoit le goût de la plus parfaite farine de froment mêlée de miel; & il y avoit encore ceci de merveilleux & de surprenant dans la manne, que celui qui en ramassoit le plus n'en avoit pas d'avantage que celui qui en avoit moins recueilly; & qu'au septiéme jour il n'en tomboit jamais, parce que c'étoit un jour de repos, étant permis aux Israëlites d'en amasser le jour précedent deux Gomors, c'est-à-dire deux mesures, afin qu'il en restât une pour le jour du repos. Le Gomor étoit la dixiéme partie de la mesure appellée Ephi; & Dieu voulant apprendre à la posterité de quelle nourriture il avoit fait subsister ce peuple dans le desert pendant quarante années, commanda à Moïse d'en faire emplir un Gomor, qui seroit mis en dépost dans l'Arche, pour conserver la memoire d'un Miracle si surprenant.

Exode 16. Chap.

LES Ifraëlites étans partis de Sin, vinrent camper en Raphidim, où né trouvant point d'eau pour boire ni pour abreuver leurs troupeaux, ils en firent des reproches à Moïfe, qui leur aïant remontré que c'étoit à tort qu'ils le blâmoient, les reprimenda de ce qu'ils avoient voulu tenter Dieu. Le peuple accablé de foif aïant accufé ce Prophete de ne les avoir retirez de la fervitude de l'Egypte que pour les faire perir miferablement dans cette vafte folitude : Et Moïfe demandant à Dieu de quelle maniere il pourroit appaifer ce peuple, dont il n'attendoit rien moins que d'être lapidé ; il fut ordonné, d'affembler les anciens d'Ifraël prés d'un rocher nommé la pierre d Oreb, & de frapper en leur prefence ce rocher d'un coup de fa verge, qui en feroit fortir de l'eau en abondance, pour appaifer cette foif extrême dont ils étoient accablez ; ce que Moïfe aïant executé, il impofa à ce lieu le nom de Tentation, parce qu'ils y avoient tenté le Seigneur, doutant qu'il fût avec eux.

Exode 17. *Chap.*

LES Ifraëlites allant à la Conquefte de la terre promife, fous la conduite de Moïfe, d'Aaron & de Jofué & les Amalecites leur ayant oppofé des Troupes pour
leur difputer le paffage, Moïfe ordonna à Iofué, comme à celuy de tous les Ifraëlites,
qui avoit le plus d'experience dans la guerre, de mener avec foit l'élite du peuple d'Ifraël, pour aller combattre ce peuple infidele, pendant que ce Prophete monté fur le
fommet de la Montagne, leveroit les mains au Ciel pour implorer le fecours de Dieu.
Iofué execute pontuellement les ordres de Moïfe, & livre la bataille aux Ennemis tantôt vaincus, lorfque Moïfe levoit fes mains au Ciel, & tantôt victorieux, lorfque la
laffitude le contraignoit de les abaiffer. Enfin Moïfe levant fans ceffe les mains au Ciel,
par le fecours d'Aaron & d'Hur, qui luy aiderent à foûtenir fes bras jufques au Soleil
couchant, la victoire ne balança plus à prendre le party du peuple de Dieu, qui deffit
entierement les Amalecites. Dieu qui avoit donné cette grande victoire aux Ifraëlites.
ordonna à Moïfe de la décrire dans fon Hiftoire, & d'en faire la lecture à Iofué, pour
uy faire connoître que Dieu avoit refolu de déturire entierement la nation des Amalecites.

Exode 17. Chap.

JETHRO Beau-pere de Moïse , ayant appris toutes les merveilles que Dieu avoit
operées par le ministere de son gendre , le vint trouver avec sa fille Sephora femme
de Moïse , & ses deux fils Gersan & Eliezer. Moïse leur fit un accuëil favorable , les
recevant avec toutes les marques possibles de joye & de bien- veillance , & les ayant
fait entrer dans sa tente, il leur fit un ample recit de tout ce qui étoit arrivé aux Israëlites depuis leur départ de l'Egypte , & de quelle maniere Dieu les avoit délivrez de la
poursuite de Pharaon. Jethro remply de joye & d'admiration , au recit de toutes ces
avantures surprenantes , en rendit graces à Dieu , luy offrant des sacrifices en reconnoissance de tant de graces; ensuite de quoy Moïse & Aaron donnerent un Festin à Jethro. Le lendemain Moïse ayant esté occupé depuis le matin jusques au soir, à rendre
la justice à tous ceux qui la luy demandoient ; Jethro reconnoissant qu'il estoit impossible que son gendre pût porter lui seul le poids de tant d'affaires , luy conseilla de s'appliquer seulement à ce qui regardoit le culte de Dieu, & la conduite de son peuple, &
de ne decider que les causes considerables, laissant aux Tribuns , aux Centeniers , aux
Cinquanteniers & aux Dizeniers la decision des affaires de peu de consequence. Jethro
ayant donné ce conseil à Mose, retourna dans son Païs.

Exode 18. Chap.

DES Ifraelites ayans dreffé les Tentes prés de la Montagne de Sinaï, trois mois aprés leur fortie de l'Egypte, Dieu leur commanda par la bouche de Moïfe, de fe preparer à la fanctification, en fe feparant de leurs femmes pendant trois jours ; & lavans leurs vêtemens, pour fe difpofer à recevoir fes Commandemens , leur deffendant fur peine de la vie de s'approcher de la Montagne où Moïfe feul devoit monter. Les Ifraëlites s'eftoient mis dans l'état que Dieu leur avoit prefcrit, lorsqu'il leur apparut fur cette Montagne au fon des Trompettes , environné de flammes, accompagneés d'éclairs & de tonnerre , dont le bruit faifant retentir toutes les Campagnies d'alentour , répendoit une conternation generale dans l'efprit de ce peuple , à qui Dieu parla en ces termes :

Je fuis le Seigneur ton Dieu , qui t'ay délivré de la Terre , ou du Païs de l'Egypte , & de la Maifon de Servitude.

I.   Tu n'auras point d'autres Dieux en ma prefence, tu ne te feras tailler aucune Idole pour l'adorer.

II.   Tu ne prendras point le mom du Seigneur ton Dieu en vain : Car le Seigneur ne tiendra point peur innocent celuy qui l'aura pris ainfi.

III.   Souviens toi de fanctifier le jour du Sabath, c'eft-à-dire le jour du Repos. Tu vâqueras à ton travail pendant fix jours ; mais le feptiéme jour eft le répos du Seigneur ton Dieu.

IV.   Honore ton Pére & ta Mere, afin que tes jours foient prologez fur la terre, que le Seigneur ton Dieu te donnera.

V.   Tu ne tuëras point.

VII.   Tu ne feras point Luxurieux.

VIII.   Tu ne déroberas point.

VIII.   Tu ne porteras point de faux témoignage contre ton prochain.

IX.   Tu ne convoiteras point la femme de ton prochain.

X.   Tu ne defireras point fa maifon, ny fa terre, ny fon ferviteur, ny fa femme, ny fon bœuf, ny fon afne, ny tout ce qui luy appatient.

Exode 19. & 20. Chap

PENDANT que Moïfe s'entretenoit avec Dieu fur la montagne de Sinaï (ce qui dura une efpace de tems confiderable) les Ifraëlites ennuyez de fa longue abfence, croyant qu'il leur avoit efté ravy, prierent Aaron de leur faire des Dieux pour les mettre à la tefte du peuple d'Ifraël , qui marcheroit fous leurs aufpices. Aaron s'étant laiffé entraîner à leurs volontés par une lâche complaifance, fe fit apporter les bijoux d'or & d'argent de leurs femmes & de leurs enfans , qu'il fit jetter en fonte pour en former un Veau d'or, que le peuple reconnut pour le Dieu qui l'avoit délivré de la fervitude de l'Egypte. Aaron ayant enfuite érigé un Autel à cet Idole, fit proclamer dans tout le Camp des Ifraëlites , que le lendemain on celebreroit la fefte du Seigneur. Les Ifraëlites avertis de cette folemnité , fe leverent dès le point du jour pour faire des offrandes pacifiques ; enfuite dequoy le peuple ayant pris fa refection , s'occupa à plufieurs fortes de paffe-tems. Dieu ayant averty Moïfe de tout ce defordre, & des égaremens de ce peuple infenfé , lequel au mépris de fes commandemens s'étoit jetté dans l'Idolatrie, declara à Moïfe qu'il eftoit dans la refolution d'exterminer cette nation ingrate & rebelle à fes commandemens.

Exode 32. Chap.

MOYSE voyant la vengeance de Dieu toute prefte à tomber fur les Ifraëlites, le fupplia de vouloir épargner un peuples qu'il avoit comblé de tant de faveurs; car qu'elle opinion, difoit-il, ô mon Dieu, les Egyptiens auront ils de vôtre procedé, finon que vous avez attiré les enfans de Jacob dans ce defert pour les y faire perir. C'eft ainfi que Moïfe appaifa la colere de Dieu, le priant inftamment de fe fouvenir des promeffes qu'il avoit faites à Abraham, Ifaac & Jacob. Ce Prophete à fon retour de deffus la Montagne, ayant vû la Statuë du Veau d'or, & les Ifraëlites danfans à l'entour; ce fpectacle injurieux à la majefté de Dieu, lui caufa un tel dépit qu'il brifa les Tables de la Loy qu'il avoit apportées de deffus la Montagne, & réduifit le Veau d'or en cendres, lefquelles il repandit dans l'eau qu'il fit boire aux Ifraëlites. Il blâma enfuite Aaron de ce qu'il avoit confenty à l'Idolatrie du peuple, dont Aaron tâcha de fe difculper. Cette injure ne demeura pas impunie, vingt-trois mille Ifraëlites ayans efté immolez à la colere de Dieu, par les mains de la Tribu de Levi. Après cette fanglante execution, Moïfe retournant à Dieu, le conjura de vouloir pardonner aux Ifraëlites, ou de l'effacer lui-même du Livre de vie: Mais Dieu lui ayant repondu qu'il n'effaçoit de fon Livre que ceux qui l'avoient offenfé, le renvoya à fon peuple, & lui commanda de le conduire à l'endroit qu'il lui avoit marqué.

Exode 32. Chap.

DIEU s'étant laissé fléchir par les prieres de Moïse, luy ordonna de continuer son entreprise, & de faire prendre au peuple d'Israel le chemin de la terre promise à la posterité d'Abraham, Isaac & Jacob, à la teste de laquelle il metroit son Ange, qui chasseroit de cette terre les Chananéens, les Amorrhéens, les Hethéens, les Pherezéens, Hevéens & les Jebuzéens, qui habitoient cette region où le miel & le lait couloient en abondance. Moïse ayant receu cet ordre du Seigneur, il fit dresser loin Camp des Israelites le Tabernacle d'Alliance, où tous ceux qui avoient quelque chose à demander étoient obligez de venir, & quand Moïse alloit au Tabernacle, tout le peuple se tenoit debout chacun à l'entrée de sa tente, le conduisant de vûë jusques au Tabernacle, où Moïse n'estoit pas plustost entré qu'un nuage descendant du Ciel en forme de colomne, s'arrêtoit à l'entrée du Tabernacle, où Dieu parloit à Moïse. Ce miracle se faisoit à la vûë de tout le peuple, qui se retenant à l'entrée de ses tentes se prosternoit en terre, pendant que Moïse s'entretenoit familierement avec Dieu; & lors qu'il revenoit au Camp, son serviteur Josué fils de Nun demeuroit dans le Tabernacle.

Exode 33. Chap.

M OY S E qui avoit reconnu dans les entretiens familiers qu'il avoit eu avec Dieu, combien il lui étoit agreable, l'ayant supplié de lui accorder la grace de le voir dans cette splendeur, dont il brille aux yeux des bien-heureux : Le Seigneur lui répondit, que l'homme ne le verroit jamais en face, tandis qu'il seroit engagé dans les liens de cette vie mortelle : mais il accorda seulement à Moyse la grace de le voir par derriere à travers l'ouverture d'une pierre. Ensuite de quoy Moyse ayant fait polir avec le cizeau deux Tables de pierre, semblables à celles qu'il avoit rompuës, il les porta pendant la nuit sur la montagne de Sinaï, selon l'ordre qu'il en avoit reçû de Dieu. Alors le Seigneur descendit sur la montagne environné d'une nuée ; & Moïse ayant reçû de lui les dix Commandemens de la Loi, les écrivit sur les Tables, & au bout de quarante jours & quarante nuits, il descendit de la montagne, les portant dans ses mains, sans s'appercevoir que dans l'entretien secret qu'il avoit eû avec Dieu, son visage étoit devenu rayonnant & lumineux. Son frere Aaron & les Israëlites qui virent avec étonnement des rayons de lumiere sortir de sa teste, n'osans s'approcher de lui, il les avertit de ne rien craindre, & leur fit un fidele recit de tout ce que Dieu lui avoit revelé sur la montagne de Sinaï ; & ayant fini son discours il mit sur son front un voile qu'il ôtoit toutes les fois qu'il entroit dans le Tabernacle pour parler à Dieu, & le remettoit lorsqu'il parloit au peuple.

Exode 33. & 34. Chap.

LE Seigneur parlant une fois à Moïse, lui ordonna de dresser le Tabernacle du témoignage le premier jour du mois de Mars, pour y mettre en dépost l'Arche d'Alliance, au devant de laquelle il tendroit un voile, & aprés avoir enfermé les Tables de la Loy dans l'Arche, il la couvriroit, ainsi que l'ordre & la bienséance le demandoient. Dieu ordonna ensuite que le Chandelier avec ses lampes, & l'Autel d'or où l'on brûle l'encens, seroient placez devant l'Arche ; Que l'on mettroit un voile à l'entrée du Tabernacle, l'Autel de l'Holocauste devant le voile, & entre l'Autel & le Tabernacle la cuvette pleine d'eau, & que le Parvis avec son entrée seroit environné de tentes ; Que Moïse aprés cela oindroit d'huile le Tabernacle, & tous les vaisseaux qui en dépendoient, même jusques à la cuvette avec ses soubassemens, afin que par cette onction toutes ces choses fussent sanctifiées & consacrées au culte de Dieu ; Qu'il ameneroit ensuite Aaron avec ses fils à la porte du Tabernacle, & qu'aprés les avoir lavez avec de l'eau, il les revêtiroit des vêtemens sacrez, afin qu'en cet état ils servissent à Dieu, & que leur onction établit dans la Loy un Sacerdoce perpetuel ; ce que Moïse executa ponctuellement. Or toutes ces choses ayant esté regulierement observées, une nuée couvrit le Tabernacle au dehors, & la gloire du Seigneur le remplit au dedans ; & les enfans d'Israël marchoient en troupes, ou s'arrêtoient à mesure que la nuée s'arrêtoit sur le Tabernacle ou s'en éloignoit ; car ce nuage ayant paru sur le Tabernacle pendant le jour, une colomne de feu lui succedoit pendant la nuit, & ce prodige accompagnoit le peuple d'Israël en quelque endroit qu'il allât.

Exode 40. *& dernier Chap.*

MOYSE ayant appellé Aaron & fes enfans, avec les anciens du peuple d'Ifraël, commanda à Aaron de choifir dans le troupeau un veau pour l'expiation du pe-ché, & un mouton pour l'holocaufte, tous deux fans tache, & de les offrir au Seigneur. Il ordonna encore à Aaron d'avertir le peuple, qu'il facrifiât un bouc pour le peché, un veau avec un agneau d'un an, tous deux purs & nets pour holocaufte, & un bœuf avec un mouton pour l'offrande pacifique, ajoutant à chaque Sacrifice de la fleur de farine, arrofée d'huile, pour fe difpofer à l'apparition de Dieu, qui devoit arriver ce jour-là. Les Ifraëlites ayans apporté devant le Tabernacle tout ce qui étoit neceffaire pour le Sacrifi-ce, Aaron s'approchant de l'autel avec fes fils, facrifia ainfi que Moyfe luy avoit ordonné, puis levant fa main fur le peuple, il le benit; & lorfque l'offrande pour le peché, l'holocaufte, l'oblation pacifique furent achevez, Moïfe & Aaron étans entrez dans le Tabernacle de témoignage, en fortirent pour donner leur benediction au peuple, à qui Dieu ayant fait paroiftre fa gloire jetta une flamme fur l'holocaufte qui le confuma avec toutes les graiffes qui étoient fur l'autel: Ce qui fe paffa à la vüë de tout le peuple, qui fe proternant la face contre terre, donna mille loüanges au Seigneur.

Levitique 9. Chap.

IL se trouva parmy les enfans d'Israël le fils d'un Egyptien & d'une femme Israëlite de la Tribu de Dan, lequel ayant blasphêmé le nom du Seigneur dans une
querelle qu'il eut avec un Israëlite, fut amené à Moïse. Ce Prophete l'ayant fait enfermer dans une prison, jusqu'à ce que Dieu luy eût déclaré sa volonté là-dessus, il
luy commanda de le faire sortir hors du Camp, pour être lapidé par ceux-là même
qui avoient été témoins du blasphême qu'il avoit proferé contre la Majesté divine
Moïse ayant reçu ce commandement, dit au peuple de la part du Seigneur, que quiconque, soit Israelite ou étranger, auroit vomy des blasphémes contre son Dieu,
seroit à l'instant puni du dernier supplice & lapidé par tout le peuple. Que celuy qui
auroit commis un homicide subiroit la même peine; que celuy qui tueroit une beste
en rendroit une pareille; que quiconque outrageroit son prochain, recevroit un pareil traitement & seroit puny, dans la même partie où il l'auroit blessé, donnant œil
pour œil, dent pour dent, & endurant fracture pour fracture; & que le citoyen &
l'étranger seroient jugez également à proportion de leurs crimes. Moïse ayant annoncé au peuple tous ces commandemens, fit lapider le blasphémateur.

Levitique 24. Chap.

LE premier mois de la feconde année, après la fortie des Ifraëlites hors de
l'Egypte, ce peuple étant dans le defert de Sinaï, Moyfe lui commanda de la
part de Dieu de celebrer la Pafque dans fon tems, commençant cette folemnité fur
la fin du quatorziéme jour de ce mois, ce qu'ils executerent ponétuellement. Pendant cette celebration le Tabernacle fut couvert d'un nuage pendant le jour ; &
quand la nuée s'éloignoit du Tabernacle, les Ifraëlites décampoient pour aller enfuite planter leur Camp dans l'endroit où elle s'arrêtoit, & y demeurer jufques à ce
que fon mouvement leur donnoit le fignal d'en partir, foit qu'il fût jour ou nuit,
faifant toûjours la garde auprès du Tabernacle, fuivant l'ordre de Dieu. Le vingtié-
me jour du fecond mois de la feconde année, la nuée s'étant levée de deffus le Tabernacle, les Ifraelites féparez en plufieurs troupes décampérent du defert de Sinai, pour
camper enfuite dans celui de Pharan où la nuée s'étoit arrêtée.

Nombres 9. & 10. Chap.

PENDANT que Moïse qui étoit rempli d'un zele infatigable pour la gloire de Dieu, ne se lassoit point d'exhorter les Israëlites à observer exactement
tous les preceptes qu'il leur avoit imposez, il arriva qu'un homme ayant été trouvé
amassant du bois le jour du Repos, fut pris comme transgresseur de la Loy, &
amené devant Moïse & devant toute l'Assemblée du peuple qui le mit en prison,
ne sçachant à qu'elle peine le condamner, jusques à ce que Dieu ayant prononcé
par la bouche de Moïse une Sentence de mort contre ce coupable, il fut traisné
hors du camp, & lapidé par le peuple. Ce fut en ce temps-là que Coré, Dathan & Abiron, avec leurs Partisans, s'estant souslevez contre Moïse, & luy
ayant reproché qu'il exerçoit sur le peuple de Dieu une autorité qui ne luy appartenoit point ; ce saint homme, dont la puissance estoit autorisée de Dieu par
tant de miracles, lui adressa humblement ses prieres & ses larmes, le suppliant de
convaincre ces rebelles, à qui l'envie avoit fait naistre ces sentimens de revolte,
& de faire voir au peuple qui estoit sous sa conduite qu'il n'estoit pas un usurpa-
teur ; mais que son pouvoir estoit legitime, puisqu'il n'executoit rien dans son
ministere que par l'ordre de Dieu. Moïse n'eût pas plûtôt achevé sa priere, que
la terre s'estant ouverte engloutit Coré, Dathan & Abirøn, avec tous ceux de leur
party ; ce qui causa une grande frayeur à tout le peuple.

Nombres 15. & 16. Chap.

LES Ifraëlites qui erroient çà & là dans les deferts, étans partis de la montagne de Hor
& retournans vers la Mer rouge pour faire le tour du païs d'Edom. Les fatigues qu'ils
furent obligez d'effuyer dans un fi long voyage, arracherent de leur bouche des plaintes
& des murmures contre Dieu & Moyfe, à qui ayant demandé pourquoy il les avoit fait
fortir de l'Egypte pour les amener dans un affreux defert, où ils n'avoient pour toute
nourriture que la manne qui leur caufoit du dégoût, le Seigneur irrité de l'ingratitude de
ce peuple, fufcita contre luy des Serpens enflammez dont les morfures veneneufes en
ayant fait mourir un grand nombre, le peuple qui avoüa fon crime eut recours à Moïfe
fon Mediateur ordinaire, le fuppliant de vouloir employer fon credit auprés de Dieu,
pour le prier de faire ceffer une punition fi terrible. Moïfe touché de compaffion à la
vuë de tant de maux eut recours à la priere qui étoit le remede ordinaire qu'il apportoit
à leur guerifon & les feules armes qu'il avoit coûtume d'oppofer à la colere de Dieu,
laquelle ayant été appaifée, Moïfe fuivant l'ordre qu'il en avoit reçû fit élever un
ferpent d'airain au milieu du Camp des Ifraëlites, dont la vertu fut telle, que ceux qui
étoient bleffez par la morfure des Serpens en étoient auffi-tôt gueris en le regardant. Le
peuple d'Ifraël qui avoit décampé de ce lieu pour s'arrêter enfuite en Oboth, étant arrivé
aprés plufieurs détours, fur les confins du païs des Amorrhéens, envoya demander à leur
Roy la permiffion de paffer fur fes terres; mais le refus qui luy en fut fait ayant obligé ce
peuple à fe faire un paffage par la force des armes, ce Roy barbare fut vaincu & fon
Royaume donné en proye à la fureur des Ifraëlites, qui ayant reçu le même refus du Roy
de Bazan luy firent un pareil traitement.

Nombre 21. Chap.

MOYSE âgé de six vingts ans sentant approcher la fin de sa vie, fit assembler les
Israëlites pour leur faire un détail de toutes les faveurs qu'ils avoient reçuës de
Dieu, à la loüange duquel il composa un tres-beau Cantique, que ce peuple chanteroit
à l'avenir, pour apprendre à la posterité les Miracles que Dieu avoit faits en sa faveur.
Moïse finit son discours en exhortant le peuple à observer fidelement tous les preceptes
de la Loy, & à recommander la même chose à leurs enfans, puisque cette Loy n'avoit pas
été faite en vain, leur promettant pour recompense une vie longue & tranquille dans
la terre que Dieu leur donneroit en partage au-delà du Jourdain. Ce saint Prophete étant
monté sur le mont Abarim, d'où Dieu luy fit voir le païs de Chanaan, il descendit ensuite
vers le peuple & donna sa benediction à chaque Tribu, leur prédisant tout ce qui leur
devoit arriver dans la suite des temps. Or Moïse etant monté de la plaine de Moab sur
la montagne de Nebo, au sommet de Phasga prés de la ville de Jericho, Dieu luy
découvrit tout le païs de Galaad jusqu'à Dan, luy disant qu'il devoit se contenter de le
voir, mais qu'il n'y entreroit pas. Ce grand serviteur de Dieu s'etant resigné à la volonté
de son maître, mourut dans la religion des moabites, & il fut inhumé dans un vallon au
pied de la montagne de Phogor, où on n'a jamais pû trouver l'endroit de sa sepulture:
il étoit d'une complexion si forte & si robuste, qu'il conserva sa vûë & ses dents
saines & entieres jusqu'à sa mort, que le peuple d'Israël pleura l'espace d'un mois; il eut
pour successeur Josué, au quel il avoit transmis son esprit par l'imposition des mains.

Deuter. 31. 32. 33. & 34. Chap.

JOSUE' ayant été revêtu de la ſageſſe & de l'autorité de Moyſe ſur les Iſraelites, leur commanda de marcher auſſi-tôt à la Conqueſte de la terre promiſe, faiſant publier par tout le Camp, que lorſqu'ils verroient l'Arche d'Alliance portée par les Levites, ils ſe miſſent en marche pour la ſuivre à la diſtance de deux milles coudées. Il avertit auſſi le peuple de ſe ſanctifier, pour ſe préparer à voir le lendemain le Miracle que Dieu devoit faire. Il ordonna enſuite aux Preſtres de paſſer devant tout le peuple avec l'Arche d'Alliance, & de s'arreſter au milieu du Jourdain, au bord duquel les Preſtres eſtans arrivez, ce fleuve retirant ſes eaux de part & d'autre, ſuſpendit ſa courſe autant de temps qu'il en falut pour laiſſer paſſer à pied ſec les Preſtres qui portoient l'Arche, & le Peuple qui la ſuivoit. Joſué voulant éterniſer la memoire d'un prodige ſi ſurprenant, commanda à douze perſonnes choiſies des douze Tribus d'Iſrael, de prendre au milieu du Jourdain chacun une pierre, qui ſeroient poſées en Galgal, pour marquer à la poſterité un paſſage ſi merveilleux ; & quand tout le Peuple fût paſſé à l'autre bord du fleuve, il reprit ſon cours ordinaire. Ce Miracle étonnant mît Joſué dans une haute réputation parmy le Peuple, qui eût pour luy la même eſtime & la même vénération qu'il avoit eûë pour Moyſe ſon Prédeceſſeur.

Joſué 3. & 4. Chap.

LE paſſage miraculeux des Iſraëlites au-delà du Jourdain, donna d'étranges al-
larmes aux Amorrhéens & aux Chananéens habitans de la terre promiſe. Or
comme les enfans d'Iſrael qui étoient nez dans le deſert n'avoient pas été circoncis,
Dieu commanda à Joſué de leur faire ſubir la Loy de la Circoncision; ce qui ayant
été executé en Galgal, les Iſraelites celebrerent la Paſque dans la campagne de Jericho, où la Manne qui avoit été juſques-là leur nourriture quotidienne ayant ceſſé de
tomber du Ciel, ils commencerent à ſe nourrir des fruits de ce Pays, avec du pain
ſans levain. Peu de tems après cette ſolemnité, Joſué fit porter l'eſpace de ſept jours
à l'entour de la Ville de Jericho l'Arche d'Alliance au ſon des ſept trompettes, ſuivant l'ordre que Dieu luy avoit donné; Et le ſeptiéme jour, les murailles de cette
Ville étant tombées d'elles-mêmes au cry épouvantable que firent les Iſraelites, ce
Peuple monta de tous côtez à l'aſſaut avec une telle furie, que tous les habitans furent paſſez au fil de l'épée, excepté ſeulement Rahab & ſes parens, à qui ils accorderent la vie, en reconnoiſſance de ce qu'elle avoit logé & garanty de la mort les eſpions
que Joſué avoit envoyé dans cette Ville, avant de l'aſſieger.

Joſué 5. & 6. Chap.

APRE'S la prise de Jericho, Josué ayant prié Dieu de luy continuer le même secours, & de donner le même succez à toutes ses entreprises ; il songea à la Conqueste de la ville d'Hay, où il envoya des espions qui luy firent entendre combien il étoit aisé de s'en rendre maistre. Josué ajoûtant foi à leur rapport, se contenta de commander pour l'execution de ce dessein trois mille hommes, qui ayans esté repoussez par une vigoureuse sortie des habitans de ce lieu, Josué se prosternant contre terre, se plaignit à Dieu de ce qu'il avoit fait passer le Jourdain à son peuple, pour le sacrifier à la fureur des Amorrhéens ; mais Dieu qui le consola, lui ayant fait connoistre que le peché d'un seul qui s'étoit reservé quelque chose du butin de la prise de Jericho, contre les défenses qui en avoient esté faites, avoit attiré ce malheur sur le peuple d'Israël, il en fit faire la recherche dans toutes les Tribus. Achan qui fut trouvé coupable de ce crime par sa propre confession, ayant été lapidé & son butin réduit en cendres, la colere de Dieu s'appaisa. Josué s'étant presenté ensuite avec toutes ses troupes devant les murs d'Hay les habitans de la ville, enflez de l'heureux succez qu'ils avoient eû contre le peuple de Dieu, sortirent avec impetuosité sur les Israëlites, qui faisant semblant de füir, les attirerent dans une embuscade où ils furent taillez en piéces. Josué poursüivant sa victoire avec chaleur, se rendit maître de la Ville qui fut brûlée, & son Roy pendu à un gibet. Ce grand Capitaine aussi pieux que vaillant, ayant remercié Dieu d'une si glorieuse conqueste, fit faire devant tout le peuple la lecture de la Loy de Moïse, avec des benedictions pour ceux qui la garderoient fidelement, & des maledictions contre ceux qui la violeroient.

Josué 7. & 8. Chap.

LES Gabaonites ayant été reçûs par Josué dans l'alliance du peuple d'Israël, à condition de fournir du bois & de l'eau à la maison du Seigneur, Adonisedech Roy de Jerusalem en fut tellement irrité contr'eux, qu'il sollicita les Rois d'Hebron, de Jerimoth, de Lachis, & d'Eglon, de joindre leurs forces avec les siennes pour assieger ensemble la Ville de Gabaon. Les Habitans de cette Ville pressez par un Siege vigoureux, ayans imploré le secours des Israelites qui étoient en Galgal, Josué que Dieu avoit assuré de la victoire, fit marcher toute la nuit ses Troupes avec une diligence extrême, & attaqua les Assiegeans avec tant de courage, qu'ils furent contraints de prendre la fuite vers Bethoron, où Dieu fit pleuvoir sur eux une gresle épouventable de pierre, qui en fit périr un plus grand nombre qu'il n'en étoit mort par le glaive des Israelites. Il arriva dans cette rencontre une chose bien remarquable, car Josué voyant que la nuit qui s'approchoit l'empêcheroit de poursuivre sa Victoire, arrêta par sa priere le cours du Soleil & de la Lune, dont la course fut retardée d'un jour entier. Les cinq Rois qui s'étoient à peine sauvez de la défaite de leurs Troupes, se cacherent dans une caverne, où ayans été trouvez, ils furent mis à mort; & le carnage fut si grand, qu'il ne resta pas un seul homme pour en porter la nouvelle.

Josué 9. & 10. Chap.

JABIN Roy d'Azor allarmé des victoires frequentes des Ifraëlites, craignant que ce peuple victorieux ne vint fondre comme un torrent fur fes Etats, entreprit de s'oppofer à fes progrez par une ligue qu'il fit avec les Rois de Madon, de Semeron & d'Azaph, dans laquelle il fit entrer auffi plufieurs Rois, dont les Royaumes étoient fituez vers le Septentrion. Il fortifia encore fon party par la jonction des Chananéens Orientaux & Occidentaux, & toutes ces forces ramaffées compofoient une Armée fi nombreufe & fi formidable, que toute autre Puiffance fembloit incapable de leur faire tefte. Ce deluge de nations s'étant arrêté fur le bord des eaux de Merom, dans le deffein de combattre les Ifraëlites, ils s'étonnerent à la veuë d'un fi grand nombre d'Ennemis tous prefts à leur tomber fur les bras. Mais étant revenus de cette terreur fur l'affurance que Josué leur donna de la part de Dieu qu'ils remporteroient fur leurs Ennemis une Victoire la plus remarquable qui fut jamais; ils attaquerent avec confiance cette multitude effroyable compofée de tant de nations, dont la principale force confiftoit en Cavalerie, les défirent entierement, brûlant tous leurs chariots & coupant les nerfs de leurs chevaux pour les rendre inutiles, & prirent le Roy d'Azor le principal Auteur de la ligue formée contr'eux. Cet exploit leur affûra la conquefte de la terre promife pour eux & pour toute leur pofterité, & ils la partagerent entr'eux au fort avec le butin, aprés en avoir brûlé & pillé toutes les villes.

Josué 11. Chap.

JOSUE' ayant achevé la conqueſte de la terre promiſe, finit ſa belle vie par une ſainte mort, aprés avoir exhorté le peuple d'Ifraël à perſeverer dans l'obſervance de la loy de Dieu. Il mourut âgé de cent dix ans, & les Iſraëlites l'enſevelirent à Thamnath-Saré ſur la montagne d'Ephraim, preſqu'en même tems qu'ils rendirent les mêmes devoirs en Sichem aux cendres de Joſeph qu'ils avoient amenées de l'Egypte. Le peuple de Dieu que la mort de Joſué avoit laiſſé ſans conducteur ayant conſulté le Seigneur ſur le choix d'un Chef qui les menât au combat contre les Chananéens qui leur reſtoient à dompter, Dieu choiſit Judas pour cette entrepriſe, lequel s'étant aſſocié avec Simeon, ils combattirent les Chananéens & les Phereſéens avec tant de ſuccez, que les vaincus laiſſerent dix mille hommes ſur la place, & leur Roy Adonibezech priſonnier, qui ayant eu les extrêmitez des pieds & des mains coupées, reconnut que par un juſte Jugement de Dieu il enduroit le même ſupplice qu'il avoit fait ſouffrir à ſoixante & dix Roys, qu'il avoit traité avec la même cruauté, les contraignant à manger en cet état les reſtes de ſa table. Il fut mené enſuite avec igominie à Jeruſalem où il mourut. La Tribu de Juda ayant pris d'aſſaut Jeruſalem, & conquis avec le même bonheur tout le reſte de la Paleſtine, le peuple d'Iſraël ſe vit enfin paiſible poſſeſſeur de cette belle Province. Or dans la ſuite du tems, les mœurs des Iſraëlites ayant été corrompües par le commerce & les Alliances qu'ils firent avec les Payens, Dieu les en châtia ſeverement & leur donna des Juges pour les gouverner & les retenir dans le devoir.

Joſué Chap. 24. & des Juges Chap. 1. & 2.

LES Israëlites ayans abandonné le veritable culte de Dieu pour se laisser entraîner aux superstitions des Payens, attirerent sur eux sa juste colere, & il permit que les Madianites & les Amalecites ravageassent la Palestine l'espace de sept anné.s, gâtans de telle sorte les arbres, les prez & les terres ensemencées, qu'ils ne laissoient dans les campagnes aucune esperance de recolte. Ce peupl: affligé reconnoissant que cette punition étoit un effet de son Idolatrie, & donnant des marques d'un repentir sintere, le Seigneur touché de compassion lui suscita un Liberateur qui le retira de l'oppression. Ce fut Gedeon à qui un Ange étant apparu, en lui disant que le Seigneur étoit avec lui; il lui demanda comment il se pouvoit faire que Dieu fût avec les Israëlites dans l'état miserable où ils se voyoient réduits, & ce qu'étoient devenus tous ces grands miracles que Dieu avoit faits autrefois en faveur de son Peuple. Cependant Gedeon qui d'abord avoit paru incredule aux paroles de l'Ange, l'ayant enfin reconnu pour un Messager celeste, fit un sacrifice, & voulant témoigner son zele pour le rétablissement du culte de Dieu, il brisa la statuë de Baal & démolit son Autel. Cette action fut comme le signal de la guerre qu'il déclara aux Madianites. Bien que cette entreprise fût difficile, il ne choisit neanmoins pour l'executer que trois cens hommes, qui portant chacun une trompette d'une main & une bouteille avec une lampe de l'autre, environnerent suivant l'ordre de leur General le camp des ennemis, & ayant sonné de leurs trompettes, & cassé leurs bouteilles au premier signal qui leur fut donné, ils crierent à hautes voix tenans leurs lampes à la main; voicy le glaive du Seigneur & de Gedeon. Ce qui donna une telle épouvante aux Madianites, qu'ils se mirent eux-mêmes en déroute se tuant l'un l'autre, comme s'ils eussent été mêlées avec les Israëlites.

Des Juges Chap. 6. & 7.

DANS un lieu de la Tribu de Dan nommé Saraa, il y avoit un homme appellé Manüe, dont la femme étant demeurée long-tems sterile, l'Ange du Seigneur luy apparut, l'aſſûrant qu'elle concevroit un fils, ſur la teſte duquel le raſoir ne paſſeroit point ; qu'il ſeroit un veritable Nazaréen conſacré à Dieu dés le ventre de ſa mere, & qu'il delivreroit un jour le peuple d'Iſraël de la tyrannie des Philiſtins. Elle n'eut pas plûtôt appris cette heureuſe nouvelle qu'elle en fit part à ſon mari, lequel voulant reconnoître par un ſacrifice une faveur ſi ſinguliere, prit un chevreau avec des liqueurs, dont il fit une offrande au Seigneur ſur une pierre, étant accompagné de ſa femme : & quand ils eurent apperçû au milieu de la flâme du ſacrifice l'Ange qui montoit au Ciel à meſure que la flâme s'élevoit en l'air, ils ſe proſternoient la face contre terre. Cette femme enfanta enſuite un fils qui fut appellé Samſon, qui croiſſoit en graces & en benedictions de Dieu à meſure qu'il croiſſoit en âge. Quand il fut parvenu à l'âge nubile, il épouſa en Thamnata une fille de la nation des Philiſtins, qui dominoient pour lors ſur le peuple d'Iſraël. Or Samſon deſcendant un jour en Thamnata avec ſon pere & ſa mere, rencontra dans ſon chemin un lyon rugiſſant, lequel voulant ſe jetter ſur luy, Samſon fortifié de l'eſprit de Dieu, l'empoigna & le mit en pieces avec la même facilité que l'on déchireroit un chevreau. Quelque tems aprés cette avanture merveilleuſe Samſon qui repaſſoit par là ayant trouvé dans la gueule du lyon mort du miel qu'un eſſain d'abeilles y avoit fait, il en mangea une partie & donna l'autre à ſon pere & à ſa mere, ſans leur declarer l'endroit où il l'avoit pris.

Des Juges 13. & 14. Chap.

S AMSON cherchant tous les moyens imaginables de nuire aux Philiftins , fe fervit l'un étrange ftratagême. Le tems de la moiffon s'approchoit , & cette nation ennemie du peuple de Dieu s'attendoit à faire une recolte abondante , lorfque Samfon ayant attaché des flambeaux ardents à la queuë de trois cens renards ; ces animaux que l'ardeur du feu faifoit courir deçà & delà dans les campagnes, allant fe cacher dans les bleds & dans les vignes , y porterent avec eux la flamme qui confuma en peu de tems toute la moiffon des Philiftins. Ce peuple à qui cet artifice furprenant avoit caufé un dommage fi confiderable, ayant appris que Samfon en eftoit l'Auteur, menaça les Ifraëlites de venger fur eux les maux qu'il leur avoit faits , s'ils ne leur livroient au plûtôt. La Tribu de Juda épouvantée de ces menaces , affembla trois mille hommes, qui s'étant faifis de fa perfonne le lierent avec des cordes neuves, & le livrerent en cet état à la rage des Philiftins , lefquels étant prefts d'executer fur Samfon une cruelle vengeance, l'efprit de Dieu s'empara auffi-tôt de lui, & lui donna la force de rompre les cordes dont il étoit lié. Samfon fe voyant libre & dégagé de fes liens, fe faifit de la machoire d'un afne dont il tua mille Philiftins. Les efforts qu'il avoit faits dans ce rude combat lui ayant caufé une foif extrême, le Seigneur ouvrit une des dents émolaires de la machoire dont il s'étoit armé, à la priere de fon ferviteur, & en ayant fait fortir de l'eau , Samfon en étancha fa foif & réprit fes forces. Les Ifraëlites le choifirent pour leur Juge, dont il exerça la charge pendant vingt ans.

Des Juges 15. Chap.

LES Philistins ayant appris que Samson, attiré par les charmes d'une femme débauchée, étoit venu à Gaza, ils en firent fermer les portes pour se saisir de sa personne. Samson averti de leur dessein, s'étant levé à minuit enleva les portes de la Ville & les transporta sur le sommet d'une montagne voisine. Les Philistins admirant sa force, engagerent Dalila qu'il aimoit éperduëment à lui demander en quoi consistoit cette force si prodigieuse. Cette femme qui avoit promis aux Philistins de le leur livrer, redoublant ses caresses pour tirer de lui son secret, il lui fit accroire qu'étant lié de sept cordes de nerfs toutes neuves, il perdroit ses forces. Dalila voulut en faire l'épreuve, mais elle se trouva trompée ; car cette femme perfide qui le pensoit livrer en cet état aux Philistins, l'ayant averti que les Ennemis s'approchoient pour se saisir de sa personne, il brisa ses liens avec la même facilité qu'il auroit rompu un petit fil d'étoupe. Dalila se plaignant qu'il l'avoit abusée, le conjura par toute la tendresse qu'il avoit pour elle de ne lui rien celer : Mais Samson se mocqua encore d'elle ; car s'étant laissé garoter avec des cordes neuves & qui n'avoient jamais été mises en œuvre, il les rompit aussi aisément que les premieres. Il se fit encore attacher par terre par les cheveux avec un clou, qu'il arracha en s'éveillant en sursaut. Dalila irritée de se voir abusée tant de fois, lui en fit des reproches, lui disant qu'elle ne connoissoit que trop qu'il ne l'aimoit pas. Elle employa donc ses derniers efforts, elle feignit un chagrin mortel pendant plusieurs jours : & par cette ruse feminine, elle arracha enfin de la bouche de Samson la declaration de son secret. Il lui confessa donc ingenuëment qu'il étoit Nazaréen, & que toute sa force consistant en ses cheveux, il seroit aisé de la lui faire perdre en les lui rasant, elle n'eut pas plûtôt entendu cette déclaration qu'elle en avertit les Princes des Philistins, qui se rendirent chez elle, pendant qu'elle coupoit les cheveux de Samson, qu'elle avoit endormi sur ses genoux. Samson ayant été privé de sa force par cette ruse, il ne fut pas mal-aisé aux Philistins de se saisir de sa personne & de lui crever les yeux. Les Philistins joyeux d'avoir en leur puissance un homme qui étoit leur fleau, le firent venir en cet état dans une grande salle où tous les Princes de la Nation s'étoient assemblez pour se mocquer de lui & prendre plaisir à l'outrager : mais Samson à qui les forces étoient revenuës avec ses cheveux, s'étant fait conduire auprés des colomnes qui soûtenoient tout l'édifice, il les embrassa & les ébranla avec une telle violence, que tous les Princes des Philistins & une foule de peuple qui s'étoit assemblée dans ce lieu, furent écrasez avec lui sous les ruines de ce Palais; & par ce moyen il fit perir plus de Philistins à sa mort, qu'il n'avoit fait pendant sa vie.

Des Juges 16. Chap.

PENDANT le gouvernement de l'un des Juges d'Iſraël, il arriva dans ce païs une étrange famine, qui obligea une partie des Iſraëlites à deſerter leur patrie. Il ſe trouva dans ce nombre là un homme appellé Elimelech, qui s'étant refugié dans la Province de Moab avec ſa femme Noëmi & ſes deux fils Mahalon & Chelion, s'y établit & maria ſes enfans à deux filles Moabites. Elimelech étant mort & eux auſſi, Noëmi privée de ſon mary & de ſes enfans, prit reſolution de ſe ſeparer de ſes deux brus pour retourner à Bethléem ſa ville natale. Ruth veuve de Mahalon n'y voulut jamais conſentir reſoluë de ſuivre ſa belle mere par tout où elle iroit, quelque raiſon que Noëmi alleguât, pour luy perſuader de ne pas venir avec elle. Elles prirent donc enſemble la route de Bethléem, où étans arrivez dans le tems de la moiſſon, Ruth alla glaner dans le champ de Booz, lequel étant venu voir ſes moiſſonneurs, leur demanda qui étoit cette femme étrangere qui glanoit dans ſon champ, & ayant appris que c'étoit une Moabite nouvellement arrivée avec Noëmi ſa belle-mere, il leur commanda non ſeulement de ne la point empêcher d'amaſſer les reſtes de la moiſſon, mais encore de laiſſer exprés beaucoup d'épis à moiſſonner, pour lui donner le moyen d'en recueillir en plus grande quantité; ajoûtant à cette bonté pluſieurs autres liberalitez qu'il lui fit. Ruth extrêmement ſatisfaite des bontez de Booz, les raconta à ſon retour à ſa belle-mere, qui lui ayant appris qu'il étoit leur allié, & qu'elle avoit droit de l'épouſer, elle l'inſtruiſit de tout ce qu'elle devoit faire pour parvenir à cet avantage. Ruth ſuivant le conſeil de Noëmi, alla trouver Booz dans ſon champ auquel ayant fait connoître qu'elle étoit ſon alliée veuve de ſon parent, & par conſequent en droit de ſe marier avec lui, il y conſentit, & l'ayant priſe pour femme, elle luy enfanta Obed, qui engendra enſuite Iſaï pere de David Roy d'Iſraël.

Ruth 1. 2. 3. & 4. Chap.

LE'S Israëlites avoient passé du gouvernement des Juges à celui des Rois, dont
Saül fut le premier. Il regna quelque temps sur les Israëlites avec beaucoup de
prudence & d'équité, ayant une veneration singuliere pour le Prophete Samüel, qui
l'avoit choisi par l'ordre du Seigneur pour estre Roy de son Peuple: mais ce Prince ayant
esté rebelle aux ordres que le Ciel luy avoit donnez, par la voix de ce saint homme,
Dieu le rejetta comme un ingrat & un Prince désobéïssant à ses ordres, commandant à
son Prophete de sacrer un autre Roy, & d'aller à Bethléem pour oindre un des fils d'Isaï.
Samüel vouloit se défendre d'y aller, craignant que Saül ne le fît mourir; mais le Seigneur
l'ayant instruit de ce qu'il devoit faire pour celer ce dessein au Roy, & pour luy ôter tout
sujet de défiance, il se rendit à Bethléem se servant du pretexte d'y faire un Sacrifice.
Il n'y fut pas plûtôt arrivé, que les anciens Citoyens de la Ville étans venus par honneur
au devant de luy, il fit appeller Isaï & ses enfans, & aprés avoir sacrifié en leur presence, il jetta les yeux sur l'aîné nommé Eliab ; car le voyant robuste & d'une belle taille,
il crut que c'estoit celuy-là que Dieu vouloit prendre pour regner sur son Peuple. Mais
Dieu luy ayant fait connoître qu'il ne s'arrêtoit pas à l'apparence, mais qu'il envisageoit
seulement l'interieur, & que c'estoit par le cœur qu'il jugeoit des hommes ; Samüel exa-
mina ensuite les autres, & n'en ayant pas trouvé un seul entr'eux dont Dieu voulut faire
choix, Isaï luy dit qu'il avoit encore un fils nommé David, qui conduisoit ses troupeaux
dans les champs, & qu'il alloit luy mander de venir promptement. Samüel voyant venir ce jeune Berger, le reconnut aussi-tôt pour celui que Dieu avoit choisi pour regner
sur son Peuple, & l'ayant placé au milieu de ses freres, il répandit sur sa teste l'huile
qu'il avoit apportée, pour luy donner l'Onction du Roy d'Israël.

1. des Rois 16. Chap.

LORSQUE le Seigneur euſt abandonné Saul, l'eſprit malin s'eſtant emparé de luy, tourmentoit étrangement ce miſerable Prince, que Dieu en punition de ſa deſobéiſſance avoit livré au pouvoir du démon. Il en étoit tellement obſedé, qu'il étoit dans de continuelles agitations de corps, & dans de perpetuels tranſports de fureur. Ses Serviteurs ayans eſſayé en vain toutes ſortes de remedes pour calmer ces mouvemens violens, n'en trouverent point de meilleur que celuy de faire venir à la Cour David Fils d'Iſaï, qui avoit le talent d'appaiſer les fureurs par le ſon de la harpe, dont il touchoit les cordes avec beaucoup de douceur & d'harmonie. Saul qui avoit quelques intervalles de repos & de bon ſens, envoya un Meſſager à Iſaï pour lui demander David, qui abandonna auſſi-toſt la conduite des troupeaux de ſon pere pour venir à la Cour de Saul. Ce Prince l'ayant entendu pincer la harpe avec beaucoup d'art ſe ſentit fort ſoulagé, tant l'harmonie de cet inſtrument euſt de pouvoir ſur le démon, qui ceſſoit de le tourmenter, du moment que Saul preſtoit l'oreille à ſes ſons mélodieux. David n'euſt pas beaucoup de peine à s'inſinuer dans la bien-veillance de ce Roy; car outre qu'il touchoit agréablement la harpe, il étoit orné d'une beauté ſinguliere, accompagnée d'une prudence rare dans un jeune homme. Ainſi Saul l'ayant pris en affection, le fit ſon Ecuyer; & le faiſant jouer de la harpe toutes les fois qu'il ſe ſentoit obſedé de l'eſprit malin, il en étoit auſſi-toſt délivré.

1. Des Rois 16. *Chap.*

LES Philiſtins qui étoient les ennemis les plus puiſſans & les plus opiniâtres qu'eût le
peuple de Dieu , s'étant mis en campagne avec une Armée formidable pour faire
la guerre aux Iſraëlites , vinrent camper dans la pleine de Dommin. Saül Roy d'Iſraël
ayant armé de ſon coſté pour faire teſte aux Infideles , vint ſe poſter avec ſes troupes dans
la vallée du Therebinthe , ſi prés des Philiſtins , que les deux Armées n'étoient ſeparées
que par un vallon. Il étoit difficile que des ennemis ſi puiſſans & ſi proches l'un de l'autre
ne ſe fiſſent des défis & des menaces. Goliath renommé entre les Philiſtins pour ſa taille
de Geant & pour ſa bravoure , vint d'abord preſenter un défy au plus vaillant des Iſraëlites pour combatre ſeul à ſeul , portant parole de la part des Philiſtins , que celui qui ſortiroit vainqueur auroit la gloire d'acquerir à ſon parti un empire abſolu ſur le parti du
vaincu. Saül étonné de la hardieſſe de ce Geant , fit ſçavoir à tous les Iſraëlites qu'il donneroit ſa fille en mariage avec une dote conſiderable à celui qui entreprendroit de combattre Goliath & de le vaincre ; mais il ne s'en trouva pas un ſeul qui oſât ſe preſenter
pour accepter ſes offres , excepté un jeune Bergé nommé David , qui étant venu dans le
camp d'Iſraël apporter quelques proviſions de bouche à ſes freres , eut aſſez de fermeté
& de courage pour s'offrir de combattre ce coloſſe armé. Saül le croyant trop foible &
trop jeune pour faire teſte à un homme ſi robuſte & ſi exercé dans les armes , David luy
répondit qu'ayant tué un Ours & un Lyon dés ſa jeuneſſe , il pouvoit bien entreprendre
d'entrer en lice avec Goliath. Ainſi ce jeune Berger n'étant armé que de ſa fronde & de
quelques pierres qu'il avoit choiſies , marcha en cet état contre le Geant , qui le traitoit
d'enfant & le mépriſoit : mais cet orgueilleux Philiſtin reconnut à ſon malheur , que
Dieu ſe ſert même de la foibleſſe pour terraſſer toute la force humaine ; car David s'étant
approché de Goliath , lui porta dans le front un ſi rude coup de pierre , que l'ayant ren-
verſé par terre , il ſe ſaiſit en même tems de ſon coutelas , dont il lui coupa la teſte.

1. Des Rois Chap. 17.

DAVID ayant accepté le défy que Goliath faisoit à tous les Israëlites, de
décider le differend des deux Nations par un combat singulier, s'arma seulement de son baston & de sa fronde, ayant choisi cinq pierres dans un torrent
qui passoit prés de là, il marcha en cette posture contre ce Geant redoutable, qui
le voyant venir à lui avec un baston, lui demanda s'il le prenoit pour un chien, &
en même temps il vômit mille blasphêmes contre Dieu & contre David, qu'il chargea d'imprecations. Ce que David ayant entendu ; Tu viens, luy dit-il, contre
moy armé d'une épée, d'une lance & d'un bouclier ; & je marche contre toy
au nom du Seigneur des armées. Le Dieu du peuple d'Israël que tu as provoqué
au combat m'aidera à te vaincre & à te couper la teste ; & je donneray aujour-
d'huy ton corps & ceux des Philistins en proye aux oiseaux & aux bestes carnacie-
res, afin que tout le monde connoisse qu'il y a un Dieu en Israël, & que les hommes ne doivent pas mettre leur confiance dans la force des armes, mais dans la
protection de Dieu, qui vous livrera indubitablement entre nos mains. David ayant
dit ces paroles, le Philistin s'avança comme à une victoire assurée ; mais il fut bien
étonné de voir David marcher contre luy avec une contenance hardie, & lui lan-
cer une pierre qui le frappa si rudement au milieu du front, que ce superbe Geant
ayant esté renversé par terre, David y accourant s'empara de son épée, dont il luy
trancha la teste. Les Philistins étonnez de voir le plus brave de leur armée étendu
sur la poussiere, prirent la fuite & se retirerent en désordre.

1. Des Rois Chap. 17.

O ij

DAVID ayant coupé la teſte à Goliath, l'apporta comme un gage de ſa Victoire à Saül, lequel s'étant enquis de luy qui il étoit & qui étoient ſes parens, David luy repondit qu'il étoit fils d'Iſaï de Bethléem. Ce fut pour lors que Jonathas fils de Saül, charmé des vertus héroïques de ce jeune homme, contracta avec lui une étroite amitié, pour marque de laquelle il luy fit preſent de ſes armes & de ſes vêtemens. Saül reconnoiſſant combien la valeur de David luy avoit été utile dans la derniere guerre, le retint à ſon ſervice & luy donna le commandement des Troupes, ne voulant pas luy permettre de retourner chez ſon pere. Ce Prince avoit juſques-là rendu juſtice à David qu'il aimoit avec beaucoup de tendreſſe ; mais comme il arriva que Saül faiſant ſon entrée en triomphe ptécedé de David, qui portoit en trophée la teſte de Goliath, les femmes qui ſortoient au devant d'eux avec des acclamations & des Cantiques de joye, donnoient beaucoup plus d'éloges à David qu'au Roy meſme, attribuant à ce jeune Heros preſque toute la gloire de l'avantage que les Iſraëlites avoient remporté ſur les Philiſtins ; Saül en conçut une telle jalouſie contre luy, que le regardant plûtôt comme ſon rival que comme ſon ſujet, il apprehenda qu'il ne luy ravît ſa couronne, & depuis ce tems-là il mit tout en uſage pour le perdre ; ce que n'oſant faire ouvertement, parce que David étoit dans une haute eſtime parmy le peuple, il ſe ſervit d'une ruſe pour le faire perir, luy promettant ſa fille Michol pour épouſe, s'il vouloit luy apporter en mariage cent prépuces de Philiſtins, parce qu'il crut qu'en luy impoſant cette dure loy, il l'engageroit dans une entrepriſe qui luy coûteroit la vie : mais David ayant remporté une grande Victoire ſur les Philiſtins prés la ville d'Accaron, retourna victorieux à Saül & s'étant acquitté de la dette de cent prépuces, il épouſa Michol.

1. Des Rois 18. Chap.

SAUL ayant conçû une haine implacable contre David, chèrchoit toutes les occa-
fions imaginables de le perdre ; mais le fils de ce Prince nommé Jonathas, qui aimoit autant David que fon pere le haïffoit, avertiffoit fon ami en fecret d'éviter la colere du Roy, qu'il appaifa pour quelque tems, en luy remontrant que David n'étoit
nullement coupable, & que bien loin de s'être attiré fon averfion, il meritoit fon amour
& fon eftime pour les fervices confiderables qu'il lui avoit rendus. Saül ayant écouté fa-
rablement ce que Jonathas lui avoit dit en faveur de David, s'adoucit, & l'ayant rétabli dans fes bonnes graces, il le remit à la tête de fes troupes pour aller contre les Philiftins ; mais le retour de David dans la bienveillance du Roy, ne dura pas longt-temps,
Saül reprit fes premiers fentimens de jaloufie contre lui, & peu s'en fallut qu'il ne le
tuât d'un coup de lance qu'il lui portât pendant qu'il joüoit de la harpe devant lui. David s'étant dérobé à la fureur de ce Prince, il envoya les Soldats de fa Garde à fa maifon
pour l'empêcher de fortir, à deffein de le faire mourir le lendemain dés le matin. Michol qui étoit dans de juftes apprehenfions pour la vie de fon époux, le fit defcendre par
une feneftre à la faveur des tenebres ; & ayant mis dans fon lit une effigie pour faire croire qu'il repofoit & qu'il étoit malade, elle trompa par cet artifice la vigilance des Soldats, qui penfans trouver David dans fon lit pour le mettre à mort, ne trouverent
qu'un phantôme. Saül ayant appris cette rufe, reprocha à Michol qu'elle avoit fait éva-
der fon ennemi, & qu'elle étoit d'intelligence avec lui ; mais elle s'excufa envers le Roy,
lui difant que David l'avoit menacée de la tuer, fi elle ne le laiffoit fauver. Cependant
David s'étant retiré en Ramatha vers Samüel, lui raconta tous les moyens dont Saül s'é-
toit fervi pour le perdre, & enfuite ils allerent enfemble à Najoth, où le Roy envoya des
Archers pour fe faifir de leurs perfonnes, mais Dieu ne lui permit pas d'executer ce barbare deffein.

I. Des Rois 19. Chap.

PENDANT que David étoit en fuite, Jonathas ne laiffoit pas d'avoir des conferences fecretes avec luy, & aprés un long entre.ien, s'étans jurez mutuellement une amitié inviolable, ils fe feparerent. David fe retira enfuite à Nobé vers Achimelech grand Preftre, auquel ayant demandé du pain pour appaifer fa faim, Achimen'ayant pas de pain commun à lui donner, lui prefenta à manger des pains de propofition, & lui donna l'épée de Goliath. Doëg Iduméen accompagné de plufieurs autres ferviteurs de Saül s'étant trouvé en ce lieu-là, lorfque ce grand Preftre donna à David le glaive de Goliath pour fe retirer auprés d'Achis Roy de Geth, dirent en fe mocquant de David, n'eft-ce pas ici ce fameux David, ce grand Roy d'Ifraël devant qui les filles chantoient, Saül a frappé mille Philiftins, & David dix mille. David qui fe vit découvert par les ferviteurs de Saül apprehenda de tomber entre leurs mains; il eut la même apprehenfion, étant à la Cour d'Achis Roy de Geth, devant lequel ayant contrefait l'infenfé, on le laiffa aller en liberté. De là, il fe cacha dans la caverne d'Odollam, où fes parens & plufieurs autres perfonnes le vinrent trouver, & il fe refugia enfuite à Mafpha. Doëg Iduméen ayant raconté à Saül la charité dont Achimelec avoit ufé envers David, & ce Roy ayant mandé à ce grand Prêtre de le venir trouver avec les autres Prêtres; ils ne furent pas plûtôt arrivé en fa prefence, qu'il les fit tous mourir, excepté Abiathar, lequel ayant échapé par la fuite à la fureur de ce Prince, fe refugia auprés de David, qui le reçût à bras ouverts, promettant de lui continuer à l'avenir fa protection & fon amitié.

1. Des Rois 21. & 22. Chap.

DAVID faifant quelque fejoûr à Ceila, peu s'en falut qu'il ne fut furpris par Saül, qui venoit à la hafte avec des Troupes pour inveftir cette Place. Mais David ayant été averty de ce deffein, en fortit en diligence pour fe retirer dans des lieux inacceffibles, où Jonathas le vint confoler fecretement l'affûrant de la continuation de fon amitié. Saül plein de dépit d'avoir manqué fon coup, tourna fes armes contre les Philiftins qui s'étoient mis en campagne. Mais ayant appris que David s'étoit cantonné dans le defert d'Engaddi, il fe remit à le pourfuivre avec un détachemeut de trois mille hommes, montant de rocher en rocher, pour decouvrir l'endroit où il s'étoit retiré. Il arriva pour lors que Saül étant obligé d'aller à fes neceffitez, entra dans une caverne où David étoit caché avec fa compagnie. C'étoit fait de la vie de ce Roy, fi David eut voulu fe fervir de l'occafion qui fe prefentoit, & fuivre l'avis de fes compagnons, qui luy remontroient qu'il ne devoit pas la negliger : mais David qui confideroit Saül comme une perfonne facrée ne les voulut pas feulement écouter, fe contentant de s'approcher fecretement de lui par derriere & de lui couper le bord de fon mantéau. Saul eftant forti de la caverne, David cria derriere lui, lui montra la piéce de fon mantéau, lui faifant connoître par là qu'il avoit efté en fon pouvoir de le faire mourir ; mais que le refpect qu'il avoit pour fon Roy l'en avoit empefché. Saül admirant cette bonté extraordinaire dans un homme dont il cherchoit la mort avec tant de chaleur, en fut fenfiblement touché, lui témoignant par fes larmes le regret de l'avoir pourfuivi tant de fois pour le faire mourir ; & avoüant qu'il eftoit plus jufte que lui, & plus digne que lui de regner fur le peuple d'Ifraël, il lui fit promettre avec ferment qu'il laifferoit vivre fes enfans après fa mort, ce que David lui accorda.

Des Rois 23. & 24. Chap.

LORSQUE Samuel fut mort, David defcendit dans le defert de Pharan proche la montagne de Carmel, où demeuroit un homme riche en troupeaux de brebis & de chévres, à qui David réduit à une extréme difette, ayant envoyé dix jeunes hommes lui demander civilement de fa part des provifions de bouche pour lui & pour fa troupe, cet homme arrogant lui répondit que fes biens étoient deftinez pour la nourriture de fes ferviteurs ; & qu'il trouvoit fort étrange que le Fils d'Ifaï ofaft lui envoyer faire un tel compliment. David picqué de ce refus infolent & plein de mépris, s'étant mis à la tefte de fa troupe, dans le deffein de chaftier la dureté & l'ingratitude de Nabal, qui luy étoit redevable de la confervation de fes biens ; Abigail femme de cet ingrat voulant prévenir le danger qui le menaçoit, accourut au-devant de David pour appaifer fa jufte colere ; & luy ayant fait prefent d'une bonne quantité de provifions de bouche, elle le fupplia de pardonner à fon mary. Nabal étant mort fubitement dix jours aprés dans la débauche, David charmé de la douceur & de l'honnefteté d'Abigail, qui eftoit demeurée veuve par cette mort ; l'époufa, quelque raifon qu'elle alleguaft pour s'en défendre, s'eftimant indigne d'eftre la femme d'un fi grand Roy.

1. des Rois 25. Chap.

APRE'S la mort de Samüel, les Philiſtins joyeux de voir le peuple d'Iſraël privé d'un ſi ſage conducteur, par la mort de ce grand Prophete, crurent qu'ils pourroient faire la guerre aux Iſraëlites avec plus de ſuccez qu'auparavant. Ils mirent donc ſur pied une armée nombreuſe, & vinrent camper en Sunam. Saül qui de ſon coſté avoit aſſemblé le peuple d'Iſraël ſous les armes, ayant choiſi ſon poſte ſur la montage de Gelboé, ſe ſentit accablé de crainte à la vûë de l'Armée ennemie, ce qui lui fut un preſage certain du malheur qui devoit bientôt lui arriver. Ce Prince qui étoit dans une étrange inquiétude, incertain de quelle maniere il devoit ſe comporter dans une conjoncture ſi épineuſe, conſulta l'oracle de Dieu, qui ne lui ayant rien répondu, ni par les ſonges, ni par les Prêtres, ni par les Prophetes : Il reſolut d'implorer le ſecours d'une Devinereſſe, laquelle évoqua l'ame de Samüel, qui ne parut devant Saül que pour lui annoncer ſon deſaſtre prochain, & lui déclarer qu'en punition de ſa deſobéïſſance aux ordres de Dieu, qui lui avoit ordonné de détruire entierement les Amalecites, il verroit dés le lendemain ſon Armée miſe en déroute par les ennemis, & que Dieu le priveroit lui & ſes enfans, & de la vie & du ſceptre, pour le faire paſſer dans les mains de David. Saül que cette prédiction avoit mis au deſeſpoir, livra le combat à l'ennemi; mais il eut le malheur de voir ſes troupes miſes en fuite par les Philiſtins, & d'eſtre reduit à ſoûtenir avec ſes enfans tout le faix de la bataille, où les ayant vû perir à ſes yeux, & ſe ſentant bleſſé, il ſe jetta ſur la pointe de ſon épée de peur de tomber vif entre les mains de ſes ennemis. Cette ſanglante défaite mit le peuple d'Iſraël dans une grande conſternation.

1. Des Rois. 28. & 31. Chap.

Saul qui avoit vu la défaite de ses Troupes & la mort de Jonathas, Aminadab & Melchisua ses enfans, se sentant blessé, & se voyant prest de tomber vif entre les mains des Philistins, commanda à son Ecuyer de luy donner le coup de la mort, pour oster aux ennemis la gloire de l'avoir fait mourir, ou de l'emmener en captivité. Ce que n'ayant pu obtenir de l'obéissance de son serviteur, il se tua lui-mesme, en se jettant sur la pointe de son épée, & obligea par son exemple son Ecuyer à en faire de mesme. Ainsi périt ce miserable Prince en punition de ses crimes. Les Israelites qui habitoient au-delà du Jourdain ayans appris ce desastre, furent saisis d'une telle épouvante, qu'ils abandonnérent leurs Villes aux Ennemis, qui s'en emparerent. Le jour d'aprés cette sanglante défaite, les Vainqueurs étans venus dans le champ de bataille pour dépouiller les morts, trouverent le corps de Saul, dont ils prirent les armes pour en faire un trophée dans le Temple de leurs Dieux ; & aprés avoir separé sa teste, ils pendirent le corps sur les murailles de Bethsan: mais les habitans de Jabez Galaad ne pouvans souffrir qu'il demeurast plus longtems exposé à l'opprobre, l'enleverent avec ceux de ses enfans, à la faveur des tenebres ; & aprés les avoir consumez par les flammes, ils les ensevelirent honorablement dans la forest de Jabez, jeusnant l'espace de sept jours.

1. Des Rois Chap. dernier.

DAVID étoit de retour en Siceleg, aprés avoir défait les Amalecites, lorſqu'un jeune homme de cette Nation vint à luy la teſte toute couverte de pouſſiere, & les veſtemens déchirez, luy faiſant entendre qu'il s'eſtoit ſauvé à la haſte de la déroute des Iſraelites, pour luy annoncer la mort de Saul & de ſes enfans, luy racontant que Saul qui eſtoit preſt de tomber entre les mains des Philiſtins, ayant tourné la pointe de ſon épée contre lui-meſme, l'avoit prié de la lui pouſſer dans le corps; ce qu'ayant fait, il luy avoit oſté ſon diadéme avec ſes braſſelets d'or, qu'il apportoit à David, pour lui confirmer la verité de ce qu'il diſoit. David accablé de douleur à ce funeſte recit, ayant dechiré ſes vétemens, pleura amerement avec tous ſes gens la mort de Saul & de Jonathas, qu'il honora d'un éloge funebre, donnant ſa malediction à la montagne de Gelboé, & priant Dieu que la roſée & la pluye n'y tombaſſent jamais, puiſqu'elle avoit été arroſée du ſang de Saul & de Jonathas, ſi renommez pour la beauté, la valeur, & l'adreſſe ſinguliere que tout le monde admiroit en eux. David adreſſant enſuite ſa parole au jeune Amalecite, & luy reprochant la temerité d'avoir oſé mettre la main ſur la perſonne ſacrée de l'oingt du Seigneur, le condamna ſur ſa propre confeſſion à eſtre tué ſur le champ; ce qui fut executé.

2. Des Rois 1. *Chap.*

ISBOSETH fils de Saül, ayant appris qu'Abner qui l'avoit élévé fur le Trône d'Ifraël à la place de fon pere, avoit efté tué en trahifon par Joab, le regretta fort, & le peuple d'Ifraël en fut allarmé ; mais ce trouble s'augmenta beaucoup par le meurtre d'Ifbofeth même, affaffiné par deux chefs de voleurs, nommez Baana & Rechab, lefquels ayans trouvé le moyen d'entrer fecretement dans la maifon d'Ifbofeth, le rüerent dans fon lit, & apporterent fa tefte à David, croyant lui rendre un fervice confiderable. Mais David dont l'ame toute royale ne pût fouffrir cette trahifon, bien loin de les en récompenfer, les ayant fait auffi-tôt punir de mort, commanda que la tefte d'Ifbofeth fut enfevelie honorablement à Hebron dans le tombeau d'Abner. Ce fut pour lors que David fut reconnu Roy par toutes les Tribus, dont les anciens s'étans rendus de toutes parts auprés de fa perfonne, lui donnerent l'Onction Royale, & le proclamerent d'une commune voix Roy de tout le peuple d'Ifraël. David étoit alors âgé de trente ans, & il en regna quarante ; fçavoir fept ans à Hebron fur la feule Tribu de Juda, & fur les douze Tribus d'Ifraël trente-trois ans à Jerufalem, qu'il érigea en capitale de fon Royaume après avoir conquis la fortereffe de Sion, où depuis il tint fa Cour, & en fit fon féjour ordinaire. Ce fut en ce lieu qu'Hiram Roy de Tyr, lui envoya une grande quantité de bois de Cedre, & des Ouvriers pour continuer l'Edifice qu'il avoit fait commencer. Ce fut pour lors que David reconnoiffant que Dieu l'avoit établi paifible poffeffeur du Royaume d'Ifraël, choifit des femmes & des concubines entre les filles de Jerufalem, defquelles il eut plufieurs enfans. Les Philiftins qui apprirent l'élevation de David fur le Trône d'Ifraël, étans defcendus dans la vallée de Raphaïm, recommencerent la guerre contre le peuple d'Ifraël, efperans combattre contre le nouveau Roy avec autant de fuccez qu'ils avoient combattu la derniere fois contre Saül : mais ils fe tromperent, car ils furent battus en diverfes rencontres. *2. Des Rois 4. & 5. Chap.*

DAVID que Dieu favorisoit d'un regne heureux & florissant, ne voulant pas demeurer ingrat de tant de faveurs qu'il en avoit reçûës, fit assembler toute l'élite de la Tribu de Juda pour amener à Jerusalem l'Arche d'alliance. Cette Arche qui étoit comme le signe du pacte que Dieu avoit contracté avec les Israëlites, ayant été prise & ensuite renduë par les Philistins, avoit été mise en depost à Gabaa chez Aminadab, d'où elle fut retirée & mise sur un chariot conduit par Oza & Achio fils d'Aminadab, au son de plusieurs instrumens. Mais il arriva en chemin une chose étrange, & qui donna de la terreur aux assistans. Ce fut que les Bœufs qui traînoient le chariot ayant fait pancher l'Arche en faisant un faux pas, Oza qui apprehendoit qu'elle ne fut renversée, y ayant aussi-tôt porté la main pour la soûtenir, tomba roide mort en punition de sa temerité. Ce funeste accident allarma David qui n'osant amener l'Arche jusqu'à Jerusalem, par la crainte qu'il avoit de s'attirer la colere de Dieu, la fit conduire dans la maison d'Obed-Edom, Gethéen; & ce sacré depost ayant demeuré chez lui pendant trois mois, il combla de prosperité toute sa maison. David enfin la fit mener en triomphe à Jerusalem, avec beaucoup de magnificence & de solemnité, dansant lui-même devant l'Arche au son de sa harpe. Cette action du Roy déplût à Michol sa femme, qui la trouvant indécente & indigne de la Majesté d'un Roy, entreprit d'en faire des remontrances à David, qui lui répondit sagement : qu'il avoit sujet de danser & de se réjoüir devant l'Arche du Seigneur, en reconnoissance de ce que Dieu avoit fait passer dans ses mains le sceptre de Saül son pere qu'il avoit jugé indigne de regner sur son peuple.

2. *Des Rois* 6. *Chap.*

D A V I D ayant appris la mort du Roy des Ammonites son allié, envoya des Ambassadeurs à Hanon son fils & son successeur, pour lui en faire des complimens de condoleance & renouveller l'alliance qu'il avoit faite avec son pere. Mais ces Envoyez qui s'attendoient à une reception favorable, puisqu'ils representoient la personne d'un grand Roy, qui recherchoit l'alliance de celui à qui ils étoient députez, furent bien surpris de se voir traitez comme des espions à la persuasion des Ammonites, qui firent entendre à leur Roy, que David lui envoyoit une Ambassade plûtôt pour observer les endroits foibles de son Royaume, que pour rechercher son amitié. Hanon ajoûtant foy à cette calomnie, les renvoya avec honte aprés leur avoir fait razer la moitié de la barbe, & couper la moitié de leurs habits. David se sentant outragé en la personne de ses Envoyez, resolut d'en tirer une vengeance remarquable. Il envoya pour ce sujet une armée nombreuse contre les Ammonites, sous la conduite de Joab, qui les ayant défaits en plusieurs rencontres, voulut achever cette guerre par la prise de Rabba leur Ville capitale, dont il forma aussi-tôt le Siége. Pendant que Joab gagnoit des victoires & faisoit des conquestes à David, ce Prince devint lui-même la conqueste & la preye de la beauté d'une femme. Il se promenoit un jour sur la terrasse de son Palais, lorsqu'ayant apperçû une jeune femme parfaitement belle, nommée Bersabée femme d'Urie, qui étoit au Siége de Rabba, laquelle se baignoit, il conceut pour elle une passion si violente, que l'ayant fait enlever il tomba avec elle dans le crime d'adultere. Cette femme se purifia ensuite & retourna en sa maison. L'adultere que David commit avec elle fut bientôt suivi de la mort d'Urie, qui étant le seul obstacle de l'impudicité de ce Prince, fut exposé par son commandement à l'attaque la plus dangereuse du Siége de Rabba, & y perdit la vie.

2. Des Rois 10. & 11. Chap.

DAVID s'étant rendu adultere de la femme & homicide du mari, devint l'objet de la colere de Dieu, aprés avoir été celuy de son amour & de ses bontez. Ce malheureux Prince ne demeura pas long-temps sans apprendre que le Ciel étoit irrité contre lui. Le Prophete Nathan l'étant allé trouver de la part de Dieu, lui raconta qu'il y avoit deux hommes dans une Ville, l'un riche & l'autre pauvre ; que le riche ayant des bœufs & des brebis en grand nombre, & le pauvre n'en ayant qu'une qu'il aimoit tendrement, & qu'il avoit élevée avec beaucoup de soin : celui-là voulant faire festin à un étranger sans rien prendre dans son troupeau, avoit ravi à celui-ci sa brebis qui faisoit toutes ses richesses. David qui avoit écouté attentivement le discours du Prophete, répondit d'abord que celui qui avoit commis une action si injuste étoit digne de mort, & qu'il devoit estre condammé à rendre quatre fois la valeur de ce qu'il avoit pris injustement. Nathan faisant aussi-tôt l'application de cette parabole à la personne du Roy : Vrayment, lui dit-il, vous avez prononcé vous même votre condamnation, c'est vous qui étes cet homme riche qui a ravi la brebis du pauvre, puisque vous avez ravi la femme d'Urie, que vous avez fait mourir pour joüir en paix du fruit de votre crime. C'est pourquoi, voici ce que Dieu vous dit par ma bouche : Je t'ai choisi pour Roi d'Israël, & aprés t'avoir delivré de la persecution de Saül, je t'ai mis en possession de son Palais, & de ses femmes, & de son Trône : cependant tu as commis un crime atroce en ma presence, en faisant mourir par le glaive Urie, pour épouser Bersabée sa femme : mais je te déclare qu'en punition d'une telle offense, le glaive ne se retirera jamais de dessus ta famille, puisqu'au mépris de mes commandemens tu as pris cette femme. Tu as commis ton crime en secret, mais il sera exposé en vûe à tout le peuple d'Israel, & mis en lumiere devant tout le monde. David à qui le Prophete avoit tenu ce langage ayant aussi-tôt avoüé son crime, avec un veritable regret de l'avoir commis : Nathan lui dit de la part de Dieu, qu'il ne le puniroit point de mort, mais que le chastiment de son crime seroit transferé sur le fils que Bersabée lui avoit enfanté, lequel mourroit dans peu de tems ; ce qui arriva suivant la prédiction de ce Prophete.

2. Des Rois 12. Chap.

IL arriva dans la famille de David un étrange accident , & qui eut des ſuites bien fu-
neſtes. Amnon ſon fils aîné étant devenu amoureux de ſa ſœur Thamar , juſqu'à en
perdre le repos & la ſanté , Jonadab ſon couſin qui ne pût le voir ſecher de langueur &
d'ennuy ſans prendre de part à ſon mal , luy conſeilla de prier David ſon pere , qu'il permit à Thamar de luy preparer à manger & de luy apporter elle-même dans ſa chambre;
ce que Thamar ayant fait , elle n'y fut pas plûtôt entrée qu'Amnon ne pouvant luy perſuader de luy accorder ce qu'il deſiroit , exigea d'elle par violence ce qu'il n'avoit pû
obtenir par prieres : mais il n'eut pas plûtoſt aſſouvi ſa paſſion , que celle qui étoit l'objet
de ſon amour étant devenuë celuy de ſa haine , il ne la pût ſouffrir plus long-tems en ſa
preſence & la fit chaſſer de ſon appartement. Thamar traitée avec tant de mépris par ſon
frere & ſon raviſſeur , en fut ſi ourrée de douleur qu'elle déchira ſes vêtemens , reprochant à Amnon que l'affront qu'il lui faiſoit lui eſtoit encore plus ſenſible que la violence
qu'il avoit exercée ſur elle. Abſalon fils de David & frere uterin de Thamar , ayant appris
l'injure qu'Amnon avoit faite à ſa ſœur , reſolut d'en tirer une cruelle vengeance. Il eut
neanmoins la prudence de diſſimuler pendant deux ans la haine implacable qu'il avoit
conçu contre Amnon. Au bout de ce tems Abſalom étant allé à la campagne pour faire
tondre ſes brebis , crut que c'étoit une occaſion favorable de ſe venger. Pour parvenir à
ce deſſein , il convia David ſon pere avec tous ſes freres à un magnifique régal qu'il
leur preparoit dans ſa maiſon de campagne. David ſe diſpenſa d'y aller envoyant à ſa place
Amnon , lequel ne ſongeant à rien moins qu'aux embuches que ſon frere luy dreſſoit , ſe
trouva au feſtin , au milieu duquel Abſalom le fit aſſaſſiner par ſes ſerviteurs en preſence
de ſes autres freres , que l'apprehenſion d'un pareil traitement obligea de ſe ſauver par la
fuite , pendant qu'Abſalom de ſon côté craigant la colere de David , alla chercher un
azile dans la Cour du Roy de Geſſur , où il demeura trois ans.   2. Des Rois 13. Chap.

ABSALOM aprés une longue absence ayant été r'appelié de son exil & rétabli dans les bonnes graces de David, ce fils ingrat & dénaturé, au lieu de reconnoître la clemence de son pere, ne songea au contraire qu'à lui ravir le Sceptre & la vie, par sa plus detestable conspiration qui puisse jamais entrer dans l'esprit humain. Pour parvenir à ce dessein, il s'appliqua soigneusement à se faire des creatures de tous les sujets de son pere, attirant leur estime & leur bienveillance par des carresses & par des bienfaits, dont sa beauté & la grace qui accompagnoit toutes ses actions augmentoient infiniment le prix. Tous ces artifices pratiquez de longue main, engagerent insensiblement presque tout le peuple d'Israël à suivre la revolte d'Absalom, lequel trouvant une occasion si favorable de se declarer contre son pere, se fit proclamer Roy à Hebron à la teste de tous les Conjurez, qui entraînerent presque tout le Royaume dans leur rebellion. David étonné d'une revolution si subite, & du danger imprevû où il se trouvoit, sortit de Jerusalem à la haste accompagné seulement de ses Gardes & de ses plus fidelles serviteurs, cherchant son salut dans la fuite. Achitophel qui étoit le Chef du Conseil d'Absalom, & le premier mobile de son entreprise, lui ayant conseilé d'envoyer à la poursuite de David un détachement de douze mille hommes, pour achever de le défaire entierement. La perte de David & de toute son Armée étoit infaillible, si Chusaï qu'il avoit envoyé à dessein auprés d'Absalom, sous pretexte de lui offrir son service, ne l'eût détourné adroitement de suivre le conseil d'Achitophel, lui faisant entendre qu'il étoit dangereux de réduire au desespoir un ennemi aussi vaillant que David, dont l'Armée n'étoit composée que de gens aguerris & experimentez dans les armes. Pendant que Chusaï amusoit Absalom, & lui ôtoit des mains une victoire assûrée, David qui eut le tems de passer le Jourdain avec sa suite, s'étant mis par cette retraite à couvert de la surprise de l'ennemi, Achitophel entra dans un si grand dépit du mépris qu'Absalom avoit fait de son conseil, qu'il se pendit de desespoir. Absalom ayant donné la conduite de ses troupes à Amasa, vint camper en Galaad dans le dessein de donner bataille à son pere, lequel étant réduit avec ses troupes dans une extrème disette, fut secouru fort à propos dans un besoin si pressant par les habitans de ce païs, qui lui fournirent des vivres en abondance.

2. Des Rois 15. 16. & 17. Chap.

DAVID fuyant la pourſuite de ſon fils Abſalom, paſſa le Jourdain avec ſa ſuite, laquelle s'étant augmentée par le concours de ſes amis & de ſes fidelles ſuiets, il la partagea en pluſieurs Regimens, & chaque Regiment en pluſieurs Compagnies, ſur leſquels il établit des Colonels & des Capitaines; & ayant diviſé ſon Armée en trois parties, dont il mit l'une ſous la conduite de Joab, l'autre ſous le commandement d'Abiſay, & la troiſiéme ſous les ordres d'Ethaï, il voulut ſe trouver au combat pour partager avec ſes ſoldats les dangers & les fatigues de la guerre; mais ſes ſuiets l'en ayant diſſuadé par de bónnes raiſons, il s'arreſta à la porte de la Ville par où ils paſſoient, les priant de ſauver la vie à ſon fils Abſalom, qu'il aimoit tendrement malgré ſa rebellion. L'armée de David marchant dans cette diſpoſition contre les rebelles, dont le nombre la ſurpaſſoit de beaucoup, leur livra un combat qui fut long-temps opiniâtré par la reſiſtance des revoltez, dont la multitude tenóit le ſuccez de la bataille en balance: mais enfin la Victoire s'étant déclarée pour le parti de la juſtice, l'armée d'Abſalom fut enfoncée & miſe en fuite, laiſſant vingt mille morts ſur la place. Abſalom lui-même fuyant à travers d'un bois, fut arrêté par ſes cheveux, qui s'étant entortillez dans les branches d'un chêne, où ſa mule qui couroit à toute bride le laiſſa ſuſpendu, il fut trouvé en cet état par les ſoldats de l'armée victorieuſe, leſquels en ayant averti Joab, il vint lui-même ſur le lieu & tua de trois coups de lance ce malheureux Prince, faiſant jetter ſon corps dans un foſſé au milieu de la foreſt. Il fit enſuite ſonner la retraite pour empêcher les ſoldats de pourſuivre plus loin les vaincus; content d'avoir éteint le flambeau de cette guerre cruelle dans le ſang de celui qui l'avoit allumée. La nouvelle de cette Victoire cauſa à David une grande joye qui fut bientôt changée en un excez de triſteſſe, lorſqu'il apprit la mort de ſon fils Abſalom, qui lui cauſa un regret ſi ſenſible qu'il en fut quelque tems inconſolable, pleurant avec une tendreſſe paternelle, la mort d'un fils qui cherchoit la ſienne avec une fureur dénaturée.

2. Des Rois 18. Chap.

J O A B voyant David témoigner de fenfibles regrets de la mort d'Abfalom, lui parla avec une liberté de foldat, lui reprochant qu'il auroit volontiers facrifié la vie de fes Capitaines & de fes fidelles ferviteurs à la confervation d'un fils dénaturé. Ces remontrances ayant appaifé la douleur de ce Prince, il vint à la porte de fon Palais fe montrer à fon peuple, fuivant le confeil que Joab lui en avoit donné. Cet heureux fuc-cez éteignit pour quelque tems les fureurs de la guerre, qui fe r'allumerent bientôt à la follicitation de Seba fils de Bochri, lequel ayant fait fouslever quelques-unes des Tribus d'Ifraël, David envoya Amafa à la te-fte de fes Troupes pour ranger ces Revoltez à leur devoir. Mais ce General ne s'étant pas acquitté digne-ment de cet emploi, il fut contraint de ceder fa place à Abifaï, lequel répondit parfaitement à l'opinion que David avoit de fa conduite. Ce Roy avoit befoin d'un homme auffi entendu dans la guerre qu'étoit Abifaï, & la revolte de Seba n'étoit pas moins à craindre que celle d'Abfalom, puifque David même té-moignoit qu'il trouvoit dans celui-là un ennemi plus redoutable que n'avoit été l'autre. Ce Prince fit pour ce fujet mettre fous les armes les habitans les plus confiderables de Jerufalem, dont il donna le comman-dement à Abifaï & à fon frere Joab, lequel ayant rencontré Amafa le tüa en l'abordant, fous pretexte de le falüer, & le laiffa mort fur la place, où le peuple s'arrêtant pour le voir, demandoit par maniere de rail-lerie, fi c'étoit-là cet homme qui ofoit fe comparer à David, & qui vouloit être preferé à Joab. Après ce meurtre les Generaux de David continuant leur marche contre Seba, le pourfuivirent avec vigueur & le ferrerent de fi prés, que ce Rebelle ayant été contraint de fe fauver dans Abela, y fut auffitôt affiegé par Joab, à qui les habitans de la Ville craignant le pillage & la defolation de leur Patrie, jetterent la tefte de Seba par deffus les murs. Joab ayant reconnu la tefte de ce chef des Revoltez, fit auffi-tôt lever le Siege au fon des trompettes, en figne de réjoüiffance, & fe retira content d'avoir étouffé la rebellion par la mort de celui qui en étoit l'Auteur.

2. *Des Rois* 19. & 20. *Chap.*

DAVID ayant arraché de ſon Royaume toutes les ſemences de la rebellion , avoit rendu ſon regne heureux & floriſſant, lorſqu'il arriva une famine qui affligea ſes Sujets pendant trois ans, en punition du crime que Saül & ſes ſerviteurs avoient commis faiſant mourir les Gabaonites contre la parole qu'ils leurs avoient donnée. Les Gabaonites ayans donc refuſé les offres que David leur faiſoit , ils demanderent pour reparation de l'injure qui leur avoit été faite , que les enfans de Saül leurs fuſſent livrez; ce que David leur ayant accordé, excepté Miphiboſeth fils de Jonathas, ils les firent tous mourir par le gibet , & auſſi tôt la colere de Dieu fut appaiſée. Depuis ce tems là David ayant été obligé de reprendre les armes contre les Philiſtins, il en retourna quatre fois victorieux , & en remercia Dieu par un Cantique excellent. Mais quoique ce Roi ſçût qu'il tenoit de Dieu ſa grandeur & ſa proſperité, & qu'il eût ſignalé en pluſieurs rencontres ſa pieté & ſa reconnoiſſance envers celui qui l'avoit comblé de tant de faveurs ; il ne ſe deffendit pas neanmoins de l'orgueil & de la vanité, qui eſt preſque toûjours la compagne inſeparable de lapuiſſance & de l'autorité ſuprême. Ces mouvemens de ſuperbe s'étans emparez du cœur de David , le porterent à faire un dénombrement de tous ſes Sujets, dont le nombre ſe trouva monter à huit cens mille hommes de la Tribu de Juda. Ce Prince qui n'avoit fait ce dénombrement de ſon peuple que pour étaler ſa puiſſance , & pour faire trophée de ſa grandeur, reconnut auſſi tôt qu'il avoit offenſé Dieu , qui lui ayant envoyé en même tems le Prophete Gad, pour lui propoſer le choix de l'un de ſes fleaux, ou de voir ſon Royaume accablé de famine pendant ſept ans, ou d'eſtre vaincu & contraint de fuïr honteuſement devant ſes ennemis pendant trois mois , ou enfin de voir ſon peuple affligé de peſte pendant trois jours; David ſe détermina à choiſir la peſte, diſant qu'il étoit plus avantageux de tomber entre les mains de Dieu, qu'entre celle des hommes. Ainſi l'Ange répandit ſur le peuple d'Iſrael une peſte ſi violente, qu'elle emporta en trois jours ſoixante & dix mille hommes, depuis Dan juſqu'à Berſabée.

2. Des Rois 21. 22. 23. *& 24. Chap.*

DAVID de qui la vie avoit été exercée par tant de travaux, & mêlée de beaucoup d'afflictions parmi de grandes prosperitez, étoit devenu si cassé & si débile, que sa chaleur naturelle ne pouvant être rapellée par la pesanteur des vêtemens, ni par d'autres remedes, on lui amena une jeune fille Sunamite appellée Abisag, pour l'échauffer en dormant dans son sein. Adonias fils de David & Haggith, voyant le Roy son pere sur le declin de sa vie, avoit attiré à son parti Joab General des Armées d'Israël, & le Pontife Abiathar, pour appuyer ses prétentions à la Couronne. Il s'étoit déja pourvû d'un train pompeux & magnifique, & qui sentoit de prés la Royauté. Bersabée femme de David & mere de Salomon, avoit une passion extrème de voir son fils regner aprés son mari ; C'est pourquoi voulant prévenir les brigues qu'Adonias faisoit pour s'emparer de la Couronne, elle en donna avis au Roi & le conjura de vouloir jetter les yeux sur Salomon, pour en faire son successeur. Elle avoit déja par ses intrigues engagé dans les interêts de Salomon, Sadoc Grand Prêtre, Banajas, Semei & Nathan, à la persuasion duquel David nomma Salomon pour lui succeder, le faisant monter sur sa Mulle pour être à l'instant proclamé Roy en presence de tout le peuple, au son des trompettes & des instrumens. David par ce moyen eut la satisfaction de voir avant sa mort Salomon établi sur le Trône, & Adonias se voyant par là déchû de ses prétentions & abandonné de tous ses Partisans, quitta son entreprise. David ayant en cette sorte fait passer la Couronne sur la teste de Salomon, le fit venir auprés de soi pour lui apprendre de quelle maniere il devoit se comporter dans son regne, lui commandant par dessus toutes choses d'être ferme & constant dans l'observance de la loi du Seigneur, s'il vouloit que Dieu confirmât à sa posterité la possession du Royaume d'Israël, suivant la promesse qu'il lui en avoit faite ; & aprés lui avoir enjoint de ne pas laisser dans l'impunité les meurtres que Joab avoit commis en la personne d'Abner & d'autres, & les maledictions que Semeï avoit vômies contre lui, il mourut âgé de soixante & dix ans, aprés un long regne de quarante ans, dont il en avoit passé sept à Hebron, & trente-trois à Jerusalem, où il fut enseveli. Le nouveau Roi d'Israël voulant rendre son regne paisible, commanda à Banajas de faire mourir Adonias & Joab ; ce qui fut executé, quoique Joab crût se garantir de la mort en tenant le coin de l'Autel. Semeï subit la même punition.

3. Des Rois 1. & 2. Chap.

APR E'S que Salomon eut employé tous ſes ſoins à rendre ſon regne paiſible, il tourna ſes penſées du coſté du mariage. Dans ce deſſein il jetta les yeux ſur la Fille de Pharaon Roy d'Egypte, qu'il amena dans la Cité de David, pour y ſéjourner avec elle, juſques à ce que ſon Palais, le Temple de Dieu & les Murs de Jeruſalem, que l'on avoit commencé de baſtir par ſes ordres, fuſſent achevez. Il n'y avoit point encore eu de Temple parmi le Peuple d'Iſrael, qui juſques alors avoit fait ſes Sacrifices ſur des lieux élevez, & Salomon meſme offrit un Holocauſte de mille animaux, avec des parfums ſur l'Autel de Gabaon, qui étoit alors le plus fameux de tous les lieux éminens. Dieu lui ayant declaré en ſonge que ce qu'il demanderoit lui ſeroit accordé, ce Prince le ſupplia de le favoriſer du don de la ſageſſe pour le rendre capable de gouverner prudemment ce grand Peuple dont il lui avoit donné la conduite. Cette demande ſi juſte & ſi digne d'un grand Roy, fut ſi agréable à Dieu, qu'il ajouſta à ce don précieux ceux de la gloire & des richeſſes, dont ce Prince fut comblé avec un tel excez, qu'il ſurpaſſa en cela tous les Rois qui ont eſté & qui ſeront jamais.

3. Des Rois 3. Chap.

SALOMON ayant reçû abondamment le don precieux de la Sageſſe , trouva bientôt l'occaſion de la faire éclater. Le premier exemple qu'il en a donné , arriva au ſujet de deux femmes proſtituées , qui étans venuës enſemble luy demander juſtice ; l'une ſe proſternant devant ce Prince aſſis dans ſon Throſne , luy expoſa qu'étans toutes deux accouchées preſqu'en meſme tems dans une chambre , où elles logoient ſeules enſemble , l'autre eſtoit venuë à la faveur des tenebres vers le lit de la plaignante , qui eſtoit au plus fort de ſon ſommeil , & luy avoit oſté ſecretement ſon enfant pour mettre à ſa place le ſien qu'elle avoit étouffé en dormant. L'autre au contraire ſoûtenant que cela étoit faux , & que l'enfant vivant luy appartenoit , Salomon qui ne pouvoit condamner ni l'une ni l'autre ſur leur ſimple rapport, s'aviſa d'un moyen ſubtil & digne de la ſageſſe d'un ſi grand Roi , pour découvrir la verité , ordonnant que l'enfant vivant ſeroit coupé en deux parties égales , pour eſtre partagé également entre ces deux femmes. Celle qui demandoit la reſtitution de ſon enfant ayant déclaré qu'elle aimoit mieux le ceder à l'autre que de voir executer un jugement ſi rigoureux ſur ſon propre ſang , Salomon la reconnut à cette marque de tendreſſe pour la veritable mere , condamnant l'autre à reſtituer l'enfant que ſa dureté la convainquoit d'avoir dérobé. Ce jugement équitable rendu ſur une cauſe ſi obſcure , & dont il étoit difficile de démêler l'embarras , fit admirer la ſageſſe & la ſubtilité de l'eſprit de Salomon , à développer la verité confonduë parmi le menſonge , & ceux qui l'entendirent prononcer cette ſentence, donnerent des loüanges à celui de qui Salomon avoit reçû cet eſprit de diſcernement.

3. Des Rois 3. Chap.

LE don de la Sageſſe que Salomon avoit reçû de Dieu, ne fut pas un don inutile. Il l'employa avec beaucoup de fruit à regler & policer ſon Eſtat. Auſſi n'avoit-il demandé de la ſageſſe à Dieu, que pour eſtre plus capable de gouverner ſon Royaume & le rendre floriſſant. Il étoit perſuadé que la ſubordination étoit neceſſaire pour faire obſerver exactement les Loix. Ce fut la raiſon pour laquelle il établit un Gouverneur dans chaque Province de ſon Royaume, qui avoit ſous ſa conduite autant de Magiſtrats qu'il y avoit de Villes dans ſon Gouvernement, & cette ſubordination s'étendoit juſ-qu'aux moindres Villages. Cette conduite de Salomon le mit dans une ſi haute repu-tation de ſageſſe dans l'eſprit de tous ſes voiſins, que chacun d'eux s'efforçoit à l'envie de s'attirer ſa bienveillance par des preſens & par mille autres marques d'eſtime. Entre tous les Rois qui recherchoient ſon amitié, Hiram Roy de Tyr, fut celui qui ſe ſignala da-vantage, lui envoyant une grande quantité de bois de cedre pour bâtir le Temple de Jeruſalem, dont le Roi David avoit formé le projet. Salomon fit édifier ce Temple avec une magnificence digne d'un ſi grand Roi, faiſant venir de toutes parts tout ce qu'il y avoit dans le monde d'excellens Ouvriers pour les employer à la fabrique de cet édifice ſomptueux, qui fut commencé la quatriéme année du Regne de Salomon, le ſecond mois quatre cens quatre-vingt ans après que le peuple d'Iſraël fut ſorti de l'Egypte. Ce Prince preſcrivit lui-même aux Architectes le plan, les dimanſions & l'ordre qu'ils de-voient obſerver dans la conduite de ce ſuperbe bâtiment, ce qu'ils executerent avec tou-te l'exactitude & la diligence poſſible. Lorſque ce grand édifice fut achevé, Salomon l'en-richit de tous les Vaiſſeaux ordonnez par la Loi de Moïſe, & de tout ce qui étoit neceſ-ſaire pour faire les ceremonies de la Loi avec pompe & magnificence.

3. Des Rois 4. 5. & 6. Chap.

LA reputation que Salomon s'étoit acquise par sa sagesse, ne s'étoit pas seulement répandue dans les pays voisins de la Judée, elle avoit passé jusques dans les Royaumes les plus éloignez. La Reine de Saba avoit conçu une si haute estime pour ce Prince, qu'elle entreprit de surmonter toutes les fatigues d'un long & penible voyage, pour consulter ses oracles, & lui demander la solution de plusieurs questions difficiles. Cette Reine ayant fait son entrée à Jerusalem avec un train magnifique composé d'une suite nombreuse & d'une grande quantité de chameaux chargez de tout ce que son Royaume produisoit de plus rare, elle visita Salomon dans son Palais, lui proposant tout ce qu'elle avoit premedité de lui dire. Ce Prince ayant répondu à ses questions les plus difficiles avec une netteté & une solidité de jugement qui le fit admirer, elle en demeura si surprise & si remplie d'admiration, que cette science incomparable de Salomon jointe à la magnificence de ses Palais, de sa Table & de ses Sacrifices, & au bel ordre que ce Prince avoit établi dans son domestique, fit avouer à cette Reine que ce qu'elle voyoit dans la personne de Salomon, surpassoit infiniment tout ce que la renommée lui en avoit appris, & que tout le monde devoit envier le bonheur des sujets & des serviteurs d'un si grand Monarque, puisque jouissant à loisir du bien de sa presence, ils pouvoient en mesme tems profiter des oracles qui sortoient de sa bouche.

3. Des Rois 10. Chap.

SI Salomon s'étoit rendu admirable par sa sagesse, il ne l'étoit pas moins par ses richesses & par sa magnificence. Il se fit faire un Trône d'yvoire, dont les degrez avoient des Lions de chaque côté pour ornement. Les presens qu'il recevoit, montoient tous les ans à la valeur de six cens soixante & six talens d'or. Le Palais qu'il avoit fait bâtir dans la forest du Liban, étoit orné d'un nombre infini de boucliers d'or & meublé de tout ce qu'il y avoit de plus rare & de plus precieux ; & l'on peut assurer avec justice, que de tous les Rois de la terre Salomon étoient le plus glorieux & le plus magnifique, les Princes voisins s'efforçant à l'envy par des presens exquis de lui donner des marques de leur estime. Mais parmi tant de perfections ce Prince avoit un défaut qui a beaucoup terni l'éclat de ses vertus. L'amour des femmes étrangeres étoit sa passion dominante, & ce fut ce malheureux penchant qui entraîna le plus sage des hommes jusques dans l'excez de la folie. Ces femmes pour qui il avoit une complaisance aveugle étant aussi differentes de Religion que de nation, chacune lui inspiroit la sienne avec l'amour, & il adoroit autant de Dieux qu'il avoit de maîtresses. Il seroit difficile de croire qu'un Prince aussi éclairé que Salomon, né dans la veritable Religion, & que Dieu avoit comblé de ses dons les plus precieux, l'ait abandonné lâchement pour donner de l'encens aux Dieux de ses concubines, si l'Ecriture ne nous en rendoit un témoignage assuré. Mais en même tems qu'elle nous apprend l'idolatrie de Salomon, elle nous assure aussi que Dieu irrité de l'apostasie de ce Prince, lui succita pour ennemis Adas & Jeroboam, lequel aprés la mort de ce Prince démembra tout d'un coup dix Tribus de la Couronne d'Israël, lesquelles il usurpa sur Roboam fils & successeur de Salomon, suivant la prédiction du Prophette Ahias Silonite, lequel separa son manteau en douze pieces en presence de Jeroboam, voulant pronostiquer par cette action la division prochaine du Royaume d'Israël, dont Jeroboam devoit être l'auteur. Or Salomon étant mort aprés un regne de quarante ans, & inhumé dans la cité de David, Roboam son fils lui succeda.

3. Des Rois 10. & 11. Chap.

JEROBOAM s'étant fait declarer Roy de dix Tribus qu'il avoit fait revolter contre Roboam, planta l'Idolatrie dans son Royaume en même tems qu'il y établit son autorié, faisant ériger la Statuë d'un Veau d'or sur les lieux éminens, pour la faire adorer par ses Sujets. Le Seigneur irrité de l'impieré de ce Prince, luy envoya un Prophete pour le reprendre de son crime. Ce Prophete étant en presence de Jeroboam, adressa sa parole à l'Autel que ce Roy idolâtre avoit érigé à l'Idole du Veau d'or, luy faisant une apostrophe terrible, par laquelle il luy annonça qu'un jour à venir il naîtroit du sang Royal de David un Prince nommé Josias, qui immoleroit sur cét Autel les Prestres qui y sacrifiroient aux Idoles. Jeroboam ne pouvant souffrir la liberté avec laquelle ce Prophete parloit contre son Idolatrie ; leva la main contre luy commandant à ses Gardes de l'arrester sur le champ : mais cette main étant devenuë seche & immobile, en punition de ce qu'il avoit attenté à la personne du Prophete, en même tems que l'Autel fut brisé & mis en pieces par une main invisible. Le Roy se repentant de la violence qu'il avoit voulu faire à ce saint homme, le supplia de lui rendre l'usage de la main par ses prieres ; ce que le Prophete ayant fait, le Roi en recompense de ce bienfait, l'invita de manger chez lui ; mais le Prophete s'en excusa, sur ce que Dieu lui avoit défendu de boire ni manger en aucun endroit. Le Prophete étant parti de là, un autre ancien Prophete informé de ce qui étoit arrivé, le suivit à la haste & le tenta tellement par ses discours, qu'il l'engagea à retourner sur ses pas pour venir prendre un repas chez lui ; à quoi il n'eut pas plûtôt consenti qu'il fut attaqué d'un Lion, qui le tua en punition de sa désobéïssance, sans devorer ni le corps du Prophete, ni l'asne qui le portoit. Le Prophete qui le portoit. Le Prophete qui l'avoit incité à la desobéïssance l'ayant fait inhumer, ordonna à ses enfans de le faire ensevelir auprés de lui aprés sa mort.

2. Des Rois 12. & 13. Chap.

PENDANT le Regne d'Achab Roy d'Israël Dieu suscita un Prophete nommé
Helie natif du païs de Galaad, lequel ayant prédit de la part de Dieu à ce Prince,
qu'il arriveroit une grande famine sur la terre, où il ne tomberoit ny pluye ny rosée
pendant un long espace de tems, se retira suivant l'ordre de Dieu du costé de l'Orient,
pour se cacher dans un desert situé sur le bord du torrent de Carith, proche le fleuve du
Jourdain, où les Corbeaux par le commandement de Dieu, luy apportoient regulierement
le soir & le matin du pain & de la viande pour sa refection, n'ayant point d'autre boisson
que de l'eau du torrent, lequel étant tary par une grande secheresse, Helie fut obligé de
quitter ce séjour pour obeïr à la parole de Dieu, qui l'envoya à Sarepta dans le païs des
Sidoniens, où il logea chez une pauvre veuve qui le nourrit suivant la volonté de Dieu,
faisant part à ce Prophete du peu de subsistance que Dieu luy donnoit. Mais cette pauvre
femme ayant été reduite à n'avoir pour toutes choses dans sa maison qu'un peu d'huile &
de farine; Dieu qui n'abandonne jamais ses fidelles serviteurs, ayant multiplié abondamment ce peu d'huile & de farine à la priere d'Helie, luy donna par ce moyen plus qu'elle
n'avoit besoin pour se nourrir. Ce ne fut pas le seul Miracle qu'Helie fit en faveur de son
hôtesse, il la recompensa encore de son hospitalité par un bienfait plus considerable,
en redonnant la vie au fils de cette veuve, qui s'estima bien-heureuse d'avoir reçu un
tel hoste dans sa maison.

3. Des Rois 17. Chap.

LE Prophete Helie obeïffant a la parole de Dieu, alla trouver Achab Roy d'Ifraël, qui luy ayant demandé avec un ton fevere s'il n'étoit pas çet Helie Perturbateur de fon Peuple, le Prophete fe juftifiant de cette calomnie, luy répondit, que c'étoit bien plû-tôt luy & fa famille qui avoit mis le defordre parmi ce Peuple, qu'il avoit obligé par fon exemple d'abandonner le culte du vrai Dieu, pour donner de l'encens à l'idole de Baal. Helie l'ayant enfuite exhorté à abjurer fon idolâtrie pour fuivre les commandemens du Seigneur, fit lui feul un défi à tous les Prophetes de Baal qui étoient au nombre de quatre cens cinquante, d'immoler de leur côté une Victime pendant que du fien il en offriroit une, à condition que le Dieu qui feroit defcendre du feu du Ciel fur la Victime qui lui feroit offerte, feroit reconnu de tous pour le vrai Dieu. Les Prophetes de Baal ayans ac-cepté le défi, commencerent les premiers à faire leur facrifice, priant ce Dieu depuis le matin jufqu'au foir de faire defcendre le feu du Ciel fur leur facrifice ; mais Helie fe moc-quoit des vœux inutiles qu'ils adreffoient à un Dieu qui ne pouvoit les exaucer, les aver-tiffant de crier plus haut pour éveiller ce Dieu endormi. Les Prêtres de Baal ayant été fruftrez de leur attente, Helie invita le Peuple à venir être témoin du miracle que Dieu alloit faire à fa priere ; & facrifiant à fon tour, il invoqua le nom du Dieu d'Abraham, d'Ifaac & d'Ifraël, lequel fit auffi-tôt defcendre du Ciel une flamme qui confuma l'Holo-caufte. Le Peuple étonné de ce prodige tomba la face contre terre, & reconnoiffant le Dieu d'Helie pour le vrai Dieu, il fe jetta par fon ordre fur les Prophetes de Baal, Helie les conduifit fur le bord du torrent de Cifon, & là les fit mourir en punition de leurs im-poftures.

3. Des Rois 18. Chap.

LE Prophete Elifée ayant reçû l'efprit d'Helie, avoit auffi receu le don de faire des
miracles. Il nous en a laiffé des marques au fujet d'une pauvre veuve, laquelle étant
preffée par un creancier inexorable, de le payer ou de luy donner fes deux fils pour le
fervir, eut recours à ce Prophete, qui luy ayant demandé en la confolant fi elle n'avoit
rien dans fa maifon, luy commanda d'apporter un peu d'huile qui luy reftoit, & en
mefme tems une grande quantité de cruches vuides qu'elle avoit empruntées chez fes voi-
fins, lefquelles furent remplies de ce peu d'huile que ce faint homme avoit multiplié par
miracle, pour donner à cette veuve, non feulement dequoy s'acquitter de fes dettes,
mais encore dequoy fe nourrir avec fes enfans. Une autrefois il arriva qu'Elifée paffant
par la ville de Sunam une femme de qualité l'invita à prendre fes repas dans fa maifon,
& luy prepara une chambre pour l'y recevoir, ce que le Prophete accepta. Or cette
femme n'ayant point eu d'enfans à caufe de fa fterilité, le Prophete cruft qu'il ne pouvoit
mieux reconnoiftre les bons offices de cette hôteffe charitable, qu'en luy obtenant par
fes prieres la fecondité, ce qu'il fit, & cette femme eut un fils à l'heure mefme qu'il luy
avoit dit. Mais Dieu ayant permis que cet enfant mouruft peu de tems aprés, Elifée qui
l'avoit fait naiftre par fon oraifon, luy donna une feconde fois la vie en fe couchant fur
fon corps, & fe faifant pour ainfi dire, petit pour fe proportionner à cet enfant, fur la
bouche duquel il colla la fienne & par ce moyen le rendit vivant à fa mere. Il fit encore un
autre miracle en faveur d'un grand peuple affamé, qu'il raffafia par la multiplication de
quelques pains de premices & d'orge qu'on luy avoit donné & dont il refta une grande
quantité apres la refection de ce peuple.

4. Des Rois 4. Chap.

LORS qu'Achab regnoit sur le Peuple d'Israël, un de ses sujets nommé Naboth, avoit
une Vigne qui estoit à la bien-séance de ce Roy, étant contiguë à son Palais,
Achab la voulant acheter pour en faire un jardin potager, Naboth refusa de la luy vendre. Jezabel Reine d'Israël, femme hautaine & imperieuse, picquée du refus de cet
homme, promit au Roy de le mettre bientost en possession de cet heritage malgré le
proprietaire. Pour parvenir à ce dessein, elle suborna deux faux témoins, lesquels ayans
déposé faussement que Naboth avoit tenu des discours scandaleux contre Dieu & contre le Roy; cet homme innocent fut condamné à estre lapidé. Le Roy après la mort de
Naboth s'étant emparé de sa vigne sans aucun obstacle, Dieu envoya Helie annoncer à
Jezabel, que puisqu'elle avoit été assez perfide pour faire mourir un innocent par la plus
noire calomnie qui ait jamais été inventée, il arriveroit un jour qu'elle seroit devorée par
les chiens, qui lécheroient son sang dans l'endroit même où ils avoient léché le sang de
Naboth. Ce que Jezabel éprouva, car son fils Joram qui regna ensuite à la place d'Achab,
ayant été tué avec tous ses freres par le commandement de Jehu, que Dieu avoit choisi
pour Roy d'Israël, cette Reine impie qui s'étoit parée de ses plus beaux atours pour s'attirer la bienveillance du nouveau Roi d'Israël, fut par l'ordre de ce Prince jettée par la
fenestre sur le pavé, & ensuite foulée aux pieds des chevaux. Jehu ayant quelque égard
à la naissance de cette Princesse, ordonna que son corps fut enseveli; mais ce fut en
vain, car il n'étoit resté de son cadavre que le crane, les mains & l'extremité des pieds,
les chiens ayant devoré le reste, suivant la prédiction d'Helie.

3. Des Rois 21. Chap. & 4. Des Rois 9. Chap.

E ZECHIAS ayant succedé à son Pere Achas au Trône de Juda, fut aussi pieux envers Dieu, que son Pere avoit été impie. Il rétablit le culte de Dieu que ses predecesseurs Joram , Ozias & Achas avojent aboli , & il détruit les Autels & les Bocages consacrez aux Idoles, faisant aussi abattre le Serpent d'airain que Moïse avoit fait élever. Ce fut sous le regne de ce Prince que Sennacherib Roi des Assyriens, ennemi juré du Dieu d'Israël , envoya declarer aux Juifs par ses Herauts, qu'ils eussent à se ranger sous sa puissance , & à ne point prêter l'oreille aux assurances d'Ezechias, qui leur promettoit en vain le secours de Dieu contre la puissance des Assyriens , qui desoleroient Jerusalem & toute la Judée , sans qu'il fût possible à Dieu même de les en défendre. Ezechias fut épouvanté de ces menaces terribles; mais Dieu qui ne manque jamais de consoler ses serviteurs dans leurs afflictions , députa Isaïe à ce Prince pour le délivrer de la consternation où il étoit, l'assûrant de sa part qu'il remporteroit une insigne victoire de cet ennemi redoutable. L'évenement repondit à la prédiction du Prophete , car Sennacherib étant venu assieger Jerusalem avec une Armée formidable , Dieu à la priere d'Ezechias fit partir du Ciel l'Ange Exterminateur , dont la main foudroyante fit perir en une nuit cent quatre-vingt cinq mille assiegeans. Sennacherib épouvanté d'un si horrible carnage , leva le Siege en désordre, ne remportant que de la honte & de la confusion dans Ninive sa Ville capitale, ou en vengeance de la défaite de ses Troupes, il fit mourir une grande quantité de Juifs , que Tobie ensevelissoit charitablement. Cet œuvre de misericorde attira sur ce saint homme la colere de ce Roy barbare, qui ordonna qu'on le fit mourir & confisqua tous ses biens ; il évita la mort par sa fûite , mais les crimes de ce Prince ne demeurerent pas long-tems impunis , ses propres enfans l'ayant sacrifié quarante jours aprés à la colere de Dieu , dans le tems que ce Prince faisoit un Sacrifice à ses Idoles. Alors Tobie revint à sa maison, & tous ses biens lui furent rendus.

4. Des Rois 18. & 19. Chap. Tobie 1. Chap.

L'IDOLATRIE étoit si fortement établie parmi les Juifs, sous les regnes de Manassés & d'Amon Rois de Judée, qu'il n'y restoit aucun vestige de la Loy de Dieu, jusqu'au regne de Josias qui la remit dans son premier lustre. Ce Prince monta sur le Trosne dés l'aage de huit ans, il regna l'espace de trente & un, pendant lequel il s'adonna entierement à ne faire que ce qui pouvoit le rendre agréable à Dieu. Ce pieux Restaurateur du veritable culte, voulant rétablir la Loy de Moyse, envoya le Scribe Saphan au grand Prestre Helcias, pour lui donner ordre d'amasser l'argent du Temple de Ierusalem, & l'employer à en reparer les ruines. Saphan retourna au Roy Iosias, lui apportant le Livre de la Loy que le grand Prestre avoit trouvé dans le Temple. La lecture en ayant esté faite devant Iosias, il se sentit touché d'une telle componction de cœur, & si saisi de crainte à cause du mépris que ses prédecesseurs avoient eu pour les commandemens de Dieu, que de douleur il déchira ses vestemens. Il ordonna ensuite aprés avoir consulté Holdam Prophetesse, que l'on feroit la lecture de ce sacré Volume dans le Temple en presence des Prestres, des Prophetes, & de tout le Peuple : Ce qui ayant esté fait, toute l'Assemblée s'engagea d'une commune voix à observer exactement tout ce qui étoit contenu dans ce Livre divin, ensuite de quoy ce Prince ayant fait briser tous les vaisseaux employez aux Sacrifices de Baal, pour effacer tous les vestiges de l'Idolatrie, rétablit la solemnité de la Pasque, qu'il fit celebrer selon l'ancienne coustume prescrite par la Loy de Moyse.

4. Dés Rois 22. & 24. Chap.

JOSIAS Restaurateur du culte de Dieu étant mort, les Juifs reprirent bientost celuy des Idoles sous le regne de son fils Joachim, qui les y ramena par son exemple. Ce Prince ayant traisné quelque tems un regne miserable, mourut & laissa son Sceptre à son fils de mesme nom, qui fut heritier de l'Impieté de son pere, comme il l'étoit de sa Couronne. A peine commençoit-il à regner que Nabuchodonosor Roy de Babilone vint assieger la ville de Jerusalem avec une Armée formidable. Joachim qui ne se sentoit pas en état de resister à une si grande Puissance, se rendit avec sa Ville capitale, à la discretion du Vainqueur, qui pilla toutes les richesses du Temple de Dieu, & emmena prisonnier le Roy de Juda avec toute la famille Royale, & toute l'élite des Habitans de cette fameuse Ville, il n'y laissa seulement que le menu peuple pour y habiter, luy donnant pour Roy Sedecie Prince du sang Royal de la Judée, qui s'étant retiré de l'obeïssance de Nabuchodonosor, obligea ce Roy à venir assieger une seconde fois Jerusalem avec tant d'opiniâtreté, que Sedecie pressé par la faim, fut obligé de sortir de la Ville à la faveur des tenebres avec ses Troupes. Les Chaldéens avertis de cette fuite précipitée poursuivirent cette Armée fugitive qui se dispersant de ç'a & de là abandonna Sedecie à la mercy de Nabuchodonosor qui luy fit crever les yeux, dont il avoit vû auparavant massacrer ses propres enfans; & l'ayant fait mettre aux fers, il l'emnena en cet état captif à Babilone avec tout le peuple qu'il pût trouver, ne laissant dans ce Païs désolé que ceux qui étoient propres à cultiver la terre. Nabuzardan General de l'Armée des Chaldéens, emmena en captivité tous les Prestres & les Sacrificateurs de la Judée, après avoir ruiné le Temple, dont il fit emporter tous les tresors & tous les vaisseaux dont la magnificence de Salomon l'avoit orné & enrichy.

4. Des Rois 25. Chap.

JOAS ayant esté élevé sur le Trosne de la Judée à l'aage de sept ans, par la conduite de Joïade grand Prestre, il y regna quarante ans, & pendant son regne il fit reparer le Temple de Dieu, par les soins du grand Prestre, qui ayant conduit cet Ouvrage jusques à sa perfection, mourut aagé de cent trente ans. Aprés la mort de ce saint homme, Joas que les conseils de Joïada avoient toujours retenu dans le devoir, s'en écarta bien-tost à la persuasion des grands de sa Cour, qui l'entraisnerent dans l'Idolastrie. Le Prophete Zacharie fils de Joïada, enflammé d'un zele ardent pour la gloire de Dieu, s'adressa à ce Prince, le blasmant avec une sainte liberté d'avoir violé les Commandemens de la Loy. Il fit les mesmes remontrances au Peuple, leur prédisant à tous que Dieu les abandonneroit, puisqu'ils l'avoient abandonné. Cette liberté avec laquelle il attaquoit l'infidelité de Joas, lui attira l'indignation de ce Prince, lequel doublement coupable & d'impieté envers Dieu, & d'ingratitude envers Joïada pere de Zacharie, le fit lapider devant le parvis du Temple; mais la punition de son crime ne fut pas long-tems differée, car à peine l'an fut-il expiré, qu'une petite armée de Syriens s'étant emparée de Jerusalem, massacra tous les Grands du Royaume, traitant le Roy Joas avec tant de cruauté & d'ignominie, que ce miserable Prince ne fit plus que traisner en langueur sa vie malheureuse, qui lui fut ostée par ses Serviteurs en vengeance de la mort de Zacharie.

a. Des Paralipomenes 24. Chap

NEHEMIE Juif de nation, fils d'Helcias, étant parvenu à estre premier Echan-
son d'Artaxerxes Roy de Perse, il obtint de ce Prince, en faveur de ses compatriotes, qu'il leur fust permis de rebastir la Ville & le Temple de Ierusalem, que les
Chaldéens avoient ruinez lorsqu'ils emmenerent les Iuifs en servitude, avec ordre
à Asaph garde de la forest Royale, de leur fournir une grande quantité de bois pour
reparer les ruines du Temple & de la Ville. Les Iuifs autorisez de cette permission
ayant commencé à les rebastir, trouverent beaucoup d'obstacles à la continuation de
cette entreprise. Un homme puissant nommé Sanaballat, secondé par les Arabes, les
Ammanites & les Habitans d'Azot, entreprit avec une Armée de s'opposer à l'execution de leur dessein. Les Iuifs qui n'attendoient point d'autre secours que celui de
Dieu, ayant imploré son assistance, se mirent en état de défense contre ceux qui les
venoient attaquer. Cependant Dieu qui veilloit à leur conservation ayant fait éva-
nouir la conspiration que leurs Ennemis avoient formée contre eux, ils retournerent
à leur premier dessein, separant toute la jeunesse en deux troupes, dont l'une s'em-
ployeroit à bastir les murailles de Ierusalem, pendant que l'autre se tiendroit sous
les armes toute preste à repousser ceux qui viendroient troubler le travail des Ouvriers, qui tenoient d'une main les outils pour travailler, & de l'autre une épée pour
combattre. Cet ordre fut si bien observé, que malgré tous les obstacles que leurs Ennemis opposoient à leur entreprise, ils la pousserent à bout, & acheverent de rétablir
la Ville & le Temple, avec une joye incroyable de tout le Peuple d'Israel.

2. Esdras 2. 4. & 7. Chap.

TOBIE que l'Ecriture nous represente comme un miroir de charité & le modele des gens de bien, étoit natif de la Ville & de la Tribu de Nephtali, laquelle ayant été amenée en captivité par Salmanazar Roi d'Assyrie, Tobie fut aussi du nombre des Esclaves. Mais ce saint homme quoique sujet d'un Roy idolâtre, & transferé dans un pays où l'impieté étoit sur le Trône, n'en fut pas moins fidelle à Dieu, portant par tout avec soi sa Religion & son obéïssance aux Commandemens de Dieu. Son exercice ordinaire étoit de faire des aumônes à ses compatriotes détenus dans les prisons, & d'ensevelir les morts. On ne le vit jamais se prosterner devant les Veaux d'or que Jeroboam avoit érigez, puisqu'il ne connoissoit que le Dieu d'Israël, auquel il offroit regulierement les premiers fruits de ses recoltes. Il se maria à une femme de sa lignée nommée Anne, dont il eut un fils auquel il donna son nom & inspira ses sentimens, l'élevant dans la crainte de Dieu & dans l'abstinence du peché. Sa vertu lui merita les bonnes graces de Salmanazar, qui lui donnoit une entiere liberté d'aller où il lui plairoit; mais ce Prince étant venu à mourir, Sennacherib son successeur qui n'avoit pas pour Tobie les mêmes sentimens d'estime & de bienveillance, lui confisqua tous ses biens. Ce Roi impie ayant été tué peu de tems aprés, Tobie revenu dans sa maison, faisoit un festin à ses amis, lorsqu'ayant appris qu'on avoit égorgé un Israëlite sur le grand chemin, il quitta la table, prenant congé de ses amis pour enlever ce corps mort, & l'ensevelir sur le soir. Le saint homme mêloit toûjours ses larmes parmi les viandes qu'il ne mangeoit qu'avec crainte, ayant souvent dans la bouche ce passage du Prophete Amoz, qui prédisoit aux Israelites que leurs jours de festes seroient changez en des jours de tristesse. Il arriva un jour qu'étant las d'ensevelir les morts, & contraint de s'endormir appuyé sur un mur, la fiente d'une Hyrondelle tomba sur ses yeux & le rendit aveugle: mais ce fâcheux accident ne le rendit pas plus chagrin. Au contraire, bien loin de murmurer contre la Providence de Dieu, il blâmoit l'incredulité de ses parens qui lui reprochoient les esperances qu'il fondoit sur ses œuvres de misericorde.

Tobie 1. & 2. Chap.

TOBIE étant devenu aveugle, suportoit son affliction avec patience priant Dieu de luy pardonner ses fautes & de ne le point châtier pour les pechez de ses peres, qui étoient cause de leur captivité & de la ruine de leur Patrie. Il arriva pour lors que Sara fille de Raguel, qui avoit été mariée sept fois, ayant eu le malheur de voir tous ses maris mis à mort par le Demon, lors qu'ils estoient sur le point de consommer le mariage, adressa ses prieres à Dieu pour le supplier de la delivrer des reproches que ces accidens si étranges luy attiroient. Ce fut en ce même tems que Tobie ayant reiteré à son fils les instructions qu'il luy avoit donné tant de fois de vivre en homme de bien l'envoya chez Gabel habitant de Ragés Ville de Medie, pour luy demander dix talens qu'il luy avoit prêtez. Le jeune Tobie cherchant avant de se mettre en chemin, quelqu'un qui luy tint compagnie dans son voyage, trouva l'Ange Raphaël sous la forme d'un jeune homme. Joyeux d'avoir rencontré un si bon guide, il en donna avis à son pere & à sa mere, desquels ayant pris congé ils se mirent ensemble en chemin. Lors qu'ils furent arrivé prés la riviere du Tigre, Tobie se lavant les pieds sur le bord de ce fleuve fut sur le point d'être devoré par un poisson monstrueux; mais l'Ange Raphaël l'ayant fait revenir de la frayeur que le danger luy avoit causé, luy commanda de le prendre & de le tirer hors de l'eau, ce qu'ayant fait, il l'éventra pour en arracher le cœur, le foye & le fiel, suivant le conseil de Raphaël, qui luy enseigna que le cœur de ce poisson étant roty sur les charbons, avoit la vertu par sa fumée de chasser les Demons, & que son fiel étoit un remede souverain pour la santé & pour rendre la vûe à ceux dont les yeux en seroient frottés. Aprés avoir fait cette heureuse rencontre, Tobie ne sçachant en quel endroit ils iroient loger l'Ange luy enseigna la maison de Raguel son parent, dont il épouseroit la fille unique.

Tobie 3. 4. 5. & 6. Chap.

LE jeune Tobie accompagné de l'Ange Raphaël, alla loger chez Raguel son
oncle, qui les reçût à bras ouverts ; & ayant reconnu Tobie pour le fils de son
frere, il lui accorda sa fille en mariage, leur faisant donner la main l'un à l'autre en signe
de consentement mutuel, & il pria en même tems le Dieu d'Abraham, d'Isaac & de
Jacob, de répandre ses benedictions sur leur alliance. Aprés l'heure du soupé, Tobie
fut conduit à son épouse, & se souvenant de l'avertissement que Dieu lui avoit donné, il
mit sur les charbons ardens ce foye de poisson dont la fumée avoit la vertu de chasser les
démons ; ce qu'ayant fait, il se mit en prieres avec Sara trois nuits consecutives. Raphaël se saisit du démon qu'il enchaîna dans le fond des deserts de l'Egypte. L'Ange
Raphaël alla ensuite à Rages, à la priere de Tobie, où ayant reçû de Gabel dix talens
il l'amena avec luy aux nopces, apres la celebration desquelles Tobie retournant vers
son pere & sa mere à qui son absence causoit un chagrin mortel, changea bientôt leur
tristesse en une joye qui fut d'autant plus grande pour le bon vieillard Tobie, qu'ayant re-
couvert la vûë par le fiel du poisson dont son fils luy avoit frotté les yeux ; il eut la satisfaction de le voir de ses propres yeux, dont il avoit perdu l'usage depuis long-tems
Tobie ayant fait le recit à son pere de la fidelle compagnie, & des services considerables
que Raphaël luy avoit rendus pendant tous le cours de son voyage, ils concertoient
entr'eux de quelle maniere ils en useroient pour reconnoître dignement tous les bons
offices qu'il avoit receus de ce fidele guide ; mais Raphaël les tira bientoft de peine, leur
faisant connoiftre qu'il étoit un Ange que Dieu leur avoit envoyé pour leur salut, car
il disparut en un instant.

Tobie 7. 8. 9. 10. 11. & 12. Chap.

NABUCHODONOSOR Roi d'Aſſyrie, voulant ſe faire reconnoiſtre par les Iſraëlites pour leur Dieu, fit marcher contr'eux Holofernes à la teſte d'une puiſſante Armée, lequel aprés avoir pris & ſaccagé pluſieurs Villes, vint aſſieger Bethulie avec cent mille hommes de pied & vingt-deux mille chevaux. Les habitans de cette Ville ſe ſentant incapables, ſelon les forces humaines, de reſiſter à une telle puiſſance, eurent recours à l'aſſiſtance divine, qu'ils implorerent par leurs larmes & par leurs prieres. Holofernes ayant été reconnoiſtre la Place, & la trouvant forte par ſa ſituation, ne trouva point de meilleur expedient pour l'obliger à capituler, que de lui retrancher l'eau en coupant les canaux qui la portoit dans cette Ville. Ce ſtratagême ayant reduit la Ville à l'extremité, les habitans murmurerent hautement contre Ozias Gouverneur de la Place, lui reprochant que ſon opiniâtreté cauſeroit la ruine de leur patrie, & qu'il auroit été bien plus à propos de capituler d'abord avec les Aſſyriens, que de s'obſtiner à défendre une Place qui avoit à combattre la diſette avec les ennemis. Ozias émû par le murmure des habitans, les conjura les larmes aux yeux de vouloir tenir bon encore cinq jours, promettant que ſi dans ce temps-là Dieu ne leur envoyoit du ſecours, il conſentiroit à la reddition de la Place. Il y avoit pour lors à Bethulie une jeune veuve nommée Judith, auſſi chaſte que belle, laquelle ayant entendu la réſolution qu'Ozias avoit priſe de rendre la Place en ſi peu de temps, s'y oppoſa genereuſement; & aprés avoir communiqué aux plus notables bourgeois de la Ville le deſſein que Dieu lui avoit inſpiré pour la délivrance de ſa Patrie, elle ſe para de ſes plus beaux atours, & en cet état elle ſortit de la Ville accompagné ſeulement d'une Fille de Chambre, pour ſe rendre dans le Camp des Ennemis, où ayant obtenu d'Holofernes la permiſſion de lui parler, il fut ſi charmé de ſa beauté & de ſon éloquence, qu'il ne pût s'empêcher de lui témoigner l'amour qu'il avoit pour elle. Judith qui feignit de répondre à ſa paſſion, ayant été introduite la nuit dans la tente de ce General d'armée, que le vin qu'il avoit pris avec excez faiſoit dormir d'un profond ſommeil, elle penſa en elle-même que l'heureux moment qui devoit délivrer ſa Patrie étoit arrivé, & auſſi-toſt ayant prié le Seigneur de fortifier ſon cœur & ſon bras pour l'execution d'une entrepriſe la plus hardie qui puiſſe jamais tomber dans l'eſprit d'un homme; elle s'approcha du lit d'Holofernes & tira ſon glaive dont elle lui coupa la teſte, qu'elle donna à ſa ſervante pour la mettre dans un ſac. Elles ſortirent enſuite de la tente d'Holofernes, & ayant paſſé à travers le Champ ſans aucun obſtacle, elles entrerent dans Bethulie avec cette teſte, laquelle ayant été expoſée ſur les murailles de la Ville, les habitans ſuivant le conſeil de Judith, firent dés la pointe du jour une vigoureuſe ſortie ſur les Aſſyriens, qui ayant trouvé le corps de leur General ſans teſte, & nageant dans ſon ſang, leverent le Siege en deſordre, délivrant d'un grand peril la ville de Bethulie, qui remercia Dieu de la grace qu'il lui avoit faite de ſe ſervir d'une femme pour confondre l'orgueil des Puiſſances de la terre.

Judith 7. 8. 9. 10. 11. 12. & 13. Chap.

ESTHER niepce de Mardochée Juif de nation, étoit d'une beauté si accomplie, qu'entre toutes les filles qui furent presentées au Roy Assuerus il n'en trouva point qui luy plût davantage qu'elle. Ce Prince fut si épris de ses charmes qu'ayant repudié Vasthi son épouse, à cause de son orgueil insupportable, il voulut qu'Esther remplît sa place, la faisant couronner Reine de Perse, avec toute la pompe & la magnificence que demandoit une qualité si auguste. Lorsqu'Esther parvint à ce haut degré d'honneur, elle avoit eu assez de prudence, suivant l'avis de son oncle Mardochée Portier du Roy, pour ne pas declarer qu'elle étoit Juifve de nation. Or il arriva que Mardochée découvrit une conspiration que deux Eunuques de la Cour de Perse avoient formée contre la personne du Roy, qui en ayant été averty les fit mourir. Le Roy Assuerus avoit pour lors auprés de soy un Favori nommé Aman, qu'il avoit placé dans un si haut degré d'élevation que tout le monde fléchissoit le genoüil devant luy. Mardochée fut le seul qui ne pût se resoudre à cette lâche complaisance, ce qui alluma dans le cœur d'Aman une haine si violente contre luy, qu'ayant exposé au Roy mille calomnies contre les Juifs, il obtint par surprise un Edit de ce Prince, portant ordre exprés de faire mourir tous les Juifs qui se trouveroient dans son Royaume, & fit en même tems dresser un gibet pour Mardochée, lequel ayant été averti du malheur qui le menaçoit avec tous ses compatriotes, ils jeûnerent d'un commun accord, & prierent Dieu de détourner ce fleau de dessus leurs testes pendant que de son costé Esther secondée par les jeûnes & les larmes des Juifs, employoit tout son crédit pour appaiser la colere du Roy. Ses prieres eurent tout le succez qu'elle demandoit, & Dieu ayant permis que la verité fut reconnuë, Assuerus desabusé des fausses impressions qu'Aman luy avoit données au desavantage des Juifs tourna contre cet Imposteur toute la haine qu'il avoit conçuë contre la nation Juifve, le faisant pendre lui-même au gibet qu'il avoit fait preparer pour Mardochée.

Esther 2. & 3. Chap. & suivans.

LE plus illustre modele de patience que l'Ecriture nous ait proposé, c'est le Patriarche Job. Ce saint homme habitoit dans la Province de Hus, dont il étoit le plus homme de bien, & le plus considerable par ses richesses; il avoit sept fils & trois filles. Il contoit dans ses troupeaux sept mille brebis, trois mille chameaux, cinq cens couples de bœuf, & cinq cens ânesses, & sa famille étoit la plus nombreuse & la plus remarquable de tout l'Orient. Parmi cette grande affluence de biens, ses fils qui vivoient dans une parfaite union, se donnoient des festins chacun à son tour, où leurs sœurs étoient aussi invitées; mais le saint homme Job, craignant que leurs réjouïssances innocentes d'elles-mêmes n'eussent été souïllées par quelque dereglement, offroit à Dieu des sacrifices pour l'expiation des pechez que ses enfans pourroient avoir commis dans ces divertissemens. Jusques-là Job s'étoit vû dans une abondance de biens & dans une prosperité exempte de troubles & d'afflictions, lorsque Dieu voulant éprouver la patience de son serviteur, permit à Sathan d'attaquer de toutes parts sa fermeté. La premiere disgrace dont Dieu le visita, ce fut la mort de ses enfans qui furent tous accablez sous les ruines de sa maison, où ils faisoient festin ensemble, laquelle fut renversée tout à coup par une horrible tempête. La perte de tous ses biens suivit bientost aprés celle de ses enfans; car on lui vint annoncer qu'une troupe de voleurs Chaldéens lui avoient enlevé tous ses troupeaux. Ces malheurs furent accompagnez de plusieurs autres infortunes qui sembloient enchaînées les unes dans les autres, tant elles se suivoient de prés. Que fait ce grand serviteur de Dieu, se voyant privé de ses enfans, & tombé de l'affluence des biens dans une extrême pauvreté? Murmure-t-il contre la Providence de Dieu, qu'il avoit toûjours servi avec une fidelité inviolable: Bien loin d'avoir ces sentimens, il ne répond autre chose à ceux qui luy apportent ces funestes nouvelles, sinon que Dieu luy ayant donné des biens & des enfans, il a esté en son pouvoir de les luy oster. Mais ce n'est pas là que ses disgraces furent bornées, aprés avoir été affligé dans ses biens, il fut frappé dans sa propre personne d'une maladie qui ne fit qu'un ulcere de tout son corps, & reduit à se coucher parmi les ordures d'un fumier, où pour comble d'affliction & de douleur, il étoit chargé d'injures par sa femme, & moqué par trois de ses amis qui le vinrent visiter en cet estat déplorable. Mais sa patience heroïque éclata jusqu'à la fin, ses maux luy servant de sa matiere à mediter sans cesse sur la grandeur de Dieu, & sur le néant de l'homme. Enfin Dieu se lassant pour ainsi dire, de voir que son serviteur Job ne se lassoit point de souffrir, l'en recompensa liberalement, luy redonnant la santé luy rendant au double les biens qui luy avoient été ravis, & luy donnant sept fils, & trois filles, autant qu'il en avoit perdu.

Job 1. & 2. Chap. & suivans.

NABUCHODONOSOR Roy de Babylone, enflé de fes Victoires continuelles,
pouffa l'orgueil & l'impieté jufqu'à un tel excés, que voulant paffer pour
Dieu même, il fe fit ériger au milieu de la plaine de Dura, dans la Province de Babylone, une Statuë haute de 60. coudées & large de fix, laquelle il voulut que tous
fes Sujets adoraffent, fur peine d'être jettez dans une fournaife ardente. Tout le Peuple ayant obeï à ce commandement impie, excepté trois jeunes hommes Juifs de nation,
nommez Sidrach, Mifach & Abdenago, qui refuferent de rendre à cette Statuë ce
qui n'etoit dû qu'à Dieu, ils furent à l'inftant dénoncez à Nabucodonofor, lequel irrité
de ce refus les fit jetter vifs dans les flammes de la fournaife, qui réjaillifant fur les
Boureaux, les confumerent, pendant que ces trois jeunes Ifraëlites n'en fouffrirent
aucun mal. Car un Ange defcendu du Ciel dans la fournaife, en fit fortir la flamme
qu'il écarta par un foufle, rendant le milieu de cette fournaife femblable au foufle
d'un doux Zephire, en forte qu'ils étoient au milieu d'un grand feu fans en reffentir les
atteintes, & qu'ils avoient la liberté de chanter un beau Cantiquë pour remercier Dieu
de les avoir préfervez de la violence de cet élement. Nabuchodonofor qui avoit été lui-
même témoin de ce miracle, ayant ordonné qu'on les retirât de la fournaife, leur fit de
grands honneurs, & leur donna un rang confiderable dans fon Royaume.

Daniel 3. Chap.

BALTHASAR devenu Roy de Babilone par la mort de Nabuchodonosor son
pere, fut l'heritier de son orgueil, ainsi que de sa Couronne. Il se revolta contre
Dieu, ne se souvenant plus de la punition étrange dont son pere avoit été chastié, pour
avoir osé, se faire adorer. Il se plaisoit à faire des débauches impies; de telle sorte qu'un
jour ce Prince ayant invité tous les grands de sa Cour à un magnifique festin, il se fit
apporter à table tous les vases d'or que son pere avoit fait emporter du Temple de
Jerusalem; & par un mépris injurieux à Dieu, il but dans ces vases sacrez, obligeant
tous les conviez & ses concubines d'en faire de mesme, à l'honneur de leurs fausses
Divinitez. Apeine Balthasar eut-il souillé par un usage prophane ce qui avoit été
consacré au culte de Dieu, qu'il apperçût sur le mur de la Salle une main qui écrivoit ces
trois mots, MANE', THECEL, PHARES. Ce Spectacle étonnant mit une telle frayeur
dans l'ame de Balthasar, qu'ayant fait appeller les Magiciens, qui s'efforcerent en vain
de luy expliquer le sens de ces paroles, quelque recompense qu'il leur promît, Daniel Juif
de nation que ce Prince fit venir ensuite par le conseil de la Reine, s'offrit de luy en faire
l'explication. Il luy remontra d'abord qu'ayant vû Nabuchodonosor son pere reduit à la
pâture des herbes comme les brutes, en punition de son orgueil, il n'avoit pas profité de
cét exemple; mais qu'au contraire il s'étoit déclaré ennemy juré de Dieu par la prophanation
des choses les plus saintes; qu'au reste ces trois mots écrits sur le mur par une main celeste,
contenoient la Sentence que Dieu avoit prononcée, par laquelle il étoit condamné à perdre
le Royaume & la vie, ce qui arriva aussi-tôt: car ce Prince impie ayant été tué cette nuit-
là mesme, Darius Roy de Perse s'empara de son Royaume.

Daniel 5. Chap.

PENDANT que les Iuifs étoient sous la servitude de Babylone, il y eut entreeux un homme considerable par sa noblesse & par ses richesses, nommé Ioachim, lequel ayant épousé une fille de sa nation, nommée Susanne, fille d'Helcias, aussi vertueuse que belle, deux anciens Iuges de la Ville qui la virent dans un jardin appartenant à son mary, furent si tourmentez de l'amour impudique, à la vue de cette jeune femme, que s'étant fait l'un à l'autre une confidence de leur passion honteuse, ils resolurent ensemble de s'enfermer dans le jardin pour y surprendre Susanne. Cette femme étant venue à son ordinaire prendre le bain, & ayant renvoyé ses servantes au logis pour lui apporter des huiles de senteurs & des parfums, les deux vieillards qui la virent seule, se servirent de cette occasion, pour l'obliger à consentir à leur impudicité, la menaçant que, si elle refusoit d'y satisfaire, ils l'accuseroient de l'avoir surprise en adultere avec un jeune homme. Cette chaste beauté leur ayant répondu avec une fermeté inébranlable, qu'elle craignoit moins leurs calomnies que les Iugemens de Dieu, demanda à haute voix du secours contre la violence des vieillards, qui s'écrians aussi de leur costé, ouvrirent la porte à ses serviteurs, qui étoient accourus à ce bruit. Ces infames vieillards leur ayant fait entendre faussement, qu'ils avoient trouvé Susanne en adulterre, ces serviteurs furent bien-tost étonnez de voir leur maistresse qui passoit pour un modelle de chasteté, accusée d'un crime si honteux par des Iuges mesmes.

Daniel 13. Chap.

CES deux infames viellards persistant dans la fausse accusation qu'ils avoient intentée contre la chaste Susanne, la menerent devant le Tribunal de la justice; où ayant fait decouvrir le visage de l'accusée pour lui donner la confusion d'être reconnuë de tout l'Assemblée, & se rassasier ainsi du moins de sa beauté en la voïant, ils quitterent pour un tems la qualité de Juges pour se rendre faux témoins contre cette femme innocente, luy soûtenant à la face des Juges & de tout le Peuple, que s'étans retirez dans un jardin à l'écart, ils l'avoient vûë entrer dans ce lieu avec ses servantes qu'elle envoya au logis pour avoir la liberté d'entretenir un commerce infâme avec un jeune homme, lequel étant sorty d'un endroit, où il s'étoit caché pour venir joindre Susanne, ils les avoient tous deux surpris en adultere, & que le jeune homme s'étant échappé de leurs mains, leur avoit abandonné Susanne pour recevoir la punition dûë à son crime. Le Peuple ajoûtant foy à cette noire calomnie, l'innocente Susanne qui se vit injustement condamnée à la mort, leva les yeux au Ciel prenant Dieu à témoin de son innocence. On conduisoit déja au suplice cette victime de l'impureté de deux infâmes veillards, lorsque Daniel envoyé de Dieu pour faire connoître la verité, ayant obtenu du peuple que l'execution de ce Jugement fut differée jusqu'à ce que l'affaire eut été examinée avec plus de circonspection, il interrogea separement les deux viellards, lesquels se contredisans dans leurs dépositions, & parce moyen étant convaincus d'avoir rendu un faux témoignage contre la chasteté de Susanne, ils furent condamnez à estre lapidez, & Susanne declarée innocente, le peuple admirant la conduite de Dieu qui s'étoit servy de la sagesse de Daniel pour la delivrer de cette calomnie.

Daniel 13. Chap.

LA fameufe Ville de Ninive étoit fi remplie d'abominations, & les crimes énormes de fes habitans s'étoient multipliez en fi grand nombre, que Dieu avoit refolu de la détruire, fi elle n'obéiffoit à la voix du Prophete Ionas, à qui Dieu commanda de leur aller prefcher la Penitence. Or Ionas à qui l'execution de ce commandement patoiffoit difficile, voulant s'en difpenfer, s'enfuit à Iaffa à deffein de s'y embarquer pour fe rendre à Tharfe Ville de Cilicie. Mais à peine le Navire voguoit en pleine mer, qu'une tempefte horrible étant furvenuë tout à coup, les Matelots allarmez du peril qui les menaçoit, ayant en vain invoqué leurs Dieux pour appaifer l'orage, furent contraints de jetter en mer la plus grande partie de la charge du Navire pour le fauver du naufrage. Ces précautions ayant efté inutiles, & la tempefte continuant avec la mefme violence, le Pilote qui fçavoit que Ionas étant ferviteur du Dieu d'Ifrael, pourroit faire ceffer la tempefte par fes prieres, alla éveiller ce Prophete qui dormoit d'un profond fommeil, pour le fupplier de faire calmer les flots de la mer par fes prieres.

Jonas 1. Chap.

LES Matelots du Navire où Jonas s'étoit embarqué, voyant que la tempeste continuoit avec la même violence, & que toute leur industrie ne pouvoit le garantir du naufrage, s'aviserent de consulter le hazard pour sçavoir lequel de tous ceux qui étoient dans le Navire leur attiroit cette disgrace. Ils tirerent donc au sort, lequel étant tombé sur Jonas, ils le conjurerent de leur apprendre la cause de ce malheur, & de leur declarer ce qu'il avoit fait, sa patrie, & le sujet de son embarquement. Jonas leur ayant avoüé qu'il étoit Israëlite, & qu'il adoroit le Dieu du Ciel qui avoit créé la Terre & la Mer; les Matelots saisis de crainte de voir la Mer se grossir de plus en plus, imputerent la cause de ce danger à ce Prophete, auquel ayant demandé ce qu'il vouloit qu'ils fissent de sa personne, puisque leur salut dépendoit de sa perte, & qu'il n'y avoit point d'autre moyen de les délivrer de la tempeste, il leur conseilla de le jetter dans la Mer, leur confessant que c'étoit lui seul qui attiroit sur eux ce desastre. En même tems les Mariniers ayant prié Dieu de ne leur point imputer la mort de ce Prophete, & de détourner de dessus leurs testes le danger qui les menaçoit, à cause de Jonas, le prirent & le jetterent dans la Mer, qui s'étant aussi-tôt appaisée, ils en rendirent graces à Dieu par des sacrifices & des vœux qu'ils lui offrirent.

Jonas i. Chap.

JONAS ne fut pas plûtôt jetté hors du Navire, qu'il fut englouti par une Baleine, qui le garda dans fon ventre trois jours & trois nuits. Cependant tout enfermé qu'il étoit dans cette prifon animée, il adreffa fes prieres & fes larmes à Dieu, en ces termes; J'ai élevé ma voix au Seigneur dans le plus fort de mon affliction, & il m'a exaucé: J'ai crié du fond des abîmes de l'Enfer, ô mon Dieu! & vous avez entendu ma voix. Vous m'avez plongé dans les gouffres les plus profonds de la mer, & fes flots m'ont environné de toutes parts. Les eaux m'ont prefque fuffoqué, un abîme profond m'a englouti, & j'ai été fubmergé dans les eaux de la mer. Mon ame toute accablée qu'elle eft de douleur & d'ennui, n'a pas perdu la memoire de fon Dieu. Elle a élevé fes penfées jufqu'à vous, Seigneur, & elle a porté fes vœux jufqu'à vos pieds dans vôtre faint Temple. Ceux qui fondent leur efperance fur les vanitez du monde, n'ont point recours à votre mifericorde; mais moi qui ai mis toute ma confiance en vous, je vous ferai un Sacrifice de loüanges, & je m'acquiterai envers vous du vœu que je vous ai fait pour ma délivrance. A peine Jonas eut achevé cette priere ardente que Dieu l'exauça, commandant à la Baleine de vomir Jonas hors de fes entrailles, & de le jetter fur le rivage de la mer.

Jonas 2. Chap.

JONAS étant sorti heureusement du ventre de la Baleine , Dieu lui commanda
pour la seconde fois d'aller à la grande Ville de Ninive , pour annoncer à ses habitans les paroles qu'il lui mettroit dans la bouche; Jonas plus obéïssant à ce second
commandement qu'au premier , ne balança pas à accepter sa Mission. Ninive étoit
une Ville si grande & si spacieuse, qu'il falloit trois journées entieres pour la traver-
ser. Jonas ayant donc marché tout un jour dans cette Ville , se mit à crier à haute
voix de place en place ; & de ruë en ruë : Que la misericorde de Dieu accordoit encore quarante jours aux Ninivites, & que ce terme expiré , leur Ville seroit entierement détruite. Il leur apprit ensuite que leurs crimes étoient arrivez à un tel excez
d'énormité, que Dieu les puniroit infailliblement par la ruine entiere de cette Ville,
si dans le tems qui leur étoit prescrit ils n'appaisoient sa colere par la penitence. La
Predication de Jonas eut tout le succez qu'il en pouvoit attendre , & les Ninivites
reconnoissans la voix de Dieu dans celle de Jonas , furent touchez d'une si vive douleur de leurs pechez, qu'ils ordonnerent un jeûne universel , & s'étans revêtus depuis
le plus grand jusqu'au plus petit d'habits convenables à l'état de la penitence , ils la
firent avec toute la sincerité & toute la douleur possible d'avoir irrité cont'reux la
colere de Dieu , qui estoit toute preste à les accabler.

Jonas 3. Chap.

JONAS s'étant acquité de sa Miſſion aux Ninivites, avec tout le fruit que le zele de ſa Predication demandoit. Ce grand Peuple touché d'un veritable repentir, embraſſa d'une commune voix le parti de la penitence, ſe ſoumettant ſans exception aux auſteritez qu'ils s'impoſerent eux-mêmes pour appaiſer la colere de Dieu. Ils firent donc publier un jeûne univerſel qu'ils obſerverent, ſe dépoüillant de leurs habits pompeux pour ſe revêtir d'un ſac depuis le plus grand juſqu'au plus petit, mortifiant leurs corps, pendant que leur ame étoit penetrée d'un veritable regret d'avoir offenſé Dieu. La voix tonante de Jonas ayant retenti juſques dans le Palais du Roy de Ninive, ce Prince quitta ſon Trône & ſes habits Royaux pour ſe revêtir d'un ſac, & s'aſſeoir dans la cendre, & ſe rangea comme le moindre de ſes Sujets ſous le joug de la penitence. Il pouſſa encore plus loin ſon zele & ſa ferveur, il voulut que cette obligation de ſatisfaire à la juſtice de Dieu s'étendit juſques ſur les beſtes, & qu'on leur refuſât la pâture, afin de les obliger à confondre leurs hurlemens avec les cris des hommes, pour deſarmer la colere de Dieu, pour qui ce Spectacle eut tant de charmes, qu'il changea la reſolution de les détruire, en celle de leur pardonner.

Jonas 3. Chap.

Pendant que les Ninivites se réjoüissoient d'avoir fléchi la colere de Dieu par leur mortification, Jonas en étoit extremement affligé, disant qu'il avoit toûjours bien crû que Dieu se laisseroit toucher de compassion par les larmes de ce Peuple, & que c'étoit la seule raison pour laquelle il avoit refusé la premiere sois d'aller à Ninive : C'est pourquoi, Seigneur, dit ce Prophete, il m'est bien plus avantageux de mourir que de vivre, pour m'épargner le déplaisir de voir qu'un Peuple si coupable soit échapé à votre vengeance. Mais Dieu ayant fait connoître à Jonas, qu'il n'approuvoit pas sa haine contre une Ville penitente, ce Prophete en sortit pour se retirer aux environs dans un endroit situé à l'Orient, afin d'observer de là ce qui arriveroit dans la suite du tems aux Ninivites. Dieu voulant adoucir le chagrin de ce Prophete, fit croître à l'entour de lui un Lierre, qui le mettoit à couvert des ardeurs du Soleil, dont le Prophete ressentit une joye qui ne dura pas long-tems; car dés le lendemain cette plante sut rongée par un ver, dont la piqueure fit renaistre la tristesse dans l'ame du Prophete, en faisant mourir le Lierre. Le Seigneur prit de là occasion de lui remontrer, que s'il s'affligeoit pour la perte d'un Lierre qui étoit de peu de consequence, à plus forte raison Dieu devoit-il épargner une grande Ville, où il y avoit plus de six vingt mille penitens, sans compter les animaux mêmes, qui avoient pour ainsi dire partagé cette penitence avec les hommes.

Jonas 4. Chap.

ANTIOCHUS Roy de Syrie surnommé l'Illustre, ayant entrepris la guerre contre les Juifs, prit d'assaut la ville de Jerusalem & la pilla, sans épargner même le temple de Dieu, dont il prophana l'Autel par une Idole qu'il y plaça dans le dessein d'abolir la Religion des Juif, dont il fit brûler les Livres. Mathatias enflammé d'un saint zele pour la défense de la Loy de Moyse, ayant abandonné la ville de Jerusalem pour établir sa demeure sur la montagne de Modin, ne pût souffrir l'injure que ce Prince impie faisoit à la Religion. Ce serviteur de Dieu avoit cinq fils, nommez Jean, Simeon, Judas Machabée, Eleazar & Jonathas, qui secondant ses intentions, attirerent par leur exemple un grand nombre de Juifs qui se rangerent sous sa conduite, ne demandans qu'un semblable chef pour s'opposer à la tyrannie d'Antiochus. Ce grand homme étant venu à mourir, Judas Machabée fut choisy en sa place, comme le plus capable de la remplir. Il fit bien paroistre que le choix qu'on avoit fait de sa personne estoit judicieux, il gagna autant de victoires qu'il donna de combats aux Ennemis, estant toûjours des premiers à l'attaque & des derniers à la retraite. Il batit en plusieurs rencontres Gorgias & Lysias, qu'Antiochus envoyoit contre luy avec des Armées nombreuses. Dans toutes ses entreprises, il n'avoit point d'autre but que la gloire de Dieu. En effet ayant repris la ville de Jerusalem sur les Syriens, il y rétablit les ceremonies de l'ancienne Loy, faisant ériger un Autel nouveau, & environna de fortes murailles la montagne de Sion qu'il fortifia d'une bonne garnison. Il ne fut pas seulement la terreur des Syriens, mais encore de toutes les autres nations voisines de la Iudée, sur lesquelles il remporta des Victoires considerables; de telle sorte que les Iuifs le regardoient comme le Restaurateur de l'ancienne gloire de leur nation.

1. Des Machabées 1. 2. 3. 4. & 5. Chap. & suivans.

NOUS avons dit qu'Antiochus l'Illustre s'étant rendu maître de Jerusalem, avoit employé tous ses efforts pour y établir l'Idolâtrie en la place du culte de Dieu. La fermeté avec laquelle les Juifs perseveroient dans la Loy de leurs Peres, ne servant qu'à allumer davantage la colere de ce Prince barbare, il n'y a rien qu'il ne mît en usage pour exterminer ce Peuple fidelle à son Dieu, les faisant massacrer inhumainement, & vendre leurs femmes & leurs enfans à l'encan. Le saint vieillard Eleazar fut un de ceux qui signalerent leur constance dans les tourmens qu'on leur faisoit souffrir pour la Religion. Mais sur tout la fermeté inébranlable de sept freres encouragez par leur mere, à souffrir constamment un cruel martyre, se fit admirer en cette occasion. Les Boureaux commençans cette horrible execution par l'aîné, le batirent cruellement à coups de verges, & aprés lui avoir arraché la peau de la teste, lui couperent les mains & les pieds, & le jetterent ensuite dans une chaudiere pleine d'huile boüillante, en presence de sa mere & de ses freres, lesquels ayans esté martirisez l'un aprés l'autre à la vûë de cette heroïne qui les animoit à la patience, sans que la tendresse maternelle pût arracher de ses yeux une seule larme, elle termina ce cruel martyre, se presentant à son tour avec une joye incroyable, pour souffrir en elle-même ce qu'elle avoit déja souffert tant de fois dans ses enfans.

2. Des Machabées 6. & 7. Chap.

DESCRIPTION DU TEMPLE

De Salomon, fans Toit, avec fon Porche, felon fa forme interieure.
3. *Des Rois Chap.* 6.

A. B.	La longueur de foixante coudées.
A. C.	La largeur de vingt.
D. E.	La hauteur de trente.
F. G.	Le Portique qui eftoit devant le Temple, long de vingt coudées, & large de dix.
H.	Les feneftres larges en dehors, & étroites en dedans.
I. K. L.	Trois Chambres ou Cabinets, dont la plus baffe avoit cinq coudées de large, celle du milieu fix, la plus haute fept, chacune ayant cinq coudées de hauteur.
M. N. O.	Retraites dans la muraille du Temple, fur lefquelles les extremitez des poutres étoient appuyées.
P.	L'efcalier.
Q.	Le Sanctuaire ou Oratoire, long de vingt coudées fur une largeur égale, haut de vingt, feulement en ce qui eftoit couvert d'or, les autres dix coudées étant couvertes d'or & de pierres precieufes.
R.	Le temple ou lieu Saint qui étoit devant l'entrée de l'Oratoire, long de quarante coudées.
S.	L'Arche d'Alliance.
T.	Deux Cherubins de dix coudées de haut.
V.	Deux petites portes à l'entrée de l'Oratoire.
X.	Le Voile qui fepare le lieu Saint d'avec le Sanctuaire. 1. *des Paralipomenes.* 3. 14. *Matth.* 27. 51.
Y.	Le lieu où étoit la porte du Temple, que le Graveur n'a pas reprefenté pour ne pas nuire à d'autres reprefentations.
Z.	Dix Chandeliers, cinq du côté droit & cinq du côté gauche. *des Paralipomenes.* 4. 7.
A. A.	Dix Tables.
B. B.	L'Autel des Parfums.

OCCIDENS
MANASSES
GERSON
EPHRAIM
DAN
SIMEON
ASER
SEPTENTRIO
MERIDIES
RVBEN
NEPHTHALI
G
B
F
A
MOYSE
ZABVLON
ISSACHAR
IVDA
ORIENS

DISPOSITION DU CAMP ET TENTES

des Ifraelites, à l'entour du Parvis, felon l'ordre de leurs Generations, dans les quarante années qu'ils ont efté dans ledefert. *Nomb. Chap.* 2.

Le Parvis, le Tabernacle, avec le lieu où fe faifoient les Offrandes & les Sacrifices. *Exode Chap.* 25.

A. B. La longueur du Parvis étoit de cent coudées.

A. D. La largeur du Parvis eftoit de cinquante coudées.

E. F. Courtines qui entouroient le Parvis.

G. Porte & entrée du Parvis, où les Sacrificateurs recevoient du Peuple d'Ifraël, les Animaux & les Offrandes deftinées pour les Sacrifices.

L'IMPRIMEUR AU LECTEUR.

L'Ecriture Sainte estant la principale source où nous devons puiser l'esprit de la Religion, j'ay crû que le public, & particulierement ceux qui aspirent à la perfection Chrestienne, me sçauroient bon gré de cette nouvelle édition que je leur donne des Figures de la Bible, avec leurs explications mises dans un langage, qui pour estre plus poly que celui des éditions precedentes, n'en exprime pas moins fidelement le veritable sens de l'Ecriture. Et comme la conjoncture du temps demandoit que ce Livre fust imprimé de nouveau, & d'un stile plus coulant, en faveur des nouveaux Convertis, j'espere que mon entteprise leur sera d'autant plus agreable, qu'ils y trouveront de quoy augmenter leur fermeté dans la croyance de l'Eglise Catholique, & fomenter dans leurs cœurs la piete Chrétienne. Au reste pour lever toute sorte de scrupule dans l'esprit du Lecteur, j'ay fait examiner cet ouvrage par des Docteurs en Theologie qui n'y ont rien trouvé que de conforme au Texte sacré, & trés-propre pour l'instruction du Chrestien. C'est, amy lecteur, le dessein que je me suis proposé dans cette derniere édition, suppliant la bonté Divine de te rendre la lecture de cet Ouvrage aussi utile que je l'espere. *ADIEU.*

APPROBATIONS.

NOUS soussignés Docteurs en la Faculté de Theologie de Paris, de la Maison & Societé de Sorbonne: Certifions avoir vû ce present Livre intitulé: *Les Figures des Histoires de la Sainte Bible, &c.* & n'y avoir rien trouvé qui soit contraire à la Foy & Doctrine de l'Eglise Catholique, Apostolique & Romaine, ny aux bonnes mœurs. Fait en Sorbonne en études, le neuviéme jour de May mil six cens trente-trois.

I. JULIEN.   H. PARENT.

NOUS soussignez Docteurs en Theologie de la Sacré Faculté de Paris, aprés avoir lû exactement ces Discours sur les Figures de la Bible, assurons n'y avoir rien trouvé qui ne soit conforme au Texte de ce Divin Livre. Fait à Paris le dixiéme jour d'Aoust mil six cens quatre-vingt-six

COURCIER, Theologal de Paris.   BIORD.

J'Ay lû par l'ordre de Monseigneur le Garde des Sceaux, un Livre imprimé qui a pour titre: *Figures des Histoires de la sainte Bible, &c.* Aprés les corrections qui y ont esté faites, je l'ay trouvé conforme au texte de la vulgate, & je n'y ai rien remarqué qui soit contraire à la Foy, & aux bonnes mœurs. C'est pourquoi j'estime qu'on en peut permettre une nouvelle édition, & que les Fideles en pourront faire un saint usage de l'avis des Superieurs Ecclesiastiques, & de leurs Directeurs Spirituels. Donné en Sorbonne ce seize Juillet mil sept cens vingt-trois.

A. LEMOINE, Docteur de la Maison & Societé de
Sorbonne, & Chanoine de S. Benoist.

TABLE DES FIGURES

HISTORIQUES DE L'ANCIEN TESTAMENT.

F I N.

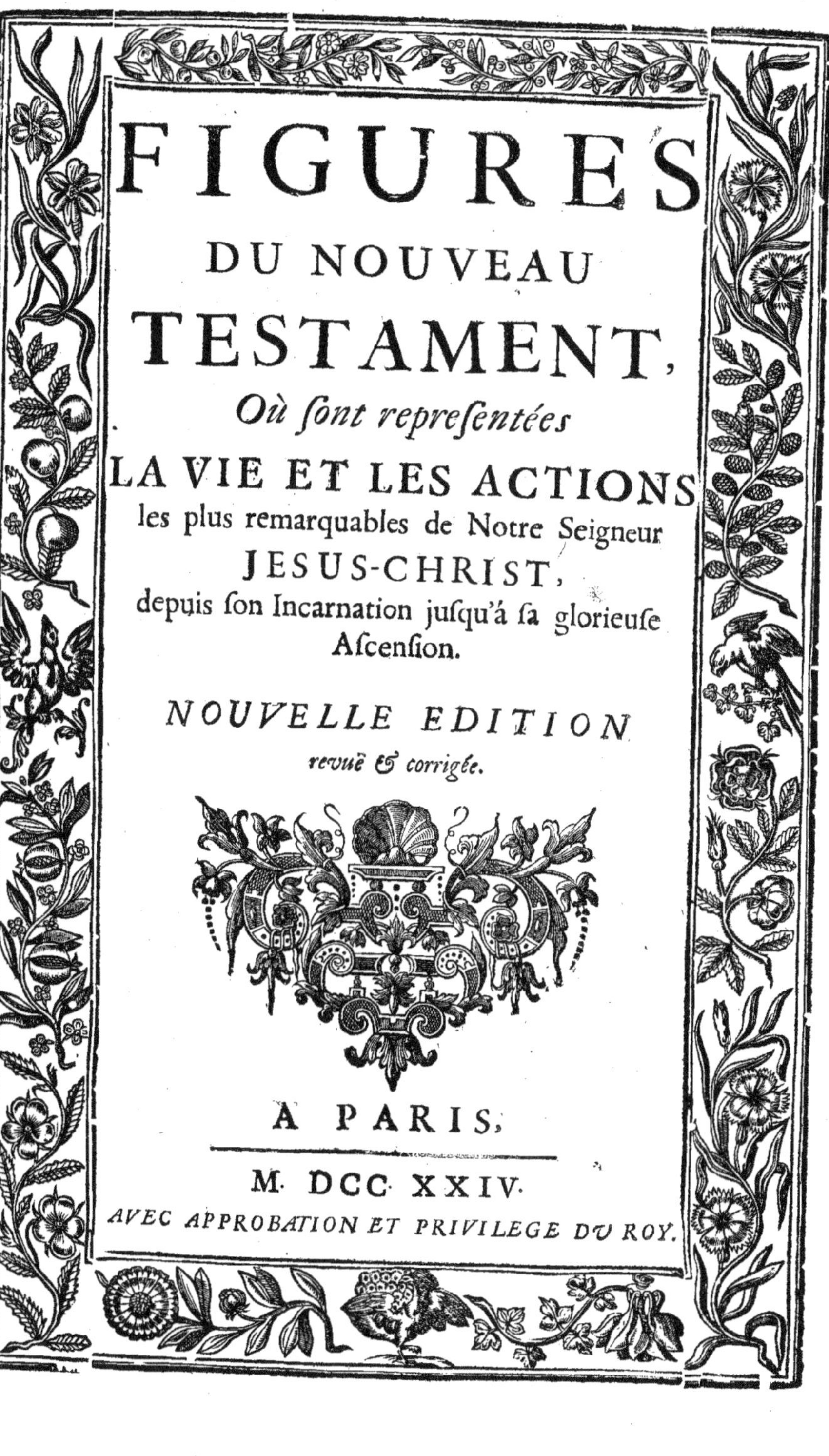

FIGURES

DU NOUVEAU

TESTAMENT,

Où sont representées

LA VIE ET LES ACTIONS

les plus remarquables de Notre Seigneur

JESUS-CHRIST,

depuis son Incarnation jusqu'á sa glorieuse
Ascension.

NOUVELLE EDITION

revuë & corrigée.

A PARIS,

M. DCC. XXIV.

AVEC APPROBATION ET PRIVILEGE DU ROY.

LA Vie de N. S. Jefus-Chrift étant toute miraculeufe, & telle que le Monde n'en a jamais vû & n'en verra jamais de femblable, puifqu'il eft le feul qui affemble en fa perfonne deux natures, la Divine & l'humaine, il s'eft trouvé dans le commencement du Chriftianifme un grand nombre d'Auteurs qui ont entrepris d'en compofer l'Hiftoire. Mais de tous ces Hiftoriens l'Eglife n'en a refervé que quatre, qu'elle a honorez de la qualité d'Evangeliftes, comme ceux qui ont été, pour ainfi dire, les Secretaires de la Divinité, n'ayant rien écrit dans leur Evangile qui ne leur ait été dicté par le S. Efprit même. Le premier de tous les Evangeliftes eft S. Matthieu, qui étoit Banquier avant que d'être appellé à l'Apoftolat. Il fut furnommé Levi, & il a écrit l'Evangile en Langue Hebraïque, en faveur des Juifs qui avoient embraffé le Chriftianifme. Nous donnons la feconde place entre les Evangeliftes à S. Marc, Difciple de S. Pierre, lequel a compofé en Grec l'Evangile, fuivant qu'il l'avoit appris de fon Maître. S. Luc le troifiéme Evangelifte, Medecin & Difciple de l'Apôtre S. Paul, a pareillement écrit l'Evangile en Langue Greque, dans l'Achaye & dans la Bithynie, comme il l'avoit appris des Apôtres. Enfin le quatriéme & le plus illuftre de tous, eft S. Jean, qui eut auffi la qualité d'Apôtre, & l'on peut dire que fon Evangile furpaffe les autres, puifqu'il en avoit puifé les fecrets dans le fein de Jefus-Chrift même qui l'aimoit tendrement. Il écrivit l'Evangile en grec, à la priere des Evêques d'Afie & de plufieurs Eglifes. Le Prophéte Ezechiel fait mention de ces quatre Evangeliftes dans fes Predictions, & il nous les a dépeints fous la figure d'un Homme, d'un Lion, d'un Bœuf & d'un Aigle. L'Homme eft le Hierogliphe de S. Matthieu, le Lion eft attribué à S. Marc, le Bœuf eft le fymbole de S. Luc, & l'Aigle celui de S. Jean, lequel dans fon Apocalypfe confirme cette comparaifon des quatre Evangeliftes à ces quatre animaux, lorfqu'après avoir parlé des vingt-quatre Vieillards qui adoroient l'Agneau de Dieu, des foudres & des fept Efprits errans de toutes parts, il nous reprefente ces quatre animaux remplis d'yeux; ce qui nous fait affez connoître que nous ne devons admettre que 4. Evangeliftes, conformement à l'autorité de l'Eglife qui en a déterminé le nombre. *S. Hierôme en la Preface fur S. Matthieu.*

LORSQUE le tems marqué de toute éternité pour l'Incarnation du Verbe fut arrivé, la quarante-deuxiéme année du Regne de l'Empereur Auguſte, pendant que tout étoit calme dans le Monde ; Dieu voulant donner ſa paix aux hommes, envoya l'Ange Gabriel dans la Ville de Nazareth en Galilée, à une Vierge nommée Marie, épouſe de Joſeph, deſcenduë de la Famille Royale de David, & lorſque l'Ange fut entré dans le lieu où elle étoit, il lui dit : O ! Vierge pleine de graces, je vous ſaluë, le Seigneur eſt avec vous, vous eſtes benie par deſſus toutes les femmes. Ces paroles prononcées par l'Ange jetterent le trouble dans l'ame de Marie, & elle ſongeoit en elle-même d'où pouvoit venir cette ſalutation. Mais l'Ange pour la délivrer de l'inquiétude où elle étoit : Ne craignez point, Marie, lui dit-il ; car vous avez trouvé grace devant Dieu, vous concevrez dans vos entrailles, & vous enfanterez un fils que vous nommerez JESUS, & il ſera appellé le Fils du Trés-haut, & Dieu le fera monter ſur le Trône de David ſon Pere pour y regner éternellement. Marie ayant demandé à l'Ange de quelle maniere ſe pourroit faire ce qu'il lui annonçoit, le Saint-Eſprit, lui dit-il, operera en vous, & la vertu ſuprême du Trés-haut vous couvrira de ſon ombre. Votre couſine Eliſabeth, quoique fort avancée en âge, n'a pas laiſſé de concevoir ; car rien n'eſt impoſſible à Dieu. Alors Marie entierement ſoumiſe à la volonté de Dieu, dit à l'Ange : Je ſuis la trés-humble Servante du Seigneur, que vos paroles ſoient accomplies en moi, & quand elle eut parlé de la ſorte, l'Ange s'en alla.

S. Luc, Chap. 1.

EN ce tems-là, Marie partit de Nazareth pour aller dans une Ville des Montagnes de la Judée, où étant arrivée, elle alla dans la Maison de Zacharie saluer Elisabeth sa cousine, qui n'eut pas plutôt reçû la salutation de Marie, que l'Enfant dont elle étoit enceinte ayant sauté dans ses entrailles, cette femme remplie du Saint-Esprit, s'écria à haute voix : Vous êtes benie entre toutes les femmes, & le fruit de votre ventre est beni. D'où me vient ce bonheur que la Mere de mon Dieu daigne me venir voir ? Du moment que vous m'avez fait l'honneur de me saluer, l'Enfant que je porte dans mon ventre en a tressailli de joye. O ! que celle qui a eu de la foi est heureuse, puisque toutes les choses que le Seigneur lui a annoncées, seront accomplies en elle. A quoi Marie répondit aussi-tôt : Mon ame donne des loüanges au Seigneur, & j'ai mis toute ma joye en Dieu qui est mon Sauveur. Or Marie ayant séjourné environ trois mois chez sa cousine, elle s'en retourna dans sa demeure. Elizabeth ensuite enfanta un fils, dont la naissance fut la joye de ses parens, parce que Dieu avoit fait éclater sa misericorde dans cette femme. L'Enfant ayant été circoncis, ses parens lui vouloient imposer le nom de Zacharie, qui étoit celui de son Pere ; mais Zacharie ayant écrit son nom, le nomma Jean. Il recouvra aussi-tôt la parole que Dieu lui avoit ôtée auparavant en punition de son incredulité.

S. Luc, Chap. 1.

TOUT le Monde étant dans une profonde paix, Cesar Auguste Empereur des Romains fit publier un Edit, par lequel il fut ordonné que chacun feroit enregistrer son nom dans sa Ville natale. Joseph obéissant comme les autres à cet Edit, quitta la Ville de Nazareth pour se rendre avec Marie son Epouse à Bethléem, lieu natal de la Famille Royale de David, dont il étoit descendu. C'est ainsi que Dieu les conduisit dans le lieu où Notre Sauveur Jesus-Christ devoit naistre, suivant la Prophetie de Michée. Joseph & Marie ayant trouvé tous les logemens occupez à leur arrivée à Bethléem, à cause de l'affluence du Peuple qui s'y rendoit de toutes parts, furent réduits à se loger dans une étable, où Marie enfanta son Fils JESUS, qu'elle coucha dans une créche, après l'avoir envelopé de linges & de bandelettes, le mieux qu'il lui fut possible. Tout conspiroit à rendre la Naissance de Jesus-Christ digne de compassion, la pauvreté de sa Mere, la rigueur de l'Edit du Prince, dont nul ne se pouvoit dispenser, & l'inclemence de la Saison, jointe à l'incommodité du lieu où ils furent obligez de se retirer. Mais ce n'étoit pas sans un ordre exprés de la Providence de Dieu, que toutes ces difficultez concoururent à cette divine Naissance, puisque Dieu nous vouloit apprendre par là que la principale gloire du Chrétien consiste dans la pauvreté & dans l'abaissement.

S. Luc, Chap. 2.

AU milieu de la nuit, lorsque les Pasteurs d'alentour de Bethléem veil-
loient à la garde de leurs Troupeaux, un Ange leur apparut subitement,
répandant sur eux une grande clarté qui les remplit d'étonnement & de crainte :
mais l'Ange les faisant revenir de cette frayeur, les avertit de ne rien craindre ; car je vous annonce, leur dit-il, un grand Sujet de réjouissance pour
vous & pour tout le monde. Je vous apprends donc que le Seigneur, que vous
devez reconnoître pour le Christ, est né aujourd'hui dans la Cité de David ;
& pour en être plus certains, allez dans une étable, où vous trouverez sur
une créche un Enfant emmailloté. L'Ange n'eut pas plûtôt tenu ce langage
aux Pasteurs, qu'il fut environné de plusieurs legions de la milice celeste, qui
chantoient les louanges de Dieu, disans : Gloire soit renduë au Très-haut,
& que la paix soit donnée aux hommes de bonne volonté. Les Anges ayant
ensuite disparu, les Pasteurs se disoient l'un à l'autre, allons jusqu'à Béthléem
pour y voir ce que Dieu nous a revelé par les Anges. Ils y accoururent donc
aussi-tôt ; & ayant trouvé Marie & Joseph avec l'Enfant, ils publierent dans
tout le voisinage ce qu'ils venoient d'apprendre au sujet de la Naissance de ce
petit Enfant ; ce qui donna de l'admiration à tout le monde. Cependant Marie faisoit des reflexions en elle-mesme sur cet évenement, & les Pasteurs
s'en retournerent benissans Dieu de toutes les merveilles qu'ils avoient vûës &
entenduës.

S. Luc, Chap. 2.

JESUS étant né à Bethléem, Ville de la Judée, pendant le regne d'Herodes, trois Mages vinrent d'Orient en Jerusalem, où étant arrivez, ils demanderent en quel endroit ils pourroient trouver le Roi des Juifs qui étoit né depuis peu de tems ; car, disoient-ils, son Etoile que nous avons vûë dans l'Orient nous a obligé de venir ici pour l'adorer. Ce discours qui fut rapporté à Herodes, l'ayant jetté dans un trouble qui se répandit dans toute la Ville de Jerusalem, il assembla les Princes des Prestres, & les Scribes du Peuple, & après les avoir consultez sur la Naissance du Messie, il fit appeller en secret les Mages à qui ce Prince ayant demandé en quel temps cette Etoile leur étoit apparuë, il les envoya en Bethléem, leur ayant fait promettre de s'enquerir exactement de la Naissance de cet Enfant, & de lui en rapporter des nouvelles, afin qu'il allât aussi l'adorer comme eux. Les Mages ayant pris congé d'Herodes, se mirent en chemin, sous la conduite de l'Etoile, laquelle s'étant arrêtée sur le lieu où étoit l'Enfant Jesus avec Marie sa Mere, ils se prosternerent devant lui, pour l'adorer, ajoutant à cet acte d'adoration un tribut d'or, de myrrhe & d'encens, qu'ils lui offrirent. Ils se disposoient ensuite à revenir vers Herodes ; mais en ayant été détournez par un songe que Dieu leur envoya, ils prirent une autre route pour retourner en leur pays.

S. Matthieu, Chap. 2.

LORSQUE le tems de circoncire l'Enfant JESUS, ainsi nommé par l'Ange avant sa conception, & de purifier la Vierge Marie suivant la Loi de Moïse, fut arrivé; elle le porta à Jerusalem pour obéïr au commandement, qui ordonnoit à une Mere de consacrer à Dieu son premier Enfant mâle, offrant en même tems une paire de Tourterelles ou de Pigeons. Lorsque l'Enfant fut apporté au Temple, Simeon homme juste & craignant Dieu, s'y trouva par une inspiration divine, & ayant pris l'Enfant entre ses bras, il adressa sa parole à Dieu, lui disant : C'est maintenant, ô Mon Dieu, que vôtre serviteur va mourir en paix ; tous mes souhaits sont accomplis, puisque j'ai vû de mes propres yeux celui que vous envoyez pour le Salut du monde. Joseph & Marie entendoient avec admiration les discours de Simeon, qui les benit, prédisant à Marie Mere de cet Enfant, qu'il étoit destiné de Dieu pour sauver les hommes & pour être une occasion de ruine à un grand nombre qui refuseroit de le connoître pour le Messie; & qu'enfin l'ame de Marie seroit percée d'un glaive, qui découvriroit les pensées les plus secrettes de plusieurs.

S. Luc, Chap. 2.

LES Mages qui étoient venus d'Orient à Bethléem, pour y adorer Jesus-Christ, s'étant retirez en seureté dans leurs Païs, un Ange apparut à Joseph en songe, l'avertissant de s'enfuïr en Egypte avec Marie & l'Enfant Jesus, pour le garentir de la fureur d'Herodes, qui ne tarderoit guéres à le chercher pour le faire mourir. Joseph ne fut pas plutôt éveillé, qu'ayant raconté à Marie le songe qu'il avoit eu, il emmena la Mere & le Fils en Egypte, d'où l'Ange les fit revenir après la mort d'Herodes, pour accomplir la parole de Dieu, qui avoit dit par la bouche du Prophete : j'ai appellé mon Fils de l'Egypte. Ceux qui méditent sur la vie de Jesus-Christ, pourront s'imaginer les fatigues que ces saints fugitifs essuyerent dans un si long & si penible voyage, où il y a lieu de croire, qu'ils furent soulagez par le secours qu'ils reçûrent des Anges. On tient aussi pour une verité constante, que Jesus - Christ entrant dans l'Egypte fit taire les Oracles de ce Païs-là, & que les Idoles des Egyptiens se renverserent d'elles-mêmes. Il est aisé aussi de concevoir les regrets de la Sainte Vierge exilée de sa Patrie, la douleur qu'elle avoit du meurtre de tant d'Enfans innocens qu'Herodes faisoit mourir à cause de Jesus-Christ; & enfin la crainte qu'elle avoit d'être livrée avec son Fils à Herodes, par la trahison des Egyptiens, parmi lesquels elle fut obligée de demeurer long-tems.

S. Matthieu, Chap. 2.

LE Roy Herodes ayant attendu vainement le retour des Mages d'Orient, qui avoient pris une autre route pour retourner dans leur Pays, aprés avoir rendu leurs hommages à Jesus ; ce Prince cruel, irrité de se voir frustré de son attente, dans l'appréhension où il étoit que le nouveau Roy des Juifs, dont il avoit appris la naissance, ne lui ravit un jour sa Couronne, ne trouva point de moyen plus seur pour se délivrer de cette crainte, que de sacrifier à la seureté de son Regne tous les Enfans qui se trouveroient à Bethléem & aux environs, au-dessous de l'âge de deux ans, afin d'envelopper l'Enfant Jesus dans le massacre de ces innocentes victimes. Il est aisé de s'imaginer quelle fut la désolation que cet horrible carnage causa dans cette contrée, & les cris pitoyables des Meres, à qui les Boureaux arrachoient les Enfans pendus à leur sein, pour les massacrer devant leurs yeux. Ce fut pour lors que fut accomplie la Prophetie de Jeremie, qui dit que le pays de Rama a retenti des cris & des gemissemens de Rachel, qui pleuroit la mort de ses Enfans, avec une douleur inconsolable.

S. Matthieu, Chap. 2.

JOSEPH, fils de Jacob, de la race du Roy David, & Epoux de la Vierge Marie, s'étant refugié en Egypte avec elle & Jesus son fils, ils y demeurerent jusqu'à la mort du vieil Herodes, Roi des Juifs, laquelle étant arrivée, un Ange en donna avis en songe à Joseph, lui ordonnant de ramener l'Enfant & sa Mere en Judée, où Jesus-Christ seroit désormais en seureté, puisque ceux qui cherchoient à le faire mourir étoient morts eux-mêmes. Joseph un moment après son reveil, obéissant à l'Ange, se mit en chemin pour retourner dans sa patrie, où ayant appris qu'Archelaüs, fils d'Herodes, regnoit à la place de son pere, il voulut retourner sur ses pas, craignant que ce Prince ne fut aussi-bien l'heritier de la cruauté de son pere, que de sa Couronne : mais l'Ange l'ayant averti une seconde fois de ne rien appréhender, il retourna s'établir à Nazareth en Galilée, y menant avec soi l'Enfant Jesus, afin que les paroles des Prophetes qui avoient prédit qu'il seroit appellé Nazaréen, fussent accomplies. Ce fut en ce lieu que Jesus passa son enfance sous la conduite de Joseph qui étoit reputé son pere, & de la sainte Vierge, leur donnant toutes les marques d'une obéissance parfaite. Or Joseph étant Ouvrier, plusieurs d'entre les Juifs, & sur tout les Scribes & les Pharisiens, croyans que Jesus fût son fils, prenoient de-là occasion de rendre sa Doctrine odieuse & méprisable parmi le peuple.

S. Mathieu, Chap. 2.

L'ENFANT Jesus croissant en sagesse & en grace aux yeux de Dieu &
des hommes. A mesure qu'il croissoit en âge, Joseph & Marie qui avoient
coûtume d'aller tous les ans celebrer la Feste de Pasque à Jerusalem, l'y ayant
mené une fois, il se déroba d'eux, sans qu'ils s'en apperçussent, & les laissa retourner à Nazareth, restant à Jerusalem, pendant qu'ils le cherchoient vainement, s'informans de tous côtez où il pouvoit être. Joseph & Marie alarmez
& craignans d'avoir perdu ce dépôt sacré que Dieu leur avoit confié, retournerent à Jerusalem, où après l'avoir cherché pendant trois jours, ils furent remplis en même tems de joye & d'admiration de le rencontrer dans le Temple,
assis au milieu des Docteurs, prenant plaisir à les interroger & à repondre à tous
leurs argumens, avec une Doctrine & une solidité d'esprit inouies dans un Enfant de douze ans. Sa mere lui ayant témoigné la douleur qu'elle & son Pere
avoient souffert en le cherchant de tous côtez, Jesus lui répondit : Ne sçavez-
vous pas que je suis obligé de m'employer à ce qui regarde les interests de mon
Pere ; mais Joseph & Marie ne pouvant encore rien comprendre dans cette sage
réponse, l'emmenerent avec eux à Nazareth, où il continuoit à leur obéir,
comme auparavant.

S. Luc, Chap. 2.

L'AN quinziéme du regne de Tibere, Empereur des Romains, Jean-Baptiste, fils de Zacharie, s'étant retiré dans les deferts de la Judée, attiroit un grand concours de Peuple par fes Predications, ne ceffant d'exhorter ceux qui l'écoutoient à faire une Penitence fructueufe & proportionnée à leurs pechez, d'autant que le Royaume de Dieu s'approchoit. Ce Saint homme a toûjours été confideré comme le Précurfeur de Jefus-Chrift, puifque c'eft de lui qu'Ifaïe avoit prophetifé par ces paroles : La voix de celui qui crie, vous dit : Préparez la voye du Seigneur, & redreffez fes fentiers ; car Saint Jean étoit la voix du Verbe incarné. Mais s'il prêchoit la Penitence par fes paroles, il l'enfeignoit encore davantage par fon exemple. Il n'y eut jamais d'aufterité comparable à la fienne. Son vêtement étoit tiffu de poil de chameau, & il portoit une ceinture de peau, faifant fa nourriture ordinaire de fauterelles & de miel fauvage. Ses Predications étoient fi generalement fuivies de tout le monde, que les Pharifiens même & les Saducéens s'étant prefentez pour être admis à fon Baptême, il leur difoit librement : Race de viperes, qui eft-ce qui vous a fi bien averti de fuir la colere de Dieu, prête à tomber fur vos têtes ? faites donc des fruits dignes d'une veritable Penitence, & ne vous attribuez point avec tant de préfomption la qualité d'enfans d'Abraham. Le tranchant de la coignée eft déja venu jufqu'à la racine des arbres, & tout arbre qui ne produit pas de bons fruits, fera abatu & jetté dans le feu. Il eft vrai que je vous baptife avec l'eau de la Penitence ; mais celui qui vient après-moi, & à qui je ne fuis pas digne de délier la courroye des fouliers, vous baptifera dans le Saint-Efprit même. Ainfi ce grand Précurfeur de Jefus-Chrift, rempliffant dignement fon miniftere, exhortoit chacun à s'acquiter de fon devoir, recommandant à tous le precepte de l'aumône ; aux Fermiers, de n'éxiger que ce qui eft dû legitimement ; & aux Gens de Guerre, de s'abftenir des rapines & des vexations qu'ils avoient coûtume d'exercer fur les fujets du Prince.

S. Matthieu, Chap. 3. S. Marc, Chap. 1. S. Luc, Chap. 3. S. Jean, Chap. 3.

LES Prédications de S. Jean-Baptiſte ayant operé des converſions ſi fréquentes, que tous les Habitans de la Judée & des Païs arroſez du Jourdain, accouroient à lui de toutes parts pour ſe faire baptiſer, Jeſus-Chriſt y vint auſſi lui-même pour être baptiſé de ſa main : Mais S. Jean reconnoiſſant qu'il n'étoit que l'inſtrument & l'organe de ce divin Maître, n'oſa d'abord entreprendre de le baptiſer, lui diſant, Que bien loin de lui adminiſtrer le Baptême, il devoit le recevoir de lui. Mais Nôtre-Seigneur Jeſus-Chriſt lui ayant remontré, qu'il étoit neceſſaire que cela ſe paſſât de la ſorte pour l'accompliſſement de la juſtice, il ſe rendit enfin à la volonté de celui qui a droit de commander à tout le monde. Jeſus-Chriſt ayant été baptiſé de la main de ſon Précurſeur, ſortit du fleuve pour ſe mettre en Oraiſon ; & lorſqu'il étoit dans la plus grande ferveur de ſa priere, les Cieux s'ouvrirent, & S. Jean ayant vû deſcendre ſur lui l'Eſprit de Dieu ſous la forme d'une Colombe, il entendit en même tems une voix celeſte, proferant ces paroles : *Voici mon Fils bien-aimé, & celui qui eſt l'objet de ma complaiſance.* Lorſque ce miracle arriva, Jeſus-Chriſt commençoit à entrer dans la trentiéme année de ſon âge. Il étoit réputé, ſelon la generation temporelle, fils de Joſeph, qui fut fils d'Heli, dont le pere s'appelloit Mathat, engendré de Levi, lequel fut fils de Melchi, & petit-fils de Janné, fils de Joſeph.

S. Matthieu, Chap. 3. S. Marc, Chap. 3.

JESUS-CHRIST voulant annoncer aux Juifs la parole de son Pere, commença à se disposer à cet emploi, par la retraite qu'il fit dans le desert, où ayant jeûné quarante jours & quarante nuits, il fut tourmenté de la faim ; le Tentateur (c'est ainsi que l'Ecriture appelle le Démon) voulant se servir de cette occasion, vint aussi-tôt lui présenter des pierres, en lui disant : Que s'il étoit Dieu, il lui étoit facile de leschanger en pain. A quoi Nôtre - Seigneur ayant répondu, que l'homme ne devoit pas seulement se nourrir de pain, mais de la parole qui sort de la bouche de Dieu. Il permit au Démon de le transporter à Jerusalem, où il le plaça sur le pinacle du Temple, en lui disant : Que s'il étoit le Fils de Dieu, il pouvoit sans crainte se jetter du haut en bas de ce lieu ; puisque, selon qu'il étoit écrit, Dieu avoit ordonné à ses Anges de le garder & de le soûtenir de leurs mains, de peur qu'il ne se blessât. Mais Jesus-Christ lui ayant répondu, ainsi qu'il est dit dans l'Ecriture : Qu'il n'est point permis de tenter le Seigneur son Dieu. Le Démon le transporta encore sur une Montagne fort élevée, d'où lui ayant fait découvrir tous les Royaumes du monde, dont il lui étaloit la pompe & les richesses, il lui promit de lui donner pour recompense tout ce qu'il voyoit, s'il vouloit se prosterner devant lui pour l'adorer. Mais Jesus-Christ lui ayant répondu, que suivant ce qui est écrit, ce n'étoit qu'à Dieu qu'on devoit des adorations & de tels services, le Démon se retira honteux de sa défaite, & aussi-tôt les Anges vinrent se ranger auprès de Jesus-Christ, pour le servir dans le desert.

S. Matthieu, Chap. 4. S. Marc, Chap. 1. S. Luc, Chap. 4.

JESUS-CHRIST ayant un jour apperçû de dessus le rivage de la mer de Galilée deux freres, Pescheurs de profession, nommez Pierre & André, jettant leurs filets dans la mer, il leur commanda de le suivre, en leur disant : Que de Pescheurs de poisson il les feroit Pescheurs d'hommes. A quoi ils obéïrent aussi-tôt, abandonnant leurs filets pour suivre Jésus-Christ, lequel étant parti delà, & ayant encore trouvé dans une Barque deux autres freres, nommez Jacques & Jean, avec Zebedée leur pere, racommodant leurs filets, les appella, & ils le suivirent, laissant leurs filets & leur pere. Or Jesus-Christ se sentant accablé d'une foule de Peuple qui s'étoit assemblée en ce lieu pour l'entendre, entra dans une Barque qu'il fit éloigner du rivage ; & s'étant assis, il se mit à enseigner le Peuple ; ensuite de quoi ayant commandé à Pierre de faire avancer la Barque en pleine mer, pour y jetter les filets : Nous avons, lui dit Pierre, passé toute la nuit à les jetter, sans pouvoir rien prendre ; cependant, Seigneur, sur votre parole, je les lâcherai encore en mer. Ce qu'ayant fait, il fut assez heureux pour prendre dès le premier coup une si grande quantité de poissons, que les filets se rompant par la pésanteur de la pesche, les Pescheurs furent obligez d'appeller leurs compagnons pour les aider à tirer hors de l'eau le filet qui étoit si chargé de poissons, qu'ils en emplirent deux Barques. Pierre étonné de ce miracle, se prosterna aux pieds de Jesus-Christ, le suppliant de se retirer de la compagnie d'un pecheur tel qu'il étoit. Tous les autres n'étoient pas moins saisis de crainte que Pierre ; mais notre Seigneur les ayant fait revenir de cette frayeur, ils se mirent à sa suite, annonçant le Royaume de Dieu par tout, à l'imitation de leur Maître.

S. Matthieu, Chap. 4. S. Marc, Chap. 1. S. Luc, Chap. 5. S. Jean, Chap. 1.

TROIS jours aprés que Saint Jean eut rendu aux Juifs un témoignage autentique en faveur du Messie, Jesus-Christ qui étoit celui-là même dont Saint Jean avoit parlé, fut invité avec sa Mere & ses Disciples, à des Nôces qui devoient estre célebrées à Cana, Ville de Galilée. Le vin étant venu à manquer au milieu du festin de ces Nôces, & la Mere de Jesus l'en ayant averti, Jesus lui répondit, que cela ne la regardoit point, non plus que lui, dont l'heure n'étoit pas encore venuë. Marie, nonobstant cette réponse, ayant averti les Serviteurs de faire tout ce que Jesus leur ordoneroit ; comme il y avoit là six grandes urnes de pierre, pour servir à la purification, qui étoit en usage chez les Juifs, dont chacune tenoit deux ou trois mesures, Jesus leur ordonna de les emplir d'eau, & les ayant emplies jusqu'au haut, cette eau se trouva aussi-tôt changée en un vin délicieux, qu'il fit porter au Maître d'Hôtel. Cet homme ne sçachant pas le Miracle que Jesus venoit de faire, en goûta, disant au Maitre du festin : que contre les regles ordinaires il avoit reservé le meilleur vin pour être servi le dernier. Ce Miracle arrivé à Cana en Galilée, a été le premier de tous ceux que Jesus-Christ a fait, & ses Disciples qui en furent témoins, crurent en lui.

S. Jean, Chap. 2.

LORSQUE le tems de la ſolemnité de Pâque s'approchoit, Jéſus qui
étoit venu à Jeruſalem, ayant trouvé dans le Temple pluſieurs Marchands
de beſtiaux & de pigeons, expoſant en vente leurs Marchandiſes, & des Banquiers avec leurs tables & leurs comptoirs, les en chaſſa à grands coups de foüet,
renverſant les tables des Banquiers, & commandant aux autres de remporter
leurs Marchandiſes & de ne plus faire déſormais de la Maiſon de ſon Pere un
marché, ni une retraite de voleurs. Ses Diſciples qui étoient avec lui, ſe ſou-
vinrent d'un paſſage de l'Ecriture, où il eſt dit : *Le Zele que j'ai pour la gloire de*
la Maiſon de Dieu m'a conſumé. Les Juiſs irritez de ce procedé, lui ayant demandé des marques de l'autorité en vertu de laquelle il entreprenoit ces choſes.
Jéſus leur répondit: Détruiſez ce Temple, & je le rétablirai dans trois jours.
Les Juiſs qui ne comprenoient pas que Jéſus-Chriſt entendoit parler du Temple de ſon Corps, & non pas de celui de Jeruſalem, ſe mocquerent de ce qu'il
leur diſoit, ne pouvant s'imaginer qu'on pût rétablir en trois jours un Temple, à la conſtruction duquel on avoit employé quarante-ſix années. Or les Scribes & les Phariſiens qui furent témoins de ce que Jéſus-Chriſt avoit dit, entrerent dans une telle rage contre lui, qu'ils conſpirerent ſa mort ; mais ſçachant
qu'il étoit aimé du Peuple, qui écoutoit ſa Doctrine avec admiration, ils n'oſerent entreprendre d'éxecuter un ſi horrible attentat.

S. Jean, Chap. 2.

BIEN que tous les plus confiderables de la nation Juifve fuſſent très-vicieux
& trés-corrompus, il ſe trouva néanmoins dans ce nombre un Phariſien appellé
Nicodeme, que Jeſus-Chriſt qualifie de Maître en Iſraël, & un Juge de profeſ-
ſion, nommé Joſeph d'Arimathie, tous deux gens de bien & trés-affectionnez à
Jeſus-Chriſt, comme ils l'ont témoigné ouvertement aprés ſa mort, ne l'ayant pas
oſé pendant ſa vie. Nicodeme étant un jour allé rendre viſite à Jeſus, à la faveur
de la nuit, pour apprendre de lui les myſteres de la Loy nouvelle, lui avoüa que
les prodiges qu'il lui avoit vû faire parmi les hommes, faiſoient trés-bien connoiſtre qu'il étoit envoyé de Dieu, étant impoſſible à un mortel de ſe ſignaler par
tant de miracles, ſi Dieu n'eſt avec lui. Jeſus lui ayant répondu, que celui qui ne
naiſtroit pas une ſeconde fois, n'entreroit jamais dans le Royaume de Dieu. Nicodeme voulut former quelques doutes ſur ces paroles, dont le Fils de Dieu lui
donna l'intelligence, en lui faiſant comprendre qu'il entendoit parler de la veritable
regeneration des Fideles, qui ſe faiſoit par l'eſprit. Nicodeme donna depuis ce
tems-là pluſieurs marques de ſon affection à Jeſus-Chriſt, ſur tout lorſque les Scribes & les Phariſiens ayant envoyé une troupe d'Archers pour ſe ſaiſir de lui & le
faire mourir, Nicodeme leur remontra que ſuivant leur Loi, il n'étoit pas permis
de juger de perſonne ſans le connoiſtre. Or les Archers qui avoient chargo de prendre Jeſus-Chriſt, n'ayant pu l'entendre prêcher ſans l'admirer, concevoient pour
lui une ſi grande veneration, qu'ils n'oſerent attenter à ſa perſonne.

S. Jean, Chap. 3.

JESUS laffé de la fatigue d'un long chemin, s'étoit affis fur le bord d'un Puits, attendant là fes Difciples qui étoient allez acheter des provifions de bouche pour leur refection, lorfqu'une femme de la ville de Sichar en Samarie, y étant venuë puifer de l'eau, il lui demanda à boire. Mais cette femme lui ayant répondu qu'elle s'étonnoit que Jefus, qui étoit Juif de nation, demandât à boire à une Samaritaine, puifque les Juifs n'avoient aucun commerce avec les Samaritains. Si tu connoiffois, lui dit-il, le don de Dieu & celui qui te demande à boire, tu le prierois lui-même de te donner de cette eau vive qui étanche la foif pour jamais, & qui devient dans celui qui en boit une fontaine d'eau qui réjaillit jufques dans la vie éternelle. La Samaritaine lui en ayant demandé à boire, Jefus lui commanda de faire venir fon mari. Mais cette femme ayant répondu qu'elle n'en avoit point. Tu dis vrai, lui dit-il, car tu es veuve de cinq maris, & celui que tu as prefentement, ne l'eft pas. La Samaritaine qui le reconnut à ces marques pour un Prophete: nos anceftres, lui dit-elle, nous ont donné l'exemple d'adorer Dieu fur cette montagne voifine, & cependant vous dites que Dieu ne doit eftre adoré qu'en Jerufalem. Jefus lui répondit, que les vrais adorateurs feroient ceux qui adoreroient Dieu en efprit & en verité. La Samaritaine ayant entendu ces paroles, laiffa fa cruche auprés du Puits, & retournant à grands pas à la Ville, elle invita fes compatriotes à venir voir un homme, qui lui ayant fait voir qu'il connoiffoit les actions fes plus fecrettes, lui donnoit lieu de croire qu'il étoit le Meffie.

S. Jean, Chap. 4.

J E S U S étant revenu de Jerusalem à Cana en Galilée , où depuis peu de tems il avoit changé l'eau en vin , les Habitans de ce lieu qui lui avoient vû faire plusieurs Miracles dans la Ville de Jerusalem , le reçurent avec toutes les marques possibles de respect & de bienveillance. Il y avoit pour lors en ce Pays-là un homme de grande qualité , lequel ayant appris que Jesus-Christ étoit de retour en Galilée , le vint prier de descendre à Capharnaum pour y rendre la santé à son fils , qu'une maladie avoit réduit à l'extremité. Jesus lui ayant dit que les Juifs ne croyoient qu'autant qu'ils voyoient des Miracles ; cet homme le conjura encore de vouloir se hâter de venir chez lui , avant que son fils mourut. Mais Jesus-Christ le renvoyant en sa maison , après l'avoir assuré qu'il trouveroit son fils plein de vie & en santé , il ajoûta foi à sa parole ; & ayant rencontré en chemin ses serviteurs , qui le venoient avertir que son fils étoit revenu en santé , il leur demanda à quelle heure il avoit commencé à se mieux porter , & il apprit que c'étoit à la même heure que Jesus-Christ le lui avoit assuré ; ce qui fut cause qu'il se convertit avec toute sa famille. Ce fut le second Miracle que Jesus-Christ fit dans la Province de Galilée.

S. Jean, Chap. 4.

JESUS étant venu à Nazareth, qui étoit le lieu de son éducation, entra dans la Synagogue le jour du Sabat, où s'étant offert à faire la lecture, on lui presenta le Livre du Prophete Isaïe, à l'ouverture duquel il trouva ces paroles : *L'Esprit du Seigneur repose sur moi, & c'est pour cela qu'il m'a donné l'onction ; il m'a envoyé pour prêcher l'Evangile aux Pauvres, pour guérir les cœurs contrits, pour donner la liberté aux Esclaves, pour rendre la vûë aux Aveugles, pour delivrer ceux qui sont opprimez, & enfin pour publier l'année des graces du Seigneur.* Jesus-Christ ayant aussi-tôt fermé le Livre aprés la lecture de ce Passage, adressa sa parole aux Assistans, leur faisant connoître qu'ils étoient eux-mêmes témoins de l'accomplissement de cette Prophetie ; & ils se disoient l'un à l'autre, étonnez de la fermeté avec laquelle il leur parloit, n'est-ce pas là le fils de Joseph ? Jesus-Christ ayant pris delà occasion de leur faire voir que nul n'étoit reconnu pour Prophete dans sa patrie, le prouva par les exemples d'Elie & d'Elisée, dont le premier fut obligé de quitter toutes les Veuves du Royaume d'Israël, pendant une grande famine, pour se réfugier chez une pauvre Veuve du pays des Sidoniens, & l'autre laissa tous les Lepreux qui étoient dans sa patrie, pour guérir le seul Naaman, Syrien. Les Juifs offensez de la liberté avec laquelle Jesus leur parloit, l'ayant fait monter sur un rocher pour le précipiter du haut en bas, il s'échappa de leurs mains, en se rendant invisible, car son heure n'étoit pas encore venuë.

S. Luc, *Chap.* 4.

JESUS étant arrivé à Capharnaum, commença le jour du Sabat à prêcher
au milieu de la Synagogue, & le Peuple qui l'écoutoit attentivement, admiroit sa maniere d'enseigner, beaucoup plus excellente que celle des Scribes. Il se
trouva pour lors dans l'Assemblée un Possedé, par la bouche duquel le Démon
qui le tourmentoit, criant avec une voix épouventable : *Jesus de Nazareth,
laissez-moi en repos ; quelle relation y a-t-il entre vous & nous ?* Jesus lui commanda de se taire & de sortir du corps de cet homme. Alors le Démon forcé par
la puissance de Jesus-Christ, ayant redoublé ses efforts, en tourmentant le Possedé, & le jettant contre terre, à la vûë de la Synagogue, fut enfin obligé de
sortir du corps de ce malheureux, sur lequel il avoit long-tems exercé sa tyranie.
Les Assistans étonnez de ce Miracle, & ne pouvant assez admirer le pouvoir que
Jesus-Christ avoit sur les esprits immondes, le publierent aussi-tôt dans toute
la Province de Galilée. Sa renommée se répandit ainsi dans toutes les Synagogues de ce Pays, dans lesquelles il alloit enseigner le Peuple, annonçant l'Evangile, & guérissant de toutes sortes de maladies ; ce qui attira à sa suite une
grande foule de Peuple.

S. Matthieu, Chap. 4. S. Marc, Chap. 1. & 3. S. Luc. Chap. 4.

LA Doctrine de Jésus-Christ étant nouvelle parmi les Israëlites, eut besoin d'estre authorisée par des signes miraculeux. C'est pourquoi sortant un jour de la Synagogue, il entra dans la maison de Simon Pierre & André, avec Jean & Jacques, où ayant trouvé la belle-Mere de Pierre malade d'une fiévre violente, il ne fit que lui toucher la main pour la guérir, & la mettre en état de se lever pour le servir à table, ce qu'elle fit. Ce jour-là mesme, sur le soir, on amena des Possedez, qu'il délivra du Démon, par sa seule parole, & plusieurs malades ausquels il rendit la santé, par l'imposition de ses mains. Or les Diables qu'il chassoit du corps des Possedez, criant à haute voix, & l'appellant le Christ & le Fils de Dieu, il leur imposa silence, leur deffendant de déclarer ce qu'il étoit.

S. Matthieu, Chap. 8. S. Marc, Chap. 1. S. Luc. Chap. 4.

JESUS-CHRIST Notre Sauveur, dont le plus ardent desir étoit la conqueste de nos ames, passant un jour devant le Bureau des Imposts, où il
apperçut un homme appellé Matthieu, fils d'Alphée, Fermier, lequel étoit assis dans le Bureau ; il lui commanda de le suivre. Matthieu obéissant à la voix
du Fils de Dieu, ne balança point à se rendre à sa vocation, abandonnant toutes choses pour écouter le precepte de Jesus-Christ, auquel il fit un festin où
il invita plusieurs Fermiers, dans le dessein de les gagner à ce divin Maistre ;
Ce que les Scribes & les Pharisiens ayant appris, ils ne manquerent pas de re-
procher aux Disciples du Fils de Dieu, le commerce qu'ils avoient avec les
Receveurs des Fermes, & autres gens de mauvaise réputation. Mais Jesus-Christ
leur ferma la bouche par une réponse digne de sa sagesse, en leur faisant connoistre que ceux qui sont en santé, n'ayant pas besoin de Medecin, mais seulement les malades, qu'il étoit venu au monde pour convertir les pecheurs,
& non pas les justes ; & pour prouver ce qu'il avançoit, il se servit en mesme
tems d'un passage du Prophete Ozée, où il est écrit : *Que Dieu aime mieux une
œuvre de misericorde, qu'un sacrifice.*

S. Matthieu, Chap. 9. S. Marc, Chap. 2. S. Luc, Chap. 5.

A P RE'S que Notre Seigneur Jesus-Christ eut passé dans le desert une nuit toute entiere en oraison, il appella ses Disciples pour leur apprendre qu'il n'étoit venu dans le monde que dans le dessein de publier l'Evangile ; & ayant choisi ceux qu'il jugea les plus propres à administrer sa parole, il les envoya en divers endroits pour enseigner le Peuple, leur donnant en même tems le pouvoir de guérir les malades, & de chasser les Démons. Cette troupe que Jesus avoit choisie pour la Prédication de son Evangile, étoit composée de douze personnes que nous appellons les douze Apôtres, nommez Pierre, André son frere, Jacques & Jean fils de Zebedée, Barthelemy, Philippe, Matthieu, Thomas, Jacques fils d'Alphée, & Jude frere de Jacques, autrement nommé Thadée, Simon & Judas Iscariot, qui trahit notre Seigneur. Jesus-Christ étant ensuite descendu dans une Plaine, accompagné de ses Disciples & d'une affluence de Peuple de differentes nations qui étoit accouru de la Judée, de Jerusalem & de la contrée maritime de Tyr & de Sidon, dont les uns étoient venus pour l'entendre, & d'autres pour en estre guéris, il les reput de sa parole, délivrant les Possedez par le seul attouchement de ses habits, tout le Peuple se jettant en foule sur lui pour le toucher, car notre Seigneur exhaloit de sa personne une vertu, par laquelle il guérissoit ceux qui s'approchoient de lui.

S. Matthieu, Chap. 10. S. Marc, Chap. 3. S. Luc, Chap. 6.

JESUS voulant se dégager de la foule du Peuple qui le suivoit, fut obligé de monter sur un lieu élevé, où s'étant assis, & ses Disciples rangez auprès de lui, il leur enseigna ce qui suit.

Bien-heureux sont les pauvres d'esprit, car le Royaume des Cieux leur appartient.

Bien-heureux sont les débonnaires, car ils possederont la terre.

Bien-heureux sont ceux qui pleurent, car ils seront consolez.

Bien-heureux sont ceux qui ont faim & soif de la justice, car ils seront rassasiez.

Bien-heureux sont les misericordieux, car ils obtiendront misericorde.

Bien-heureux ceux qui ont le cœur pur, car ils verront Dieu.

Bien-heureux ceux qui aiment la paix, car ils seront appellez enfans de Dieu.

Bien-heureux ceux qui souffrent des persecutions pour la justice, car le Royaume du Ciel est à eux.

Vous devez donc vous estimer bien-heureux, lorsqu'on vous persecutera & qu'on vous accablera d'injures, d'opprobres & de calomnies, inventant contre vous toutes sortes de persecutions à cause de moi. Ce sera donc pour lors que vous vous réjoüirez, puisqu'une grande récompense vous attend dans le Ciel. C'est ainsi que les méchans ont persecuté les Prophetes qui vous ont precedé. Après que Jesus-Christ eut consolé ses Apôtres par une si belle exhortation, les encourageant à souffrir dans la vûë d'obtenir un jour une couronne de gloire; il profera au contraire des malédictions sur les riches, qui fondent toute leur esperance sur les biens passagers de ce monde, & contre ceux qui se plongent dans les voluptez du siecle corrompu, qui sont dans les ris & dans la joye, & qui passent leur vie dans le luxe & dans la vanité.

S. Matthieu, Chap. 5. S. Luc, Chap. 6.

JESUS parlant un jour à ses Disciples : Vous êtes, leur dit-il, le sel de la terre ; le sel est bon, mais s'il vient à perdre sa force, avec quoi salera-t-on ? Vous êtes la lumiere du monde. Une Ville bâtie sur une montagne ne peut estre cachée, & on n'allume pas une lampe pour la mettre sous le boisseau. Ainsi vous devez faire briller votre lumiere aux yeux des hommes, afin qu'étant témoins de vos bonnes actions, ils ayent sujet de glorifier votre Pere qui est dans le Ciel. Ne pensez pas que je sois venu pour abolir la Loy, croyez plutôt que je suis venu pour l'accomplir, tant que le Ciel & la Terre dureront, la Loy subsistera toûjours dans toutes ses parties. Jesus-Christ leur fit voir encore en quoi consistoit la veritable justice, reformant les abus que les Pharisiens avoient introduits, en donnant de fausses interprétations à la Loy, sur le precepte qui regarde la haine & l'homicide. Il exhorte ensuite tous les Fideles à la réconciliation, leur faisant voir qu'ils sont obligez d'aimer leurs ennemis, & à quel malheur ils s'exposeroient s'ils gardoient contr'eux des sentimens de haine ; & que pour ce qui regarde le libelle de répudiation, on ne doit point permettre le divorce du Mariage, que dans le cas de la fornication. Enfin il ordonne aux Chrétiens de s'abstenir de jurer, & de ne dire pour affirmer la verité, qu'oüi & non, puisque le jurement, sans necessité, procede des inspirations du Demon.

S. Matthieu, Chap. 5.

NOTRE Seigneur Jesus-Christ voulant faire voir que la Loi de Grace qu'il
venoit établir, étoit beaucoup plus parfaite que la Loi ancienne, & qu'elle
demandoit du Chrétien une charité toute extraordinaire envers ceux mêmes qui
nous affligent & qui nous offensent: Vous avez appris, disoit-il à ses Disciples, que
l'ancienne Loi par une justice exacte demandoit œil pour œil, dent pour dent; mais
je vous dis tout au contraire, que bien loin de vous venger de celui qui vous aura
donné un soufflet, vous devez lui presenter l'autre joüe; & qu'au lieu de poursuivre en Justice celui qui vous aura dérobé votre habit, vous devez plutôt lui abandonner votre manteau. Donnez à ceux qui vous demandent & ne vous celez point
à ceux qui veulent emprunter de vous. On vous a aussi enseigné qu'il faut aimer son
prochain & haïr son ennemi; & moi je vous dis qu'il faut aimer vos ennemis, & benir
ceux qui vous persecutent, si vous voulez être les enfans de votre Pere celeste, qui
fait briller également son Soleil sur les bons & sur les méchans; car si vous n'aimez
que ceux qui vous aiment, quelle récompense en devez vous prendre, puisque les
Publicains mêmes le font. Soyez donc parfaits à l'imitation de votre Pere, qui est
dans le Ciel. Après que Jesus-Christ eut condamné la vengeance, il condamna aussi
l'Hipocrisie, exhortant les Fideles à ne pas chercher la presence des hommes pour
faire de bonnes œuvres; puisque ceux qui les font dans cette vûe n'en ont pour récompense qu'un peu de vaine gloire qu'ils reçoivent dès ce monde, pour n'en recevoir que de la honte dans l'autre. Il détruisit ensuite l'erreur de ceux qui dans leurs
prieres employent beaucoup de paroles, esperant par là que Dieu les exaucera plutôt, en quoi ils s'abusent, puisque leur Pere celeste connoît ce qui leur est necessaire. Après cela Jesus-Christ prescrivit à ses Disciples le modele de la Priere, en leur
enseignant l'Oraison Dominicale. *S. Matthieu, Chap. 5. S. Luc, Chap. 6.*

JESUS continuoit toûjours à enseigner le Peuple avec la même assiduité, & il ne
lui suffisoit pas de prêcher aux hommes le Royaume de Dieu, si en même tems il
ne leur enseignoit la route qu'il faut tenir pour y arriver. Nul ne peut, disoit-il,
servir à deux Maîtres, à Dieu & aux richesses. Ne vous mettez point en peine de ce
que vous boirez & mangerez, ni d'où vous aurez des habits pour couvrir votre corps;
car la vie vous doit être beaucoup plus chere que la nourriture, & vous devez faire
plus de cas de votre corps que de vos vêtemens. Considerez les oiseaux qui ne sement
ni ne moissonnent, & qui ne font point d'amas de bled dans les greniers, & cependant
votre Pere celeste ne laisse pas de les nourir. Donc à plus forte raison aura-t-il soin de
vous, puisque vous êtes beaucoup plus excellens qu'eux. Jettez un peu la vûë sur les
lys qui croissent, ils ne travaillent point, ils ne filent point. Cependant Salomon avec
toute sa pompe & toute sa magnificence, n'a jamais été si bien orné & si bien vêtu
qu'eux. Vous devez donc employer vos premiers soins à la recherche du Royaume de
Dieu, qui ne manquera pas de son côté de pourvoir à tous vos besoins. Ne jugez pas
temerairement des actions d'autruy, de peur vous ne soyez vous-mêmes jugé : car vous
serez mesurez à la même mesure que vous aurez mesuré les autres. Pourquoy prenez-
vous garde à une paille qui est dans l'œil de vôtre frere, sans apperçevoir une poutre
qui creve le vôtre. Gardez-vous bien de laisser en proye aux chiens les choses saintes,
ni les marguerites aux pourceaux. Demandez, si vous voulez qu'on vous donne; cherchez & vous trouverez. Se peut-il rencontrer un homme parmi vous qui donnât une
pierre à son fils pour du pain qu'il lui demanderoit, & un serpent pour un poisson.
Donc si tous méchans que vous êtes, vous ne donnez à vos enfans que ce qui est bon,
à plus forte raison votre Pere celeste fera-t-il du bien à ceux qui l'en prient.

S. Matthieu, Chap. 6. & 7.

JESUS étant defcendu de la Montagne, un Lepreux vint fe profterner à fes pieds, lui difant : Seigneur, fi vous voulez, vous pouvez me guerir : Jefus touché de compaffion : je le veux, lui dit-il : Soyez guéri, & fa lepre fut guérie au même inftant ; mais allez vous prefenter au Prêtre, & offrez-lui pour la guérifon de votre lepre ce que la Loi de Moyfe ordonne, & gardez-vous bien de déclarer ceci à qui que ce foit. Mais quelque défenfe que Jefus-Chrift lui eut faite d'en parler, le Lepreux n'ayant pû s'empefcher de divulguer ce Miracle en tous lieux pour la gloire de Dieu, il vint de toutes parts à Jefus-Chrift une affluence de malades pour lui demander la guérifon. Or comme le Fils de Dieu fe retiroit un jour à Capharnaum, un Centenier l'ayant fait prier par les plus Anciens des Juifs, de vouloir rendre la fanté à un de fes ferviteurs qu'il affectionnoit beaucoup, il s'y transporta avec eux. Mais ayant envoyé un meffager à Jefus-Chrift, pour lui dire de fa part : Seigneur, je ne merite pas que vous me faffiez l'honneur d'entrer dans ma maifon, & c'eft la feule raifon pour laquelle je n'ai pas ofé vous aller trouver. Vous n'avez feulement qu'à dire une parole, & mon ferviteur fera auffi-tôt guéri. Jefus avoua en mefme tems qu'il n'avoit jamais trouvé dans tout le Peuple d'Ifraël, une foi femblable à celle de cet homme, & ceux qui avoient été envoyez de la part du Centenier étant de retour chez lui, trouverent le malade en parfaite fanté.

S. Matthieu, Chap. 8. S Marc, Chap. 1. S. Luc, Chap. 5. & 7.

JESUS-CHRIST accompagné de ses Disciples & d'une grande multitude
de Peuple, étant prest d'entrer dans la Ville de Naïm, trouva le Convoy funebre d'un jeune homme, fils unique d'une veuve, qui le suivoit avec des pleurs
& des regrets pitoyables, accompagnée d'une grande assemblée de Peuple. Nôtre
Sauveur touché de compassion de ses larmes la consola : & ayant fait arrester ceux
qui portoient le corps, il commanda au défunt de se lever, ce qu'il fit à l'instant;
& en cet état Jesus l'ayant rendu à sa mere, tous les assistans furent saisis de crainte
& d'étonnement, donnant des loüanges à Dieu, & publiant ce Miracle par toute
la Ville. Jesus poursuivoit son chemin, lors qu'un homme s'étant présenté à luy,
protestant de le suivre quelque part qu'il allât. Il luy répondit, que les renards
ont leurs tanieres, & les oyseaux ont leur nids; mais que le Fils de l'Homme (c'est
ainsi que Jesus-Christ parloit de luy-même) n'avoit pas seulement ou reposer sa
teste. Jesus ayant ordonné à un autre de le suivre sans differer, il luy demanda seulement la permission d'aller rendre les derniers devoirs à son pere, ce que Jesus-
Christ lui ayant refusé : Laissez, lui dit-il, aux morts le soin d'ensevelir les
morts; mais pour vous allez annoncer le Royaume de Dieu. Un autre qui s'étoit
encore offert à Jesus-Christ pour Disciple, l'ayant aussi prié qu'il lui fût permis
d'aller faire ses adieux à ceux de sa maison, Jesus lui répondit : Que celui qui
regarde derriere soi, pendant qu'il s'occupe au labourage, n'est point propre
pour le Royaume de Dieu.

S. Matthieu, Chap. 8. *S. Luc*, Chap. 7. & 9.

JESUS étant revenu à Capharnaüm, entra dans une maison, où le Peuple accourut en si grand nombre, que le lieu étoit trop petit pour le recevoir. Pendant que Jesus-Christ annonçoit la parole de Dieu à ce peuple, en présence des Scribes & des Pharisiens, des hommes portant sur un lit un Paralytique, voulurent fendre la presse pour le lui presenter ; ce que n'ayant pû faire, ils s'aviserent de descendre le Paralitique dans la maison, par une ouverture qu'ils firent au toict, & par ce moyen ils le descendirent au milieu de la Chambre. Jesus touché de leur foi, consola le Paralytique, lui disant de prendre courage, & que ses pechez lui étoient pardonnez. Quelques Scribes qui entendirent ces paroles, l'accusoient tacitement de blasphême & d'impieté, ne sçachant pas qu'il étoit le Fils de Dieu, & qu'il avoit le pouvoir de remettre les pechez ; mais Jesus-Christ qui penetroit dans le fond de leurs cœurs, leur demanda lequel des deux leur sembloit le plus facile, ou de remettre les pechez au Paralytique, ou de le guérir de sa Paralysie ; & pour confirmer la verité de ce qu'il leur disoit, il commanda au Paralytique de prendre son lit, & de retourner dans sa maison ; ce que le Paralytique ayant fait, ils furent remplis de crainte & d'étonnement, & ils avouerent qu'ils n'avoient jamais rien vû de semblable.

S. Matthieu, Chap. 9. S. Marc, Chap. 2. S. Luc, Chap. 5.

JESUS-CHRIST ayant passé la mer de Galilée, entra dans le Pays des Ge-
raseniens, où Jaïr, Prince de la Synagogue, étant venu se jetter à ses pieds, le
supplia d'entrer dans sa maison pour rendre la santé à sa fille unique moribonde,
par la seule imposition de ses mains. Jesus lui accordant sa demande, s'en alla chez
lui, suivi d'une grande foule de Peuple, dans laquelle il y avoit une femme, laquelle ayant employé inutilement tout son bien à la guérison d'une maladie de
flux de sang, qu'elle portoit depuis douze ans, étoit venuë à Jesus-Christ, dans
l'assurance de recouvrer sa santé. Son esperance ne fut pas vaine ; car s'étant ap-
prochée de Jesus-Christ par derriere, à peine eut-elle touché sa robbe, qu'elle fut
entierement guérie. Jesus qui s'étoit retourné, demanda aussi-tôt qui l'avoit touché ; & cette femme lui ayant déclaré, en se jettant à ses genoux, le miracle qu'il
avoit operé en elle, il l'envisagea, en lui disant : que sa foi l'avoit sauvée, &
qu'elle s'en retournât en paix. Sur ces entrefaites Jaïr ayant appris que sa fille
étoit morte, & que c'étoit en vain qu'il sollicitoit Jesus-Christ de lui rendre la
santé ; Jesus lui dit de ne rien craindre, & d'avoir seulement la foi. Il arriva
ensuite dans la maison de Jaïr avec trois de ses Disciples, nommez Pierre, Jacques
& Jean, & ayant fait sortir de la chambre tous les assistans, excepté le pere &
la mere de l'enfant, il la ressuscita en la prenant par la main, & lui fit apporter
à manger ; ce qui causa de l'étonnement à tout le monde.

S. Matthieu, Chap. 9. S. Marc, Chap. 5. S. Luc, Chap. 8.

LE Miracle que Jesus-Christ avoit fait sur la fille d'un homme de qualité,
qu'il avoit ressuscitée, s'étant répandu par tout le Pays, deux Aveugles le
vinrent trouver à son départ, & le suivirent, criant à haute voix : Fils de David, ayez compassion de nous. Jesus leur ayant demandé s'ils croyoient qu'il
put leur rendre la vûë, & leur ayant répondu qu'ils le croyoient fermement :
Jesus à l'instant porta la main à leurs yeux, priant que leur souhait fût accompli, & leurs yeux furent aussi-tôt ouverts. Jesus leur commanda de garder le
secret ; mais par une désobéïssance pleine de reconnoissance envers le Sauveur, ce
Miracle ayant été par eux revelé, il fut suivi d'un autre ; car comme Jesus-
Christ sortoit du lieu où il avoit rendu la vûë à ces deux Aveugles, on lui présenta un Muet possedé du Démon, lequel ayant été chassé par le commandement de Jesus-Christ, le Muet recouvra la parole, au grand étonnement de tous
les assistans, qui disoient tout haut : Que jamais le Peuple d'Israël n'avoit vû
un semblable Prophete ; mais les Pharisiens voulant effacer la gloire de ce Miracle, accusoient Jesus-Christ de Magie, disant qu'il ne chassoit les Diables
que par l'invocation du Prince des Démons.

S. Matthieu, Chap. 9

JESUS-CHRIST ayant donné plusieurs Instructions au Peuple qui le suivoit, s'embarqua avec ses Disciples sur le Lac de Genesareth, pour passer à l'autre bord, laissant sur le rivage de la mer cette foule de Peuple qui étoit à sa suite. Jesus s'étant endormi dans la Barque, il s'éleva tout à coup sur le Lac une si furieuse tempeste, que la Barque étant sur le point d'estre submergée, ses Disciples le vinrent éveiller, l'avertissant du danger où ils étoient, & dont ils le prioient de les retirer. Alors Jesus-Christ s'étant éveillé, fit cesser le vent par sa seule parole, & la Mer s'étant aussi-tôt calmée, il leur reprocha le manquement de foi, & la crainte qu'ils avoient de perir en sa compagnie, les blâmant du peu de confiance qu'ils avoient en lui. Ses Disciples en demeurerent confus, & s'humilierent devant lui, admirant entr'eux la puissance de leur Maître, qui d'une seule parole appaisoit lesvents, & calmoit la tempeste.

S. Matthieu, Chap. 8. S. Marc, Chap. 4. S. Luc, Chap. 8.

LORSQUE Jesus fut descendu à l'autre bord du Lac de Genezareth, deux Possedez qui donnoient de la terreur aux passans, étant sortis des cavernes où ils se retiroient, vinrent au devant de lui, criant épouvantablement : Fils de Dieu qu'y a-t-il entre vous & nous. L'un d'eux qui étoit sorti tout nud d'un Tombeau, & au reste si furieux, qu'il brisoit les fers dont on le chargeoit, accourut à Jesus-Christ, se jettant par terre, & criant : Je vous conjure au nom de Dieu, de ne me point tourmenter. Le Démon disoit ces paroles par la bouche de cet homme, se sentant pressé par Jesus-Christ de sortir du corps de ce possedé. Jesus l'ayant interrogé, il lui répondit qu'il se nommoit Legion, le suppliant de ne le point chasser de ce pays-là, ni le précipiter dans les abysmes, mais de l'envoyer dans un troupeau de Pourceaux ; ce que Jesus-Christ leur ayant accordé, ils s'emparerent à l'instant de ces animaux, lesquels allerent aussi-tôt se précipiter dans la mer. Ceux qui les gardoient s'étant mis à fuir, raconterent cette avanture aux habitans de la Ville, lesquels en étant sortis, & voyant ce Possedé que Jesus-Christ avoit guéri, en eurent frayeur, & le prierent de se retirer de leur territoire.

S. Matthieu, Chap. 8. *S Marc, Chap.* 5. *S. Luc, Chap.* 8.

LE Fils de Dieu ayant communiqué à ſes Diſciples le pouvoir de délivrer les Poſſedez de la puiſſance du Démon, & de donner la ſanté aux malades; il leur commanda d'aller annoncer le Royaume de Dieu, non pas aux Gentils, ni aux Samaritains, mais aux Iſraëlites. Guériſſez, leur dit-il, les malades, purifiez les lepreux, reſſuſcitez les morts, chaſſez les Démons hors des corps, & diſpenſez au Peuple, ſans intereſt, toutes ces œuvres miraculeuſes, puiſque vous avez reçû gratuitement le pouvoir de les faire. Les Diſciples de Jeſus-Chriſt ſe répandirent donc en pluſieurs endroits, ſuivant l'ordre de leur Maiſtre, exhortant tout le monde à la penitence, & guériſſant toutes ſortes de maladies par tout où ils annonçoient l'Evangile. Jeſus étant auſſi allé prêcher de ſon côté, Jean-Baptiſte qui étoit pour lors en priſon, ayant appris par la renommée les Miracles qu'il faiſoit, lui envoya deux de ſes Diſciples lui demander s'il étoit veritablement le Meſſie, ou s'il en falloit attendre un autre, auſquels Jeſus-Chriſt fit cette réponſe: Vous direz à votre Maiſtre que vous avez vû les Aveugles récouvrer la vûë, les Lepreux purifiez, les Morts reſſuſcitez, & l'Evangile annoncé aux Pauvres: Bien-heureux celui que ma Doctrine ne ſcandaliſera pas.

S. Matthieu, Chap. 10. & 11. S. Marc, Chap. 6. S. Luc. Chap. 9.

IL y avoit dans la Ville de Jerusalem une Piscine, où l'on abbreuvoit ordinairement les brebis, environnée de cinq portiques où s'assembloient plusieurs Malades, Aveugles, Boiteux & Paralytiques, attendant que l'Ange vint remuer l'eau de cette Piscine, ce qui arrivoit en de certains tems; & alors celui de tous les malades qui se jettoit le premier dans cette eau, y recevoit la guérison de quelque maladie que ce fut. Jesus-Christ qui passoit par ce lieu-là ayant trouvé un homme couché par terre, malade depuis trente-huit années, lui demanda s'il vouloit estre guéri. Le malade lui ayant répondu qu'il n'avoit personne pour lui aider à entrer dans la Piscine, quand l'eau en étoit troublée, & que lorsqu'il se presentoit pour y descendre, un autre plus diligent que lui, le prévenoit. Jesus lui commanda aussi-tôt de se lever & d'emporter son lit, ce qu'il fit; mais les Juifs lui ayant remontré qu'il n'étoit pas permis de rien porter le jour du Sabath, il s'en excusa, leur disant: Que celui qui l'avoit guéri lui avoit ordonné de le faire. Alors les Juifs irritez de ce que Jesus-Christ avoit fait ce Miracle le jour du Repos, concerterent entr'eux le dessein de le faire mourir.

S. Jean, Chap. 5.

JESUS marchant un jour de Sabath avec fes Difciples, dans une Plaine couverte de bleds prefts à moiffonner, & fes Difciples preffez par la faim en ayant
arraché des épics pour manger, les Pharifiens qui virent cela, fe plaignirent à
Jefus-Chrift, que fes Difciples violoient le Sabath ; mais ce fage Maître les juf-
tifia de cette calomnie, demandant aux Pharifiens s'ils ne fe fouvenoient pas d'a-
voir lû dans l'Ecriture, que David & ceux de fa fuite, étant tourmentez de la
faim, mangerent les pains de Propofition, qui n'étoient deftinez que pour les
Sacrificateurs, & s'ils ne fçavoient pas que les Preftres violant le Sabath, jufques
dans le Temple mefme, n'en étoient pas pour cela plus coupables. Que fi vous com-
preniez bien, pourfuivit-il, le fens de fes paroles de l'Ecriture, c'eft la mifericorde
que je demande & non pas le facrifice, vous ne condamneriez pas fi legerement des
innocens : le Sabath a été fait pour l'homme, & non pas l'homme pour le Sabath.
Or il arriva encore dans un autre jour du Repos, que Jefus ayant rendu dans le Temple l'ufage d'une main feche à un malade, les Pharifiens en murmurerent hautement ; mais Jefus pour appaifer leur murmure : fe trouve-t-il quelqu'un parmy
vous, leur dit-il, qui voyant fa brebis tombée le jour du Repos dans un foffé,
ne l'en retire pas ? Or cet homme ne vous doit-il pas eftre beaucoup plus cher
qu'une brebis. Alors les Pharifiens & leurs Sectateurs confus d'une fi fage réponfe, confpirerent la mort de Jefus-Chrift, qui fe retira en Judée pour éviter
la fureur de fes ennemis.

S. Matthieu, Chap. 12. S Marc, Chap. 2. & 3. S. Luc, Chap. 6.

LA renommée des Miracles de Jesus-Christ s'étoit tellement répanduë dans le Monde, qu'une foule de malades des Provinces de Tyr, de Sidon, d'Idumée & de Jerusalem, accouroient à lui de toutes parts, avec un empresse-ment extrême, pour le toucher seulement. On lui amena entre les autres un Possedé, Aveugle & Muet, auquel il rendit aussi-tôt la vûë & la parole, au grand étonnement de tous les assistans, qui se demandoient l'un à l'autre, si cet homme miraculeux n'étoit point le fils de David ? Mais les Pharisiens animez d'une haine implacable contre lui, s'efforçoient de ternir le lustre de cette action, l'attribuant à la puissance de Belsebuth, Prince des Démons : Mais Jesus-Christ refuta cette noire calomnie par une preuve solide & convaincante; car s'il est vray, leur disoit-il, que tout Royaume divisé en plusieurs factions, doit être bien-tôt détruit; celui de Satan ne doit gueres durer, puisqu'il s'est declaré contre lui-mesme. Or si c'est par la vertu de l'Esprit de Dieu que je chasse les Démons, demeurez d'accord que le Royaume de Dieu est venu parmi vous. Jesus-Christ continua son discours, en leur remontrant l'énormité de leur cri-me, qui attaquoit directement le S. Esprit; & leur faisant voir, que comme un méchant arbre ne produit que de mauvais fruits, il ne pouvoit sortir de leur bouche que des calomnies. Jesus-Christ leur reproche ensuite, que par leur hy-pocrisie & leur orgueil, ils s'étoient rendus complices de la rebellion du Dé-mon, en rejettant les graces que Dieu leur offroit.

S. Matthieu, Chap. 12. *S. Marc, Chap.* 3. *S. Luc, Chap.* 11.

LORSQUE Jefus-Chrift prefchoit l'Evangile , une femme lui ayant dit à haute voix, que bienheureux étoient les entrailles qui l'avoient porté, & les mammelles qui l'avoient allaité , il lui répondit : Que ceux-là devoient eftre eftimez bienheureux qui entendoient la parole de Dieu, & qui pratiquoient ce qu'elle leur enfeignoit. Il continuoit fon Sermon , lorfque fa mere & fes freres qui étoient dehors, ayant demandé à lui parler : Voilà, dit-il, en montrant fes Difciples , ma mere, mes freres, & mes fœurs ; car quiconque exécute la volonté de mon Pere qui eft dans le Ciel , eft mon frere, ma fœur & ma mere. Sur ces entrefaites quelques Scribes & Pharifiens l'ayant prié de leur donner un figne miraculeux de fa Puiffance, la generation perverfe & corrompuë, leur dit-il, demande un figne ; mais on ne luy en donnera point d'autre que celuy de Jonas. Car de mefme que Jonas demeura trois jours & trois nuits dans le ventre de la Baleine, de mefme auffi le Fils de l'Homme fera trois jours & trois nuits dans le tombeau.

S. Matthieu, Chap. 12. S. Marc, Chap. 3. S. Luc. Chap. 11.

JESUS sçathant que ses Disciples avoient disputé en chemin, lequel d'eux tous seroit le plus grand dans le Royaume du Ciel, il les appella pour leur dire : Que celui qui auroit l'ambition de s'élever au dessus des autres, seroit le moindre de tous ; & en mesme temps ayant pris entre ses bras un petit enfant qu'on lui avoit amené : En verité, leur dit-il : Si vous ne devenez semblables à des enfans, vous n'entrerez jamais dans le Royaume des Cieux ; car pour estre le premier dans ce Royaume-là, il faut estre humble comme cet enfant. Jesus ayant ensuite prononcé malédictions contre ceux qui causent du scandale, fit voir l'excès de joye que la conversion d'un pecheur donne aux Anges, Dieu n'ayant point de plus ardent desir, que celui de sauver tous les hommes, & de les attirer à lui depuis le plus grand jusqu'au plus petit.

S. Matthieu, Chap. 18. S. Marc, Chap. 9. S. Luc, Chap. 9.

LA Mere de Jacques & de Jean, fils de Zebedée, s'étant perſuadée que
Jeſus-Chriſt devoit rendre à la Couronne des Rois de Judée ſon premier
luſtre, en remontant ſur le Trône de David, vint ſe proſterner avec eux pour
le ſupplier de leur donner le premier rang entre tous ſes Sujets. Mais Jeſus
ayant répondu à ces deux freres, qu'ils ne ſçavoient ce qu'ils demandoient :
Pouvez-vous, leur dit-il, boire le Calice que je dois boire ? Ces Diſciples
ayant répondu qu'ils le pouvoient, il leur dit que cela arriveroit, mais que
quant à la grace qu'ils demandoient, d'être aſſis à ſa droite ou à ſa gauche, elle
n'appartenoit qu'à ceux que ſon Pere avoit deſtinez à cela. Les autres Diſciples n'approuvant pas la demande que ces deux freres lui avoient faite : Jeſus-
Chriſt les aſſembla auprés de lui, pour leur dire qu'il n'en ſeroit pas de meſme
dans ſon Royaume, que dans celui des Princes de la Terre ; mais qu'au contraire celui d'entr'eux qui voudroit uſurper un pouvoir abſolu ſur les autres,
ſeroit obligé de les ſervir ; leur déclarant qu'il n'étoit pas venu au monde pour
eſtre ſervi, mais plutôt pour ſervir lui-meſme, & donner ſa vie pour le ſalut
de pluſieurs.

S. Matthieu, Chap. 20. S. Marc, Chap. 10.

JESUS ayant paſſé la mer de Tyberiade, & ſe voyant ſuivi d'une grande
foule de peuple que ſes Miracles attiroient de toutes parts, demanda à l'un
de ſes Diſciples, nommé Philippes, où ils pourroient trouver aſſez de pain pour
nourrir tant de Peuple. Philippe ayant répondu qu'une grande ſomme d'argent
ne ſuffiroit pas pour en fournir ſeulement un morceau à chacun, André qui
étoit un autre Diſciple, dit à Jeſus-Chriſt, qu'il avoït vû dans la foule un petit
garçon qui portoit cinq pains d'orge & deux poiſſons, ajoûtant que ce n'étoit
rien en comparaiſon d'une ſi grande aſſemblée. Mais Jeſus-Chriſt ayant commandé à ſes Diſciples de faire aſſeoir ce Peuple, qui étoit au nombre de cinq
mille perſonnes, prit les cinq pains & les Poiſſons ; & ayant rendu graces à
Dieu, les fit diſtribuer à toute la troupe, en ſi grande quantité, que tout le
Peuple en fut raſſaſié. Jeſus-Chriſt fit amaſſer enſuite par ſes Diſciples tous les
reſtes du Repas, dont ils emplirent douze corbeilles. Le Peuple étonné d'un
prodige ſi extraordinaire, ſe diſoit l'un à l'autre : Que celui qui avoit fait ce
Miracle, étoit ſans doute ce Prophete que l'on attendoit depuis un ſi long-
temps.

S. Matthieu, Chap. 14. S. Marc, Chap. 6. S. Luc, Chap. 9. S. Jean, Chap. 6.

JESUS-CHRIST préchant dans une des Synagogues de la Galilée , apperçut une femme que la maladie avoit tellement courbée depuis dix-huit ans, qu'elle ne pouvoit regarder en haut ; & l'ayant appellée : Femme , lui dit-il , vous voilà maintenant délivrée de votre infirmité ; & ayant imposé ses mains sur elle, il la rendit saine & droite ; ce qui obligea cette femme à glorifier Dieu. Le Maître de la Synagogue étant indigné que Jesus-Christ eut entrepris de la guérir un jour de Sabath , disoit aux assistans qu'il y avoit six jours de travail, pendant lesquels ils pouvoient se presenter pour recevoir la guérison , mais non pas au jour du Repos. Alors J. Christ prenant la parole : Hipocrites , leur dit-il, je vous demande si vous ne déliez pas un jour de Sabath votre bœuf ou votre âne , pour le mener boire ; & cependant vous trouvez étrange qu'on délivre cette fille d'Abraham des liens d'une infirmité, où Satan la tient engagée depuis dix-huit ans. Cette réponse fit rougir de honte ses ennemis, pendant qu'elle donnoit de la joye aux assistans, qui voyoient avec admiration les miracles qu'il faisoit. Dans une autre occasion les Pharisiens se plaignant à Jesus-Christ , que ses Disciples se mettoient à table sans laver leurs mains ; il leur fit réponse qu'ils violoient eux-mesmes le Commandement de Dieu, pour suivre leur Tradition ; & ailleurs il leur dit : Vous autres Hypocrites, vous nettoyez la coupe & le plat au dehors, pendant que le dedans est souillé de rapines & de cent autres crimes.

S. Matthieu, Chap. 15. & 23. S. Luc, Chap. 13.

JESUS-CHRIST ayant passé la mer de Galilée, les Scribes & les Pharisiens le vinrent trouver, se plaignant à lui que ses Disciples négligeant de suivre la coûtume des Anciens, ne lavoient jamais leurs mains lorsqu'ils prenoient leur repas; & vous-mesmes, répondit Jesus-Christ : Pourquoi violez-vous par votre tradition le precepte de Dieu, qui vous commande d'honorer vos peres & meres, & celui qui condamne à la mort l'enfant qui les maudira. Vous osez encore soûtenir qu'un don offert dispense les enfans de l'obéissance qu'ils doivent à leurs peres & meres. Hypocrites que vous estes, Isaïe a bien prophetisé de vous, lorsqu'il a dit : Ce Peuple m'honore de parole, mais son cœur est bien éloigné de moi. C'est en vain que ceux-là m'honorent qui enseignent des preceptes qui ne viennent que des hommes. Jesus-Christ ayant fait ensuite assembler le Peuple : Ecoutez, lui dit-il, & comprenez bien ce que je vous enseigne. Ce n'est pas ce qui entre dans la bouche de l'homme qui le souille, mais plutôt ce qui en sort. Ses Disciples lui ayant remontré là-dessus, qu'il sçavoit bien que cette parole avoit scandalisé les Pharisiens : Toute plante, leur dit-il, que mon Pere n'aura point plantée, sera arrachée. Ne vous arrestez point aux discours de ces gens-là, ce sont des aveugles qui en conduisent d'autres. Or il est certain que si un aveugle en mene un autre, ils ne manqueront pas de tomber tous deux dans la fosse.

S. Matthieu, Chap. 15. S. Marc, Chap. 7.

JESUS-CHRIST sortant de la Province de Galilée, prit sa route du côté de Tyr & de Sidon, où étant entré dans une maison, il voulut faire celer son arrivée. Mais quelque soin qu'il prit de se cacher, une femme Chananéenne de nation le découvrit, s'écriant à haute voix, lorsqu'il passoit : Seigneur, fils de David, ayez pitié de moi, guerissez ma fille qui est étrangement tourmentée du Démon. Jesus-Christ n'ayant rien répondu à sa demande, & ses Disciples sétant approchez de lui, pour le prier de renvoyer cette femme, qui crioit ainsi aprés eux. Je ne suis envoyé, répondit-il, que pour sauver les brebis égarées du troupeau d'Israël. Ce refus ne la rebuta point, & elle se jetta à ses pieds pour le prier de la vouloir secourir. Jesus lui ayant répondu : Que le pain des enfans ne devoit point estre jetté aux Chiens : Je l'avoüe, Seigneur, lui dit-elle ; mais les chiens ne laissent pas néanmoins de manger les miettes qui tombent dessous la table de leurs Maistres. Alors Jesus fléchi par les ardentes prieres de cette femme : Vous avez, lui dit-il, une grande foi, ainsi je vous accorde ce que vous demandez. Il n'eut pas plutôt dit cette parole, que la Chananéenne étant retournée dans sa maison, trouva sa fille délivrée du Démon.

S. Matthieu, Chap. 15. S Marc, Chap. 7.

JESUS étant revenu de la Province de Tyr dans celle de Galilée, on lui amena un homme sourd & muet, pour recevoir la guérison de ses infirmitez. Jesus l'ayant tiré à l'écart, mit ses doigts dans les oreilles du malade, & sur la langue de sa salive ; ce qu'ayant fait, il leva les yeux au Ciel, en soûpirant, & prononçant ce mot *Ephpheta*, qui signifie soyez ouvertes, & aussi-tôt les oreilles du malade furent débouchées, & sa langue déliée, de telle sorte qu'il parloit fort distinctement. Il le remit ensuite entre les mains de ceux qui le lui avoient amené, leur commandant de tenir ce Miracle secret ; mais ce fut en vain, car plus il leur défendoit d'en parler, plus ils prenoient de plaisir à le publier par tout. Ce prodige étant divulgué lui attira de toutes parts un grand concours de Peuple, parmi lequel il y avoit une grande quantité de muets, de boiteux, d'aveugles, de manchots & de plusieurs autres affligez de differentes maladies, qu'il guérit, au grand étonnement de toute l'Assemblée. Jesus étoit pour lors assis sur une montagne, & il y avoit trois jours que cette grande foule de Peuple se tenoit auprès de lui, sans avoir dequoi manger. Le Sauveur qui en fut touché de compassion, ne les voulut pas renvoyer sans leur donner dequoi appaiser leur faim, se fit apporter sept pains & quelques petits poissons qui se trouverent là fortuitement, & les ayant multipliez en très-grande quantité par sa toute-puissance, il les fit distribuer à quatre mille personnes, sans compter les femmes & les petits enfans, lesquels ayant été rassasiez, en laisserent assez pour en remplir sept corbeilles.

S. Matthieu, Chap. 9. S. Marc, Chap. 7. & 8.

JESUS-CHRIST voulant fortifier notre foi, & notre esperance, par la promesse de la récompense que nous devons attendre de la Justice de Dieu, pour nos bonnes œuvres, raconta à ses Disciples la parabole suivante. Un hom- me riche, leur dit-il, ayant appris le mauvais menage d'un Fermier qui dissi- poit le bien dont il lui avoit confié la direction, l'appella pour lui en faire des reproches, & lui ôter sa Ferme, en lui faisant rendre compte des revenus qu'il en avoit reçûs. Ce Fermier étonné de se voir surpris en faute, & craignant d'être réduit à la mandicité, aprés avoir été chassé de la maison de son Maître, s'avisa d'un bon expedient pour prévenir le malheur dont il étoit menacé. Il fit venir tous les débiteurs de son Maistre, & leur ayant fait déclarer l'un aprés l'autre de combien ils étoient redevables, il leur en fit écrire la moitié moins qu'ils ne de- voient. Ce que le Maistre ayant appris, il donna des éloges à l'industrie de son Fermier. Cette parabole nous fait connoistre que les enfans du siecle, c'est-à- dire ceux qui donnent tous leurs soins aux choses temporelles, sont beaucoup plus ingenieux dans ce qui regarde les biens passagers, que ne sont les enfans de la lumiere; c'est-à-dire ceux qui devroient mépriser les biens temporels, pour ne s'attacher qu'à la perfection de la vie spirituelle.

S. Luc, Chap. 16.

JESUS voulant défabufer les hommes de l'erreur qui les fait regarder avec
mépris, ceux qui menent dans ce monde une vie pauvre & miferable, raconta
à fes Difciples la parabole fuivante. Il y avoit, leur dit-il, un homme riche, vêtu
de pourpre & de foye, paffant le tems dans les feftins, à la porte duquel étoit
étendu fur le pavé un pauvre, nommé Lazare, tout couvert d'ulceres, demand-
dant par aumône les miettes qui tomboient de fa table. Mais il avoit beau implorer le fecours du Riche, il le lui refufa, pendant que fes chiens plus pitoyables
que leur Maiftre, léchoient les playes du pauvre, lequel enfin étant mort, fon
ame fut emportée par les Anges dans le fein d'Abraham. Le riche mourut auffi,
mais avec une fin bien differente de celle du pauvre ; car ayant été précipité dans
l'Enfer, il vit de ce lieu-là le Lazare dans le fein d'Abraham, qu'il pria à haute voix
d'avoir pitié de lui, & de lui envoyer le Lazare pour jetter feulement avec le bout
du doigt une goutte d'eau fur fa langue, que l'ardeur des flammes de l'enfer avoit
deffeché. Mais Abraham lui ayant répondu, qu'il fe fouvint de l'abondance des
biens & des plaifirs dont il avoit joüi fur la terre, lorfque le Lazare avoit fouffert
mille maux, dont il recevoit la confolation, pendant qu'il étoit dans les fup-
plices. Ce malheureux Riche fupplia encore Abraham, d'envoyer feulement le
Lazare à cinq freres qu'il avoit, pour les avertir de prendre garde à ne pas tomber
dans l'état déplorable où fes pechez l'avoient réduit ; à quoi Abraham répondit,
qu'ils avoient en main la Loi de Moïfe & les Prophetes, & qu'il ne tenoit qu'à
eux de les fuivre.

S. Luc, Chap. 16.

LE Miracle le plus éclatant que Jesus-Chrift ait fait, & celui qui lui a attiré le
plus d'envie, c'eft la Réfurrection du Lazare, lequel étant devenu malade,
fes fœurs Marthe & Marie en donnerent avis à Jefus-Chrift, le fupliant de venir voir leur frere qu'il aimoit tendrement. Mais Jefus-Chrift n'étant venu qu'a-
près la mort du Lazare, fes fœurs que plufieurs Juifs étoient venus confoler, allerent au devant du Fils de Dieu. Marie fondant en larmes, fe jetta à fes
pieds, lui difant : que s'il étoit venu quelques jours plutôt, leur frere ne feroit
pas mort. Jefus-Chrift lui ayant répondu, pour la confoler, que fon frere reffuf-
citeroit : Je fçais bien, lui dit Marthe, qu'il reffufcitera au Jugement dernier.
Mais elle ne fçavoit pas le Miracle que Jefus-Chrift alloit faire en leur faveur;
car ce divin Sauveur touché de leurs regrets, leur ayant demandé en quel endroit
ils avoient inhumé ce défunt, elles le lui montrerent, & auffi-tôt Jefus-Chrift
ayant répandu des larmes, & commandé que l'on ôtât la pierre qui fermoit le
Sepulcre, il leva les yeux au Ciel, & adreffant fa parole au défunt : Lazare, lui
dit-il : Sortez du Tombeau. Le mort obéit en mefme tems à la voix du Seigneur,
& étant forti de fa fepulture, les pieds & les mains liées & le vifage couvert d'un
fuaire, Jefus-Chrift commanda qu'on le déliât. Une partie des Juifs qui furent
témoins de ce Miracle fe convertirent ; mais les autres en ayant averti les Pharifiens ; Caïphe qui préfidoit à leur affemblée, prononça qu'il étoit neceffaire qu'on
le fit mourir, de peur que toute la nation ne perift.

S. Jean, Chap. 11.

JESUS faisant une exhortation à ses Disciples : il est impossible, leur dit-il, qu'il n'arrive du scandale ; mais malheur à celuy par qui il arrivera. Tenez-vous sur vos gardes, & si vôtre frere vous offense, reprenez-le. S'il témoigne en avoir du repentir, pardonnez-luy, non seulement pour la premiere fois, mais tout autant de fois qu'il reviendra vous demander pardon. Ses Apôtres l'ayant prié ensuite de donner de l'accroissement à leur foy, Jesus aprés leur en avoir montré la force & la grandeur, se servit de la comparaison d'un serviteur fidele, pour nous enseigner l'humilité avec laquelle nous devons nous regarder comme des serviteurs inutiles devant Dieu, lors même que nous avons satisfait à toutes les obligations qu'il nous impose, puisqu'aprés tout nous n'avons fait que ce que nous avons été obligez de faire. Ce fut en ce tems-là que Jesus-Christ passant par le milieu de la Samarie & de la Galilée, pour aller à Jerusalem, dix Lepreux se presenterent à luy, le suppliant d'avoir pitié d'eux. Jesus les ayant renvoyez au Prêtre, ils se trouverent gueris en y allant : mais un d'entr'eux étant revenu se jetter aux pieds de Jesus-Christ pour l'en remercier, il luy demanda où étoient les neuf autres qui avoient été gueris avec luy ; & en mesme tems luy commandant de se lever, il luy declara que sa foy l'avoit sauvé.

S. Matthieu, Chap. 18. *S. Luc, Chap.* 17.

JESUS-CHRIST voulant accommoder sa Doctrine celeste à la foiblesse de
notre entendement, a mis souvent la parabole en usage dans ses Sermons. En voici
une qu'il proposa un jour, lors qu'étant monté sur une Barque, il prêchoit devant
une grande foule de Peuple, qui s'étoit rangée sur le rivage de la mer, pour l'entendre. Un Laboureur, disoit-il, étant venu ensemencer son champ, une partie de la
semence qu'il jettoit tombant dans le chemin, étoit aussi-tôt mangée des oiseaux.
L'autre qui avoit été jettée sur des endroits pierreux & steriles, ayant germée aussi-
tôt, fut peu de tems après brûlée par les ardeurs du Soleil, n'ayant pas assez de racines pour se conserver. La troisiéme partie tomba parmi des épines, lesquelles venant à croître, l'empêcherent de fructifier; mais la derniere ayant été semée dans
la bonne terre, se multiplia en abondance, à proportion de la bonté du terroir. Cette
parabole qui renferme un sens mysterieux, ne signifie autre chose que la parole de
Dieu, laquelle ayant été annoncée à plusieurs, Sathan figuré par les oiseaux leur
vient enlever tout le fruit qu'elle auroit pû faire dans leurs cœurs. Celle qui tombe
sur des pierres nous marque ceux qui ayant reçû la parole, ne lui donnent pas le
temps de s'enraciner, & en perdent le fruit dès la moindre disgrace qui leur arrive.
La semence jettée sur les épines nous represente ceux dans lesquels la parole de Dieu
étant reçûë, est aussi-tôt étouffée par les passions dereglées qui dominent dans le
cœur de l'homme: & enfin le bon terroir, où l'on seme le grain, nous marque ceux
en qui la parole de Dieu ayant pris de profondes racines, produit en eux des fruits à
proportion des graces que Dieu leur donne, & de leur fidelité à y correspondre.

S. Matthieu, Chap. 13. S. Marc, Chap. 4. S. Luc, Chap. 8.

JESUS-CHRIST poursuivant son chemin, entra dans un Château, où il fut reçu par une Dame de ce lieu nommée Marthe, dont la sœur appellée Marie, assise aux pieds de Jesus-Christ, écoutoit attentivement tous ses discours. Or Marthe étant fort occupée à regler le domestique, & se plaignant à Jesus-Christ que sa sœur se déchargeoit sur elle de tout le soin du ménage. Marthe, lui dit-il, Vous voilà bien en peine, & vous vous inquietez l'esprit de bien des choses inutiles. Sçachez qu'il n'y a qu'une chose uniquement necessaire ; Marie a fait un meilleur choix que vous, & il ne lui sera point ravi. Quelque tems aprés cela un de ceux qui suivoient Jesus-Christ, l'ayant prié de commander à son frere de partager paisiblement avec lui les biens qui leur appartenoient : Qui est-ce, lui répondit Jesus-Christ, qui m'a établi votre Juge, & l'arbitre de votre partage ? Et ensuite parlant à tous deux : Prenez garde, leur dit-il, à ne point tomber dans le peché d'avarice ; car ce n'est pas l'abondance des biens qui donne la vie à celui qui les possede. Jesus-Christ se servit encore de la parabole d'un homme, lequel étant devenu riche par une fertile moisson n'avoit pas assez de lieu pour serrer ce qu'il avoit recueilli, se promettant en lui-mesme de mener une vie tranquille & joyeuse, & de passer le reste de ses jours à faire bonne chere. Mais lorsqu'il s'entretenoit de ces pensées agréables, Dieu lui dit : Insensé que tu es, à qui appartiendront tous ces biens dont tu te flattes, puisque tu dois mourir dés cette nuit ?

S. Luc, Chap. 10. & 12.

JESUS-CHRIST ayant fait le miracle de la multiplication des cinq Pains, commanda à ses Disciples de s'embarquer sur le Lac de Genesareth, pour passer à Bethsaïda, jusqu'à ce qu'il eut congedié cette grande foule de Peuple, dont il se déroba pour aller seul sur une montagne se mettre en oraison. Or sur le déclin du jour, lorsque la Barque étoit en pleine mer, Jesus ayant remarqué le danger où cette Barque étoit réduite par la tempeste, marcha au milieu de la nuit sur les eaux de cette mer, & passa le long de la Barque à la vûë de ses Disciples, qui en furent saisis de crainte & d'étonnement ; que le prenant pour un phantôme, la frayeur les obligea de jetter de grands cris. Mais Jesus-Christ les ayant avertis de ne rien craindre, & que c'étoit lui-mesme qui leur parloit, Pierre le pria de permettre qu'il pût marcher sur l'eau, pour aller à lui ; ce que Jesus lui ayant accordé, il sortit de la Barque, & fit quelques pas sur l'eau ; mais les vagues de la mer étant agitées par un vent impetueux, lui firent perdre la confiance qu'il avoit auparavant, de telle sorte que se sentant enfoncer dans l'eau, il pria Jesus-Christ de le sauver du danger. Jesus-Christ le prenant par la main, & lui reprochant son incrédulité, le tira du danger. Jesus étant entré ensuite dans la Barque, le vent s'appaisa ; & ceux qui y étoient embarquez, l'adorerent & le reconnurent pour le Fils de Dieu.

S. Matthieu, Chap. 14. S. Marc, Chap. 6. S. Jean, Chap. 6.

LES Juifs qui avoient appris que Jesus-Christ avoit passé la mer à pied sec, étonnez d'un prodige si extraordinaire, le vinrent trouver à Capharnaum, lui demandant de quelle maniere il étoit arrivé en cette Ville. Mais Jesus-Christ qui connoissoit leurs plus secrettes pensées, leur reprocha qu'ils le cherchoient, non point à cause des Miracles qu'ils lui avoient vû faire, mais parce qu'il les avoit repus & rassasiez abondamment, lorsqu'ils le suivoient dans la campagne. C'est pourquoi, travaillez, leur dit-il, à vous acquerir, non pas une viande corruptible & passagere, mais une nourriture qui vous donne la vie éternelle, & que le Fils de l'homme vous distribuëra ; car Dieu le Pere l'a scellée de son sceau. Que ferons-nous donc, lui répondirent-ils, pour pratiquer les œuvres de Dieu ? C'est, leur dit-il, pratiquer les œuvres de Dieu que de croire en celui qu'il vous a envoyé. Mais par quel signe, lui repliquerent-ils, nous engagerez-vous à croire ce que vous nous enseignez ? Nos peres ont été nourris de la Manne dans le desert, & Dieu leur a donné le pain du Ciel. A quoi Jesus-Christ leur répondit, que Moïse ne leur avoit pas donné le vrai pain du Ciel, mais qu'ils le recevoient du Pere celeste, & que le veritable Pain de Dieu étoit celui-la mesme qui étoit descendu du Ciel, pour donner la vie au monde.

S. Jean, Chap. 6.

JESUS-CHRIST voulant faire connoiſtre à celui qui lui demandoit qui
étoit ſon prochain, que la charité doit s'étendre indifferemment ſur tous les
hommes, ſe ſervit de la parabole ſuivante. Un homme, dit-il, qui alloit de
Jeruſalem à Jericho, étant tombé entre les mains des voleurs, ils le dépoüille-
rent & le bleſſerent ſi dangereuſement, qu'ils le laiſſerent pour mort. Un Prêtre
qui paſſoit par le meſme chemin l'ayant apperçû en cet état, ſe détourna de peur
de le ſecourir. Un Levite qui ſe trouva dans le même endroit, en fit de meſme:
mais un Samaritain qui tenoit la meſme route, & qui n'eut pas la meſme dureté, s'étant approché du bleſſé, mit un appareil à ſes playes qu'il banda, après
y avoir verſé de l'huile & du vin: & l'ayant mis ſur ſon cheval, le mena dans la
premiere hôtellerie, où il le défraya, & pria l'hôte en partant de lui fournir tout
ce qui ſeroit néceſſaire pour ſa guériſon, avec promeſſe de lui payer à ſon retour ce que le malade dépenſeroit de plus. Jeſus ayant enſuite demandé à celui
qui lui avoit propoſé la queſtion, lequel des trois lui ſembleroit eſtre le prochain de celui qui étoit tombé entre les mains des voleurs. C'eſt, lui repondit-
il, celui qui a exercé l'œuvre de charité envers lui ? Et alors Jeſus-Chriſt ſe
ſervit de cette occaſion, pour lui ordonner d'en faire de meſme.

S. Luc, Chap. 10.

JESUS-CHRIST Notre Seigneur n'avoit encore paru aux yeux de ses
Disciples, que comme les autres hommes, lorsque voulant leur faire voir
dès cette vie un rayon de sa gloire, il choisit Pierre, Jacques & Jean, comme les
plus fidelles de ses Disciples, & ceux qu'il affectionnoit le plus, pour leur faire
part du mystere de la Transfiguration. Il monta donc avec eux sur la montagne
de Tabor, où s'étant mis en oraison, il fut changé en un instant, son visage
étant devenu lumineux & rayonnant comme le Soleil, & ses vestemens blancs
comme la neige. Deux hommes venerables & remplis de majesté, Moïse & Elie
étoient à ses côtez, s'entretenant avec lui des mysteres qu'il devoit accomplir
dans la Ville de Jérusalem. Or les trois Disciples de Jesus-Christ qui s'étoient
endormis sur la montagne, venant à s'éveiller furent d'abord éblouis de la clarté
dont leur Maistre étoit environné. Pierre lui en témoigna sa joye & le plaisir
qu'il avoit de se trouver dans un séjour si délicieux, disant qu'il falloit dresser
sur cette montagne trois Tabernacles, un pour Jesus-Christ, l'autre pour Moïse,
& le troisiéme pour Helie. Mais à peine eut-il parlé, qu'une nuée les ayant couverts, ils entendirent sortir de cette nuée une voix qui prononçoit ces paroles :
Celui-ci est mon Fils bien-aimé, écoutez-le. Elle n'eut pas plutôt cessé de parler,
que Moïse & Elie disparurent, & Jesus-Christ resta seul, au grand étonnement
de ses Disciples, qui demeurerent dans un profond silence, ne déclarant à personne
les merveilles qu'ils avoient vûës, parce qu'il leur avoit défendu d'en parler avant
sa Resurrection.

S. Matthieu, Chap. 17. S. Marc, Chap. 9. S. Luc. Chap. 9.

JESUS étant defcendu de la montagne de Tabor, fut abordé d'une grande
foule de peuple qui le vint voir par honneur, & entr'autres d'un homme qui
lui amena fon fils muet, tourmenté d'un Démon qui le rendoit lunatique, & le
faifoit fouvent tomber dans le feu & dans l'eau, & grincer horriblement les
dents en écumant & en fe déchirant foi-même avec une cruauté horrible. Ce pere
affligé ayant dit à Jefus-Chrift, qu'il avoit prefenté fon fils à fes Difciples, &
qu'ils n'avoient pû le guérir. Jefus-Chrift répondit : Jufques à quand, race infidele & corrompuë, ferai-je contraint de vivre parmi vous ? Amenez-moi cet
enfant. Le pere l'ayant conjuré d'en avoir pitié & de le guérir : Si vous pouvez
avoir de la foi, votre fils fera guéri ; car rien n'eft impoffible à ceux qui croyent.
Alors cet homme s'écriant, lui dit avec larmes : Seigneur, je crois, aidez-moi dans
mon incredulité. Jefus-Chrift prit l'enfant par la main, & l'ayant fait lever, le rendit fain à fon pere, en prefence de toute l'affemblée, qui ne put s'empefcher d'é-
xalter la puiffance de Dieu. Les Difciples de Jefus-Chrift le vinrent trouver enfuite, & ayant appris de lui la raifon pour laquelle ils n'avoient pû guérir cet
enfant, ils le fupplierent d'augmenter leur foi.

S. Matthieu, Chap. 17. S. Marc, Chap. 9. S. Luc, Chap. 9.

JESUS étant venu au Temple dès le point du jour pour inftruire le Peuple, les Scribes & les Pharifiens lui ammenerent une femme furprife en adultere, difant que fuivant la Loi de Moïfe elle devoit être lapidée, & lui demandant là-deffus fon fentiment ; ce qu'ils faifoient exprès pour l'éprouver, & pour trouver un fujet de l'accufer ou d'avoir violé la Loi, s'il venoit à l'abfoudre, ou d'inconftance & de legereté s'il la condamnoit à la mort. Jefus qui penetroit dans le fond de leurs cœurs, s'abaiffant contre la terre, écrivoit avec le bout du doigt fur la pouffiere : Et comme ils continuoient à l'interrroger, il fe leva & leur dit : Que celui d'entre vous qui eft fans peché, lui jette la premiere pierre. Il fe baiffa une feconde fois pour écrire fur la pouffiere, ce qu'ils n'eurent pas plutôt vû, que confus de fe voir eux-mefmes condamnez par leur propre confcience, ils fe retirent tous l'un après l'autre, laiffant la femme feule avec Jefus-Chrift, qui s'étant relevé pour lui demander où étoient fes accufateurs, & fi perfonne ne ne l'avoit condamnée : Perfonne lui répondit - elle, Seigneur. Je ne vous condamnerai pas non plus, lui dit-il : Allez-vous en paix, & ne retombez plus dans le peché.

S. Jean, Chap. 8.

JESUS-CHRIST dont toutes les actions & les paroles ne tendoient qu'à nous instruire & à nous conduire dans le chemin du Ciel, se servit de la Parabole suivante , pour nous apprendre à ne nous pas laisser emporter à nos passions dereglées , & à retourner à Dieu, notre Pere commun , lorsque nous avons été assez malheureux pour l'abandonner. Un Pere de famille , dit-il , avoit deux fils , dont le plus jeune voulant se jetter dans la débauche & dans le libertinage, lui demanda la part qu'il pouvoit prétendre dans son bien ; ce que le pere lui ayant accordé, ce jeune homme ne fut pas plutôt maître de son patrimoine , qu'il s'en alla dans un Pays éloigné , ou s'étant adonné au jeu & à la débauche , il le dissipa en peu de temps , & se vit réduit à la mandicité. Ce malheur arrive ordinairement aux libertins , qui se laissant entraîsner à leurs mouvemens déreglés , tombent souvent dans un état , dont ils ne se relevent presque jamais.

S. Luc , Chap. 15.

CE malheureux Prodigue ayant abforbé entierement fon patrimoine par les débauches, ceux qui avoient contribué à la diffipation de fon bien, l'abandonne-
rent & ne voulurent plus le reconnoiftre, & pour comble de mifere, une grande
famine étant furvenuë dans ce pays-là, il fe vit réduit à une fervitude honteufe chez
un des Habitans du lieu qui lui donna fes pourceaux à garder. Dans cette vile
& malheureufe condition, ce miferable n'avoit pas du pain à manger, & pour
raffafier fa faim, il auroit volontiers devoré le gland & les écoffes dont les Pourceaux fe repaiffoient. Que deviendra donc ce Prodigue dans fa mifere, & à qui
aura-t-il recours ? Un jour faifant réfléxion fur fa pauvreté & fur fa vie paffée :
Combien, difoit-il en lui-mefme, y a-t-il de ferviteurs dans la maifon de mon
pere qui ne manquent de rien, & qui ont abondamment tout çe qui eft nécef-
faire à l'entretien de la vie, pendant que je meurs ici de faim. Il faut abfolu-
ment que je quitte ce lieu-cy pour retourner chez mon pere, & lui demander
pardon, en lui difant : *Mon Pere, je confeffe que je fuis grandement coupable devant Dieu & devant vous auffi, je ne merite pas que vous me regardiez comme
votre fils, tenez-moi feulement dans votre maifon comme le moindre de vos ferviteurs,
& donnez-moi un peu de pain.* Enfin ce malheureux Prodigue animé par l'efperance de fléchir le cœur de fon pere, partit du lieu de fa fervitude, abandonnant cette baffe & honteufe condition pour retourner dans la maifon paternelle.

S. Luc, Chap. 15.

IL est vrai de dire que la necessité n'est pas moins la mere de l'Humilité, que la maîtresse des Arts. Aussi elle abaissa tellement l'orgueil & l'insolence de l'Enfant Prodigue, qu'elle l'obligea à retourner dans la maison de son pere, qui l'ayant vû venir de loin, accourut à lui pour l'embrasser, la nature lui faisant oublier tous les chagrins que la mauvaise conduite de ce fils débauché lui avoit causez. Ce fut pour lors que s'étant jetté aux pieds d'un pere si tendre, il lui dit d'un ton de voix, qui marquoit un veritable regret de ses débauches passées : *Mon Pere, j'avouë que j'ai merité l'indignation de Dieu & la vôtre, & que je merite que vous me renonciez pour vôtre fils.* Ce bon pere touché de compassion d'un repentir si plein de douleur, se fit apporter sa premiere robe pour l'en revêtir, & un anneau pour le luy mettre au doigt; & voulant marquer la joye que son retour luy causoit, il fit tuer le veau gras, & donna un festin où il invita ses amis. Pendant que toute la maison retentissoit de joye, & du son des instrumens pour le retour de l'Enfant prodigue, son frere aîné qui revenoit de la campagne entendit cette melodie. Lors qu'il en eut appris le sujet, il en eut du chagrin, & la jalousie fut si grande contre son frere, à qui leur pere avoit fait tant de caresses, qu'il ne voulut point entrer dans la maison. Le pere sçachant ce mécontentement sortit pour l'obliger à rentrer, luy remontrant avec douceur, que cette réjouissance ne devoit point luy causer de chagrin; mais qu'au contraire il y devoit prendre part, puisque son frere qu'il croyoit perdu étoit retrouvé, & qu'au reste il devoit être content d'être toûjours dans ses bonnes graces, & d'être sûr de posseder un jour tout le bien de sa maison.

S. Luc, Chap. 15.

J ESUS-CHRIST jettant un jour les yeux sur un homme aveugle dès sa
naissance, & ses Disciples lui demandant par la faute de qui ce mal lui étoit arrivé, ou par la sienne, ou par celle de ses pere & mere ; Jesus-Christ leur répondit, que les pechez de cet aveugle, ni ceux de son pere & de sa mere, n'étoient
point la cause de ce malheur, mais seulement qu'il étoit necessaire que cela ar-
rivât ainsi, pour faire éclater davantage la puissance de Dieu. Et ayant pris delà
un sujet de les entretenir sur la vocation de cet homme, il lui frotta les yeux
avec de la poussiere qu'il avoit détrempée avec sa salive ; & l'ayant envoyé à la
fontaine de Siloé pour s'y laver, l'Aveugle revint dans sa maison avec de bons
yeux, au grand étonnement de tout le voisinage, qui lui demanda où étoit l'homme
qui avoit fait ce grand Miracle ; & comme il eut répondu qu'il n'en sçavoit rien,
ses voisins le menerent aux Pharisiens, qui l'ayant interrogé sur toutes les circonstances de sa guérison, il leur en fit un fidele recit. Plusieurs Pharisiens prirent
delà occasion de dire, que celui qui avoit fait ce miracle, n'étoit pas un homme
envoyé de la part de Dieu, puisqu'il n'observoit pas le jour du Sabath : les autres soûtenant au contraire, que la malice qu'on lui imputoit étoit incompatible
avec le don qu'il avoit de faire de si grandes merveilles. Ainsi leurs opinions étant
partagées, ils demanderent à l'aveugle ce qu'il en pensoit, & il leur répondit qu'il
le croyoit un grand Prophete ; & depuis ce tems-là ayant rencontré Jesus-Christ,
il l'assura qu'il croyoit en lui, & il se prosterna devant lui, en signe d'adoration.

S. Jean., Chap. 9.

JESUS-CHRIST parlant un jour aux Pharisiens, leur fit voir la difference qu'il y a entre le Larron & le Pasteur des brebis. Celui, leur dit-il, qui n'entre pas par la porte dans le bercail, mais par d'autres endroits, doit être consideré comme un voleur ; & que celui-là au contraire qui entre par la porte, doit estre regardé comme le vrai Pasteur des brebis. Le Portier lui ouvre la porte sans hé-siter, & les brebis suivent bien plûtôt sa voix, que celle d'un étranger. Les Pha-risiens ne pouvant comprendre ce que Jesus-Christ leur vouloit faire entendre par cette comparaison. C'est moi, leur dit-il encore, qui suis véritablement la porte par où les brebis entrent dans le bercail, & quiconque y entrera par moi sera sauvé, & je lui donnerai la nourriture. Le Larron ne vient dans le troupeau, que pour dérober, tuer & détruire : mais je n'y suis venu que pour donner la vie, & une pâture plus abondante aux ouailles. Le bon Pasteur expose sa vie pour la conservation de ses brebis ; le mercenaire au contraire s'enfuit pendant que le loup les ravit. C'est moi qui suis le bon Pasteur, je connois mes brebis, & elles me connoissent pareillement. Je connois aussi mon Pere, de mesme que je suis connu de lui, & je donne ma propre vie pour mes brebis. J'ai encore d'autres brebis qui ne sont point de ce troupeau, il faut aussi que je les amene, elles entendront ma voix, & ne feront qu'un mesme troupeau, qui n'aura qu'un mesme Pasteur. C'est pour cela que mon Pere m'aime, parce que j'abandonne ma vie pour la reprendre.

S. Jean, Chap. 10.

JESUS-CHRIST qui assembloit dans sa personne la qualité de Roy, avec toutes les qualitez les plus éminentes qui se puissent trouver dans un homme-Dieu, voulant faire voir qu'il n'étoit point venu au monde pour faire soûlever le Peuple contre son Prince legitime, comme ses ennemis l'en accusoient faussement, mais bien plustost pour lui persuader l'obeïssance ; s'est lui-mesme soufmis aux Loix du Prince, suivant l'exemple qu'il en a donné ; lorsque ceux qui étoient commis à la levée du Tribut ayant demandé à Pierre si son Maître ne vouloit pas le payer, il y consentit. Ce Disciple étant revenu à la maison, Jesus le prevint, en lui demandant de qui les Rois de la Terre exigeoient le Tribut, ou de leurs enfans, ou des étrangers ? Pierre ayant répondu qu'il le recevoient des étrangers & non de leurs enfans qui étoient francs de toutes sortes d'Imposts ; & Jesus-Christ d'ailleurs ne voulant pas donner sujet aux Princes de la Terre de se plaindre de lui, commanda à Pierre d'aller pescher dans la mer, & d'éventrer le premier poisson qu'il prendroit, dans lequel il trouveroit une piece d'argent qu'il donneroit au Receveur du Tribut, ce qu'il executa. Ensuite de cela Jesus-Christ quitta la Province de Galilée, pour aller dans la Judée au-delà le Jourdain, où il fut suivi d'un grand concours de Peuple, parmy lequel il se trouva une grande quantité de malades, à qui il rendit la santé.

S. Matthieu, Chap. 17.

LE Peuple qui venoit de toutes parts à Jesus-Christ, lui ayant amené plusieurs Enfans pour les lui faire toucher, & ses Disciples leur refusant l'accès auprès de lui : Laissez, leur dit-il, venir à moi ces petits Enfans ; car c'est à ceux qui leur ressemblent que le Royaume de Dieu appartient. Je vous dis en verité, que quiconque ne recevra point dans son cœur le Royaume de Dieu, avec la mesme innocence que ces petits enfans, il n'y entrera point ; ce qu'ayant dit, il imposa ses mains sur eux & les benit. Il arriva ensuite un homme, lequel s'étant prosterné devant Jesus-Christ pour lui demander ce qu'il devoit faire pour acquerir la vie éternelle : Si vous voulez, lui dit Jesus-Christ, parvenir à la vie éternelle, observez les Commandemens ; & lui ayant fait un détail de tous les preceptes, il finit par celui d'aimer son prochain comme soi-mesme. Cet homme lui demandant ce qu'il falloit faire outre cela, pour acquerir une plus grande perfection. Si vous voulez estre parfait, lui dit Jesus-Christ : allez, vendez tout ce que vous possedez, & distribuez-le aux pauvres, & par ce moyen vous aurez un trésor dans le Ciel. Cet homme qui ne pouvoit consentir à se dépouiller de ses biens qui étoient considerables, s'étant retiré tout triste d'avoir reçû ce conseil. Jesus-Christ prit de-là occasion de faire voir à ses Disciples, qu'un riche entre difficilement dans le Ciel, mais que néanmoins tout est facile à Dieu.

S. Matthieu, Chap. 18. & 19. S. Marc, Chap. 10. S. Luc, Chap. 18.

JESUS-CHRIST voulant faire voir l'obligation indispensable où tous les hommes sont, d'employer tous leurs soins pour la gloire de Dieu, se servit d'une belle parabole. Le Royaume de Dieu, disoit-il, est semblable à un bon pere de famille, lequel ayant loué des ouvriers à un denier par jour, & les ayant envoyez travailler dans sa vigne dès le point du jour, revint ensuite par trois diverses fois dans la place publique, où ayant trouvé d'autres ouvriers qui attendoient de l'emploi, il les envoya comme les autres travailler à sa vigne. Lorsque le jour fut fini, il paya également tous ses ouvriers, commençant par le dernier, auquel il donna un denier. Ceux qui avoient travaillé tout le long du jour, se plaignant que ceux qui étoient venus les derniers à l'ouvrage, étoient aussi-bien recompensez que ceux qui y étoient venus les premiers. Mon ami, répondit le Maistre à l'un d'eux : Je ne vous fais point de tort, en vous donnant le prix dont je suis convenu avec vous : Ne m'est-il pas permis de donner mon bien à qui il me plaira ? Ainsi contentez-vous de ce qui vous est dû, & allez-vous en. Si j'ai la volonté de donner au dernier autant qu'à vous, pourquoi le regardez-vous d'un aussi mauvais œil, que j'ai de bonté pour lui ? Jesus-Christ conclut sa parabole, en disant que les derniers seroient les premiers, & que tout au contraire les premiers deviendroient les derniers ; parce que plusieurs sont appellez, & peu sont choisis.

S. Matthieu, Chap. 20.

JESUS-CHRIST allant un jour vers la ville de Jericho , un homme très-
riche , nommé Zachée , Chef des Publicains , vint un jour parmi une grande
affluence de peuple , pour contenter la curiosité qu'il avoit de voir Jesus-Christ ,
& pour tâcher de le discerner dans la foule (ce qui lui étoit impossible à cause
de sa petite taille) il s'avisa de monter sur un Sycomore dans l'endroit par où il
devoit passer. Jesus-Christ passant par ce lieu-là , & l'ayant apperçû : Zachée ,
lui dit-il : Descendez promptement , car j'ai resolu de loger aujourd'hui dans votre maison. Zachée ayant aussi-tôt obéï à Jesus-Christ , le reçut dans son logis
avec toute la joie imaginable , ce qui fut un sujet de murmure à quelques-uns
qui trouverent à redire que Jesus-Christ qui passoit pour un saint homme & un
grand Prophete , allât loger chez un pecheur. Mais Zachée faisant le sujet de sa
conversion , de ce qui avoit été pour eux une matiere de scandale , dit à Jesus-
Christ , qu'il donnoit volontiers la moitié de son bien aux pauvres , & qu'il s'offroit de restituer le quadruple de ce qu'il avoit usurpé sur autrui ; ce que notre
Sauveur ayant entendu , il est arrivé aujourd'hui , dit-il , un grand bonheur dans
cette maison , parce que celui-ci est aussi enfant d'Abraham ; car le Fils de l'Homme , (c'est ainsi qu'il parle de lui-même ,) est venu chercher & sauver ce qui
étoit perdu.

S. Luc , Chap. 19.

DAns le tems que les Princes des Prêtres & les Scribes concertoient entr'eux
le deſſein de faire mourir notre Sauveur, il vint à Bethanie pour ſe trouver
à un feſtin chez Simon le Lepreux. Etant aſſis à table avec les conviez, une femme
entra dans la ſalle du feſtin, avec une boëte pleine d'onguent aromatique, dont
elle oignit les pieds de Jeſus, qu'elle eſſuya de ſes cheveux; ce qui ſcandaliſa fort
Judas, ſurnommé Iſcariote, lequel en murmura hautement, ſe plaignant que
cette profuſion d'onguent précieux qui coutoit une ſomme conſiderable, auroit
été bien mieux employée, ſi on l'avoit venduë pour en faire des aumônes aux
pauvres : mais ſon cœur trahiſſoit ſa langue, car il ne diſoit pas cela par un
motif de charité envers les pauvres, c'étoit plutôt par un mouvement d'avarice
inſatiable, parce qu'il eut bien voulu en tenir l'argent dans la bourſe commune
des Apôtres, dont il étoit l'économe. Mais Jeſus-Chriſt entreprenant la défenſe
de cette femme : Ne l'empeſchez pas, dit-il à Judas & aux autres, de faire une
action louable envers moi ; car vous aurez toujours des pauvres avec vous, mais
vous ne me poſſederez pas toujours, c'eſt un devoir qu'elle rend par anticipation
à la ſepulture de mon corps ; je vous aſſure que cette action ſera préconiſée par
tout où l'Evangile ſera publié. Judas étant ſorti ſur ces entrefaites alla trouver
les Principaux des Preſtres, auſquels il promit de livrer Jeſus-Chriſt, moyen-
nant une certaine ſomme, dont ils convinrent avec lui.

S. Matthieu, Chap. 26. S. Marc, Chap. 14.

JESUS étant arrivé proche de la montagne des Olives, envoya avant que d'entrer à Jerusalem deux de ses Disciples dans le Village prochain pour lui amener une ânesse & son petit qu'ils trouveroient attachez, leur donnant charge de dire à ceux qui voudroient les en empescher, que c'étoit par l'ordre du Seigneur qui en avoit besoin. Or il est à remarquer que toutes ces choses arrivoient suivant la Prophetie qui se lit dans le chapitre neuviéme de Zacharie. Les Disciples executerent sans aucun obstacle, ce que leur Maistre leur avoit ordonné, & ayant mis des vétemens sur l'ânesse, ils le firent monter dessus. Le peuple voyant marcher Jesus-Christ dans cet humble équipage, alloit devant lui pour honorer son triomphe, les uns étendant leurs vétemens dans le chemin par où il devoit passer, & les autres coupant des branches d'arbres & de la verdure dont ils jonchoient le chemin par où il passoit. Lorsqu'il fut arrivé prés de la montagne des Olives, tout le peuple qui l'accompagnoit poussa des cris d'allegresse, criant à haute voix avec ses Disciples: Salut & gloire au Fils de David: Beni celui qui vient au nom du Seigneur. Jesus qui marchoit au bruit des acclamations que le peuple faisoit à sa louange, étant arrivé près de cette fameuse Ville, dont il prévoyoit la destruction, il jetta des larmes de compassion pour tous les maux qu'elle devoit endurer quarante ans après sa mort.

S. Matthieu, Chap. 21. S. Marc, Chap. 11. S. Luc, Chap. 19. S. Jean, Chap. 12.

JESUS étoit en chemin avec ses douze Disciples pour revenir
de Bethanie à Jerusalem, lorsque se sentant pressé de la faim, il
s'approcha d'un Figuier pour en cüeillir des fruits; mais n'y ayant
trouvé que des feüilles, car la saison des figues n'étoit pas encore
venuë, il lui donna sa malédiction, & le Figuier devint aussi-tôt
sec. Ses Disciples furent étonnez de ce prodige, & Pierre lui ayant
témoigné sa surprise : Ayez, leur dit-il, de la confiance en Dieu ;
car étant munis de la Foi, vous serez non seulement capables de
faire ce Miracle, mais vous pourriez même d'une seule parole
transferer cette montagne dans le milieu de la mer, & vous
pouvez vous assûrer que toutes choses que vous demanderez par
des prieres accompagnées de la Foi, vous seront accordées.

S. Matthieu, Chap. 21. S. Marc, Chap. 11

JESUS étant dans le Temple de Jerufalem où il enfeignoit, les Princes des Prêtres, les Docteurs de la Loi, & les Senateurs, qui avoient été témoins de fa doctrine & de fes œuvres miraculeufes, l'étant venu trouver en corps pour lui demander de quelle autorité il enfeignoit & faifoit toutes ces chofes, & de qui il l'avoit reçûë. Je vous demanderai auffi une chofe, leur dit-il, & quand vous y aurez répondu, je vous répondrai de même en vertu de quoi je les ai faites : Dites-moi, je vous prie, d'où étoit le Baptême de Jean ? du Ciel, ou des hommes ? Les Prêtres qui craignoient d'être convaincus d'incredulité, s'ils approuvoient ce Baptême, comme étant du Ciel, ou d'être lapidez par le peuple, s'ils le rejettoient comme une invention des hommes, ayant mieux aimé répondre, qu'ils n'en fçavoient rien : Je ne vous déclarerai pas non plus, leur dit-il, par quelle autorité je fais ce que vous me voyez faire.

S.Matthieu, Chap. 21. S. Marc, Chap. 11. S. Luc. Chap. 20.

JESUS qui connoiſſoit par ſes lumieres divines la conſpiration ſecrette que les Prêtres & les Phariſiens formoient contre ſa perſonne, leur raconta la Parabole qui
ſuit. Un pere de famille fit planter & environner de hayes une vigne, près de laquelle il fit bâtir une tour & un preſſoir, & l'ayant affermé à des vignerons, il fit
un long voyage dans un Païs éloigné, d'où étant enfin de retour, il envoya ſes ſerviteurs aux vignerons pour exiger d'eux les ſommes qu'ils étoient obligez de lui payer,
ſuivant la convention faite avec eux. Mais les vignerons au lieu de ſatisfaire au paye-
ment, ſe jetterent ſur eux, & en ayant tué l'un & aſſommé l'autre à coups de pierre,
ils laiſſerent le troiſiéme fort bleſſé qui prit la fuite vers le logis de ſon Maître, auquel il raconta le malheur qui étoit arrivé à ſes Compagnons. Le Pere de Famille
étonné de cette rebellion, renvoya chez les Vignerons des ſerviteurs en plus grand
nombre; mais ces domeſtiques ayant reçû le même traitement que les premiers, il
réſolut enfin d'y envoyer ſon fils pour eſſayer de faire rentrer dans le devoir ces ſé-
ditieux, qui n'eurent pas plus de reſpect pour lui que pour ſes ſerviteurs; car l'ayant
vû venir de loin, ils formerent entr'eux la réſolution de le faire mourir, & après
l'execution de ce cruel attentat, ils prirent ſon corps & le jetterent hors de la vigne.
Or quel châtiment, pourſuit Jeſus-Chriſt, penſez-vous que le maître de la vigne fera
ſouffrir à ces Vignerons, lorſqu'il viendra lui-même contr'eux ? Nous ne doutons point,
répondirent ceux-ci, qu'il ne les faſſe tous perir miſerablement; enſuite de quoi il af-
fermera ſa vigne à d'autres pour en recevoir les fruits dans une ſaiſon commode. Or
les Princes des Prêtres & les Scribes connoiſſant que cette Parabole s'adreſſoit à eux,
auroient fait prendre Jeſus-Chriſt dés ce moment-là, s'ils n'euſſent point appréhendé
la fureur du peuple qui le conſideroit comme un grand Prophete.

S. Matthieu, Chap. 21. S. Marc, Chap. 12. S. Luc, Chap. 20.

LES Juifs qui obfervoient par leurs émiffaires toutes les paroles & toutes les actions de Jefus-Chrift, inventoient tous les jours de nouveaux artifices & lui tendoient toutes fortes de pieges pour l'obliger à tenir quelques difcours contre les Puiffances de la Terre. Ils lui envoyerent donc fous main des créatures d'Herodes & des Pharifiens, lefquels contrefaifant les gens de bien, l'aborderent en cette forte : Nous fommes perfuadez, lui dirent-ils ; que vous êtes le Docteur de la Verité ; & que vous faites profeffion de l'enfeigner & de la dire par tout fans qu'aucun refpect humain vous en puiffe empefcher. Ditesnous donc, s'il vous plaift, s'il eft permis ou non de payer le tribut à Cefar? Jefus qui reconnut auffi-tôt leur artifice : Pourquoi, leur dit-il, malheureux hypocrytes que vous eftes, venez-vous ici pour m'éprouver? montrez-moi la monnoye dont on paye le tribut, ce qu'ils firent, & Jefus-Chrift leur ayant demandé de qui étoit l'image imprimée fur la monnoye, & quelle en étoit l'infcription, ils répondirent que c'étoit l'image de Cefar: Rendez donc, leur dit-il, à Cefar, ce qui lui appartient, & à Dieu ce qui lui eft dû. Cette fage réponfe leur ayant fermé la bouche en prefence du Peuple qui en fut étonné, ils s'en retournerent honteux & confus de voir leur rufe découverte.

S. Matthieu, Chap. 22. S. Marc, Chap. 12. S. Luc. Chap. 20.

JESUS preschant un jour la parole de Dieu à ses Disciples & au peuple qui s'étoit assemblé pour l'entendre, les Scribes, leur dit-il, & les Pharisiens sont assis sur la Chaire de Moïse pour vous instruire ; vous devez observer tout ce qu'ils vous enseignent ; mais gardez-vous bien de faire ce qu'ils font ; car ils disent beaucoup de belles choses qu'ils ne pratiquent pas. Ils mettent de pesans fardeaux sur les épaules des hommes, & ils ne voudroient pas seulement y avoir mis le bout du doigt. Ils font de bonnes actions à la vûë de tout le monde ; mais deffiez-vous-en. Vous les voyez occuper les premieres places dans les Cenes, dans les Festins & dans les Synagogues, & ils prennent plaisir à se faire respecter en public. Cependant ils ruinent les familles des veuves, sous pretexte de faire des oraisons aussi pleines d'hypocrisie qu'elles sont longues ; mais ils en seront punis d'autant plus rigoureusement. Ils veulent être qualifiez de Docteurs & de Maîtres ; mais gardez-vous bien d'en user ainsi, puisque vous ne devez reconnoistre qu'un seul Maistre, & qu'étant Freres, vous n'avez tous qu'un mesme Pere qui est dans le Ciel. Celui d'entre vous qui s'élevera sera humilié, & au contraire celui qui s'humiliera sera élevé. Jesus-Christ finit son Sermon par les malédictions dont il chargea les Scribes & les Pharisiens, leur reprochant leur hypocrisie, & qu'ils ne fermoient pas seulement aux autres l'entrée du Royaume des Cieux, mais encore à eux-mesmes, en se trompant les premiers.

S. Matthieu, Chap. 23. S. Marc, Chap. 12. S. Luc, Chap. 20.

JESUS qui éxaminoit les offrandes que l'on faisoit dans le tronc du Temple,
ayant vû une pauvre veuve qui donna seulement deux deniers, parmi quantité de largesses considérables que les riches faisoient: En verité, dit-il à ses Disciples, je vous assure que cette pauvre veuve a plus donné que les autres; car
les riches n'ont offert qu'une partie de leur superflu, & cette femme au contraire
a donné tout ce qu'elle avoit. Quelques-uns qui regardoient avec plaisir la magnificence du Temple, ne pouvant s'empescher d'en témoigner de l'admiration : C'est
donc-là, leur dit-il, ce que vous considerez avec étonnement : Apprenez qu'un
jour il sera démoli jusqu'aux fondemens. Ses Disciples lui ayant demandé en quel
temps cela arriveroit, & quel signe marqueroit ce funeste évenement : Prenez
bien garde, leur dit-il, à ne vous pas laisser tromper; car plusieurs viendront
sous mon nom, usurpant la qualité de Christ. Ils ne tarderont pas à venir; mais
gardez-vous bien de les suivre. Quand vous verrez les guerres & les revoltes,
n'en soyez pas surpris; puisqu'il est nécessaire que toutes ces choses arrivent;
mais la fin n'arrivera pas si tôt. Les Nations s'éleveront les unes contre les autres; la terre sera agitée par des tremblemens, & désolée par la famine & par
la peste, & l'on verra pour lors des signes épouvantables dans le Ciel. Mais
avant que toutes ces choses arrivent, vous serez trainez dans les Synagogues &
en présence des Rois, qui vous feront souffrir beaucoup de maux à cause de moi.

S. Matthieu, Chap. 24.   S. Marc, Chap. 12. & 13. S. Luc, Chap. 21.

JESUS-CHRIST voulant nous apprendre que ce n'est pas assez de se disposer à le suivre, si l'on ne persevere jusqu'à la fin, compare le Royaume de Dieu à dix Vierges qui s'en allerent au devant de l'Epoux, ayant chacune une lampe à la main. Il y en avoit cinq prudentes & cinq folles. Les prudentes se précautionnerent avant l'arrivée de l'Epoux, en mettant de l'huile dans leurs lampes & emportans leurs vaisseaux pleins d'huile, ce que les folles ne firent pas. L'Epoux ayant tardé à venir, & les Vierges s'étant endormies, on les éveilla à l'heure de minuit pour les avertir d'aller au devant de l'Epoux qui arrivoit. Elles se leverent donc & emporterent chacune leurs lampes; mais les folles s'appercevant trop tard de la faute qu'elles avoient faites, & ayant demandé aux prudentes de l'huile pour remplir leurs lampes qui s'éteignoient, les autres s'excuserent sur ce qu'elles n'en avoient apporté que pour elles, leur conseillant d'en aller achepter : mais pendant qu'elles y allerent, l'Epoux arriva, & celles qui avoient leurs lampes toutes prestes étant entrées avec lui, on ferma aussi-tôt la porte. Les Vierges folles étant de retour, supplierent l'Epoux de la leur ouvrir, mais il le leur refusa, disant qu'il ne les connoissoit point. C'est pourquoi, dit Jesus-Christ à ses Disciples, veillez & tenez-vous sur vos gardes, puisque vous ne sçavez ni le jour, ni l'heure.

S. Matthieu, *Chap.* 25.

C'EST une verité constante, & dont personne ne doute, que chacun sera puni ou récompensé selon le bien ou le mal qu'il aura fait, & qu'il emportera à l'heure de la mort devant le Tribunal de Dieu. C'est ce qui doit obliger tous les hommes à se faire en cette vie un trésor de bonnes œuvres, afin d'avoir de quoi se faire ouvrir la porte du Ciel, lorsqu'ils seront invitez aux nopces éternelles de l'Epoux celeste, & de ne pas tomber dans la disgrace qui arriva aux cinq Vierges insensées, lesquelles n'ayant point de provision d'huile pour entretenir la lumiere de leurs lampes, & l'Epoux étant arrivé dans la maison du festin nuptial, pendant qu'elles étoient allez achepter de l'huile, elles furent bien surprises de se voir à leur retour excluses de la maison où l'Epoux avoit introduit auparavant les Vierges prudentes, parce qu'il les avoit trouvées en état de le recevoir. Jesus-Christ s'est servi de cette comparaison, pour nous avertir d'être toujours sur nos gardes, pour n'estre point surpris à l'heure de notre mort, dépourvûs de bonnes œuvres, & sans merites, pour la bienheureuse éternité. C'est donc à nous à veiller incessamment & à nous accumuler des richesses pour le Paradis, si nous voulons estre reçus au nombre de ceux à qui l'Epoux celeste ouvrira un jour la porte du Ciel, pour leur faire gouter les délices des nopces éternelles qu'il doit celebrer pour jamais dans le séjour des Bienheureux.

S. Matthieu, Chap. 25.

LA solemnité de Pâques s'approchoit lorsque les Scribes & les Pharisiens cherchant tous les moyens imaginables de faire mourir notre Sauveur, & craignant la fureur du peuple, parmi lequel il étoit en grande veneration, le démon qui s'empara du cœur de Judas Iscariot, leur présenta une occasion favorable à l'execution de leur attentat. Ce Judas étoit un des douze Disciples de notre Sauveur; mais quelque zele qu'il fit semblant de témoigner dans sa vocation à l'Apostolat, il n'avoit pû obtenir sur soi de renoncer au penchant de l'avarice à laquelle il étoit fort enclin. Ce malheureux Apôtre succombant à cette passion dereglée, alla offrir son ministere aux Princes des Prestres & aux Magistrats, promettant de leur livrer Jesus-Christ pour trente deniers d'argent, qui furent le prix de cette infame trahison. Ce malheureux traistre épioit l'occasion d'executer sa promesse avec plus de facilité, lorsque Jesus-Christ seroit dans un endroit où il ne pourroit estre secouru du peuple. Le jour d'immoler l'Agneau Paschal étant venu, Jesus ordonna à Pierre & à Jean de lui préparer & à ses Disciples la victime de Pâques, pour la manger avec eux, ce qu'ils firent; & quand l'heure du repas fut venuë, il s'assit à table avec les douze Apôtres, pour manger ensemble l'Agneau Pascal.

S. Matthieu, Chap. 26. S. Marc, Chap. 14. S. Luc, Chap. 22.

J E S U S s'étant levé de table avec ses Disciples, ôta sa robe, se ceignit d'un linge,
& ayant mis de l'eau dans un bassin, il se disposa à laver les pieds de ses Disciples. Jesus voulut commencer cette office d'humilité par Simon Pierre, qui lui
ayant dit : Quoi, Seigneur, je souffrirai que vous me laviez les pieds ! Vous ne
sçavez pas encore, lui répondit Jesus-Christ, par quelle raison je fais cela, mais
vous l'apprendrez dans la suite. Pierre s'opposoit toûjours à cet office d'humilité
que son Maistre lui vouloit rendre, jusqu'à ce que Jesus-Christ lui ayant dit : Si
je ne vous lave point les pieds, vous n'aurez point de part à mon Royaume.
Pierre étonné des menaces de son Maistre : Seigneur, lui dit-il, ne me lavez pas
seulement les pieds, mais encore les mains & la teste. Jesus-Christ lui répondit que
celui qui étoit déja lavé n'avoit besoin que de se laver les pieds, étant déja net
d'ailleurs. Or vous estes, dit-il, purs & nets, mais non pas tous, ce que Jesus-
Christ disoit, connoissant qu'il y en avoit un d'entr'eux qui le trahissoit. Après qu'il
leur eut lavé les pieds, & repris ses vestemens : vous me qualifiez, leur dit-il, de
Maistre & de Seigneur, & c'est avec raison, puisque je le suis en effet : si donc étant
votre Maistre, je vous ai lavé les pieds, vous devez aussi, à mon imitation, vous les
laver tous les uns aux autres ; car je n'ai fait cela que pour vous donner l'exemple
d'en faire de mesme. Je vous dis en verité, que le serviteur n'est pas au-dessus du Maistre, ni l'Apôtre plus grand que celui qui l'a envoyé. Si vous estes persuadez de ces
choses, vous serez bienheureux en les pratiquant.

S. Jean, Chap. 13.

JESUS sçachant que l'heure qu'il devoit estre livré à ses ennemis s'approchoit, célebra la Pâque avec ses Disciples ; & comme il étoit à table avec eux, le trouble secret dont il se sentoit agité, fit sortir ces paroles de sa bouche: En verité, leur dit-il, je sçai que l'un de vous me trahira. Les Apôtres que cette parole jetta dans une tristesse profonde, lui ayant demandé chacun en particulier, si ce n'étoit point lui-mesme. Celui, leur dit-il, qui met la main au plat en mesme temps que moi, est celui-là mesme qui doit me trahir, & certes il est vrai que le Fils de l'homme va partir de ce monde, selon qu'il est dit de luy dans l'Ecriture; mais malheur à celuy qui le trahit. Il eust bien mieux valu qu'il n'eut jamais été né. J'ay eu un desir extresme de manger l'Agneau Paschal avec vous, avant d'entrer dans les souffrances. Or pendant qu'ils mangeoient ensemble, Jesus prit du pain & après qu'il eut rendu graces, il le rompit en morceaux, & le distribuant à ses Disciples, il leur dit : Prenez, & mangez, cecy est mon Corps, qui est donné pour vous; faites cecy en mémoire de moy. Il prit ensuite la coupe, & ayant rendu graces, il la leur donna, & leur dit: Beuvez-en tous; car cecy est mon Sang, le Sang de la nouvelle Alliance, qui sera répandu pour plusieurs, pour la remission des pechez.

S. Matthieu, Chap. 26. S. Marc, Chap. 14. S. Luc, Chap. 22.

JESUS-CHRIST & ses Apôtres ayant celebré la Pâque & recité l'Hymne, ils passerent le torrent de Cedron pour aller sur la montagne des Olives. Ce fut pour lors que Jesus leur dit : Vous serez tous scandalisez cette nuit à cause de moi ; car l'Ecriture dit : Je frapperai le Pasteur, & les brebis seront égarées. Alors Pierre ayant pris la parole : quand tous les autres, répondit-il, seroient scandalisez à votre sujet, moi je ne le serai jamais, & je ne vous abandonnerai point. Jesus-Christ qui prévoyoit l'inconstance de ce Disciple, & qui en connoissoit la foiblesse : En verité, lui dit-il, je vous assure que dès cette nuit même, vous me renierez trois fois avant que le cocq ait chanté pour la seconde fois. Pierre qui avoit trop bonne opinion de sa fermeté l'assura que quand même il devroit mourir avec lui, jamais il ne consentiroit à le renier, & les autres Disciples à son imitation, firent le mesme serment. Or Jesus-Christ étant entré dans le Jardin des Olives avec trois de ses Apôtres, Pierre, Jacques & Jean : Mon ame, leur dit-il, est triste jusqu'à la mort : Demeurez ici, veillez avec moi, & priez Dieu qu'il vous preserve de la tentation ; ce qu'ayant dit, il s'éloigna d'eux environ l'espace d'un jet de pierre, & se mettant à genoux, il se prosterna la face contre terre, priant Dieu son Pere de faire passer loin de lui le Calice de la Passion qu'il alloit souffrir ; néanmoins que votre volonté, lui dit-il, soit accomplie, & non pas la mienne, & aussi-tôt un Ange qui descendit du Ciel le vint consoler & l'animer au combat des souffrances, que la cruauté des Juifs étoit preste à lui faire endurer.

S. Matthieu, Chap. 26. S. Marc, Chap. 14. S. Luc, Chap. 22. S. Jean, Chap. 18.

La troupe des gens de Guerre que Judas conduisoit se saisit de la personne du Fils de Dieu.

LES Disciples de Jesus-Christ s'étant abandonnez au sommeil, il vint les éveiller, les avertissant de se lever & de se servir des armes de la priere pour repousser les assauts de la tentation; car voici, leur dit-il, l'heure que le Fils de l'Homme doit être livré entre les mains des méchans. A peine Jesus-Christ eut-il achevé ces paroles, que Judas accompagné d'une troupe de Soldats & de plusieurs autres gens armez qui avoient voüé leur service aux Princes des Prêtres & aux Pharisiens, entra dans le jardin à la clarté des flambeaux & des lanternes, leur donnant pour signal de se saisir de la personne de Jesus-Christ, un baiser qu'il lui donneroit pour le faire connoître. Jesus qui sçavoit tout ce qui se passoit contre luy, étant allé au devant d'eux: Qui est celuy, leur dit-il, que vous cherchez? c'est répondirent-ils, Jesus de Nazareth; Jesus leur ayant declaré que c'étoit luy-même, ils furent saisis d'épouvante, & se laisserent tomber à la renverse. Judas qui marchoit devant eux aborda Jesus-Christ en le saluant & le baisant; & Jesus-Christ luy ayant demandé, pourquoy il estoit venu trahir le fils de l'Homme par un baiser. Les Soldats avertis par ce signal se saisirent aussi-tôt de sa personne. Ses Disciples luy ayant demandé, s'il trouvoit bon qu'ils fissent main basse sur les Soldats, Pierre leva la main sur Malchus Serviteur du Pontife & luy coupa l'oreille droite; mais le Fils de Dieu blâma cette action & remettant l'oreille de Malchus: remettez votre glaive, dit-il à son Disciple; voulez vous m'empêcher de boire le Calice que mon Pere m'ordonne de boire? Sçachez que si je voulois prier mon Pere, il envoyeroit à mon secours plus de douze legions d'Anges.

S. Matthieu, Chap. 26. S. Marc, Chap. 14. S. Luc, Chap. 22. S. Jean, Chap. 18.

PLUSIEURS Scribes & Prêtres s'étant meslez parmi les Archers & les Soldats pour les animer par leur presence à se saisir hardiment de la personne de Jesus-Christ, il les apperçut & leur demanda pourquoi ils étoient venus le prendre à main armée, comme un voleur, puisqu'il leur étoit si facile de le faire lorsqu'il étoit tous les jours avec eux dans le Temple de Jerusalem, où il alloit enseigner le peuple : Mais je vois bien, leur dit-il, que c'est ici l'heure de l'execution de votre dessein, & qu'il est tems que la puissance des tenebres s'exerce sur moi. Or toutes ces choses ne sont arrivées que pour l'accomplissement de tout ce que l'Ecriture & les Prophetes ont prédit. Ce fut pour lors que Jesus-Christ fut abandonné de ses Disciples qui prirent la fuite, & un jeune homme s'échappant des mains des Soldats qui le poursuivoient, leur laissa un linceul dont il étoit couvert. Enfin les Juifs ayant lié le Fils de Dieu, le menerent d'abord chez Anne, beau-pere de Caïphe, qui étoit cette année-là dans l'exercice de Souverain Pontife ; & c'étoit dans ce lieu-là que les Scribes & les Prestres s'étoient assemblez. Pierre qui suivoit de loin Jesus-Christ étant entré après lui dans la salle de l'assemblée par le moyen d'un autre Disciple qui y avoit trouvé de l'accès, une Servante de la maison lui demanda, s'il n'étoit point des Disciples de Jesus ; ce qu'il nia fermement, disant par trois fois, qu'il ne le connoissoit point.

S. Matthieu, Chap. 26. S. Marc, Chap. 14. S. Luc, Chap. 22. S. Jean, Chap. 18.

JESUS ayant été mené à Caïphe, chez qui tout le Conseil s'étoit assemblé, plusieurs faux témoins furent reçus à rendre contre lui plusieurs faux témoignages au gré des Scribes & des Pharisiens qui les avoient subornez. Deux de ces faux témoins l'accuserent entr'autres choses d'avoir dit, qu'il pouvoit démolir le Temple de Dieu & le rebâtir dans trois jours. Caïphe ayant entendu cette déposition, demanda à Jesus-Christ s'il n'avoit rien à répondre aux accusations de ces gens-là : mais Jesus-Christ gardant le silence, le Pontife l'interrogea une seconde fois, le conjurant au nom du Dieu vivant de déclarer ouvertement s'il étoit le Christ, Fils de Dieu. Vous l'avez dit, lui répondit Jesus : Je le suis, & je vous dis encore, que dans la suite des tems vous verrez le Fils de l'Homme assis à la droite de la vertu de Dieu : ce que Caïphe n'eut pas plutôt entendu, que déchirant ses vêtemens : il a, dit-il, blasphemé, en faut-il davantage pour le convaincre, que ce que vous venez d'entendre, quel est votre sentiment là-dessus ? Tout le Conseil répondit aussi-tôt d'une commune voix, que Jesus meritoit la mort. Le Pontife ayant interrogé Jesus-Christ sur le sujet de ses Disciples & de sa doctrine. J'ai parlé en public, lui répondit-il, j'ai enseigné ma doctrine en presence de tout le monde, & je n'ai rien dit en secret : pourquoi donc m'interrogez-vous ? demandez-le plutôt à ceux qui m'ont entendu. Il n'eut pas plûtôt dit ces paroles, qu'un des Officiers lui donnant un soufflet : est-ce ainsi, lui dit-il, que vous répondez au Pontife ? à quoi Jesus-Christ répliqua avec sa douceur ordinaire : Si j'ai mal parlé, prouvez-le ; mais si j'ai dit la verité, pourquoi me frappez-vous ?

S. Matthieu, Chap. 26. S. Marc, Chap. 14. S. Luc, Chap. 22. S. Jean, Chap. 18.

J U D A S touché de repentir des opprobres & des cruels traitemens que fa lâche trahifon faifoit fouffrir à Jefus-Chrift par les mains des Prêtres, auf-quels il l'avoit livré, leur rendit les trente pieces d'argent qu'ils lui avoient données pour le prix de fa perfidie, leur difant : J'ay peché ; car j'ai trahi le fang du Jufte. Les Preftres lui ayant répondu, que cela ne leur importoit en rien, il jetta leur argent au milieu du Temple, & s'alla pendre de defefpoir d'avoir commis un crime fi atroce. Les Princes des Preftres ayant ramaffé cet argent, conclurent entr'eux qu'il n'étoit pas permis de le ferrer dans le tréfor du Temple, puifque c'étoit le prix du fang. Enfin après avoir délibéré entr'eux à quoi ils devoient l'employer, ils en achepterent le champ d'un Potier, qu'ils deftinoient pour la fépulture des étrangers ; c'eft la raifon pour laquelle ce champ eft appellé le champ du Sang ; & ce fut pour lors que s'accomplit la Prophetie de Jeremie, qui dit : Ils ont pris trente pieces d'argent, qui étoit la fomme à laquelle ils avoient apprécié celui qu'ils ont achepté des enfans d'Ifraël, & ils l'ont donné au Potier pour la valeur de fon champ, ainfi que Dieu l'avoit ordonné.

S. Matthieu, Chap. 27.

APRE'S que les Soldats eurent épuisé pendant une nuit entiere, sur la personne sacrée de Jesus-Christ, tout ce que la rage pouvoit leur suggerer d'opprobres & d'ignominies, le souffletant & lui meurtrissant le visage à coups de poing, & lui bandant les yeux pour lui faire deviner qui l'avoit frappé. On tint encore une fois le Conseil dès le matin, pour le condamner à la mort, & on lui demanda s'il étoit le Fils de Dieu. Jesus ayant répondu qu'il l'étoit en effet, toute l'assemblée dit d'une commune voix, qu'il étoit convaincu par sa propre confession, & qu'il n'étoit plus besoin de faire entendre des témoins, puisqu'il avoit prononcé lui-même sa condamnation. Ils le menerent donc de la maison de Caïphe dans le Prétoire, qui étoit le lieu où Pilate rendoit la Justice en qualité de Président; car ils n'osoient y entrer de peur d'être souillez, & de se mettre hors d'état de manger la Pâque. Pilate étant sorti du Prétoire pour leur demander quel étoit le crime dont ils accusoient Jesus-Christ; & les Juifs lui ayant répondu que s'il n'eut pas été coupable, ils ne le lui auroient pas amené pour le juger. Prenez le donc, leur dit-il, & le jugez selon les Ordonnances de votre Loi. Les Juifs ayant repliqué qu'il ne leur étoit pas permis de condamner personne à la mort, mirent en avant tous les chefs d'accusation qu'ils avoient à proposer contre Jesus-Christ, l'accusant d'avoir voulu seduire le peuple, & le porter à la revolte, en lui deffendant de payer le Tribut à César, & d'avoir pris la qualité de Christ & de Roi. Pilate l'ayant interrogé sur cette accusation, & lui ayant demandé s'il étoit Roi, Jesus lui répondit que son Royaume n'étoit pas de ce monde.

S. Matthieu, Chap. 27. S. Marc, Chap. 15. S. Luc, Chap. 23. S. Jean, Chap. 18.

PILATE' ayant appellé les Prêtres & les Chefs du peuple, après avoir interrogé exactement le Fils de Dieu : Vous m'avez, leur dit-il, amené cet homme comme un seducteur & un perturbateur du peuple, & cependant dans l'interrogatoire que je lui ai fait subir devant vous, je ne le trouve nullement coupable de tous les crimes que vous mettez en avant contre lui ; c'est pourquoy je le laisserai aller, après l'avoir fait châtier. Or comme les Juifs avoient coûtume de délivrer un criminel dans toutes les Festes de Pâques, Pilate leur proposa le choix de Jesus-Christ ou de Barrabas qui étoit en prison, convaincu de meurtre & de sédition ; mais les Juifs ayant préferé Barrabas à Jesus-Christ, le peuple demanda d'une commune voix, que Jesus-Christ fut crucifié. Pilate qui connoissoit l'innocence de Jesus, ayant demandé pour la troisiéme fois au peuple, quel mal Jesus avoit donc fait pour être condamné à la mort, tâchoit d'adoucir la fureur des Juifs, en leur remontrant son innocence, disant qu'il alloit le faire châtier pour le renvoyer ensuite. Et il commanda aussi-tôt à des Soldats de le prendre & de le foüetter ; ce qu'ils firent avec toute la cruauté imaginable, ajoûtant à cette inhumanité tous les opprobres & toutes les ignominies possibles, pour assouvir la rage des ennemis de Jesus-Christ. Un des plus grands & des plus douloureux de tous les opprobres qu'ils firent à notre Sauveur, ce fut de lui enfoncer sur la tête une couronne d'épines, & de le revêtir de pourpre, en lui disant par dérision : Je te saluë, Roy des Juifs, & le souffletant indignement. Pilate l'ayant exposé en cet état à la vûë des Juifs pour tâcher d'appaiser leur fureur, ils n'en furent point touchez de compassion, menaçant au contraire Pilate de l'indignation du Prince, s'il le renvoyoit. Ainsi Pilate intimidé par leurs menaces, abandonna Jesus-Christ à leur rage, pour le crucifier.

S. Matthieu, Chap. 27. S. Marc, Chap. 15. S. Luc, Chap. 23. S. Jean, Chap. 18. & 19.

JESUS ayant été traité avec toute la cruauté imaginable par les satellites des Prestres, & des principaux de la nation Juifve, fut ensuite de la Sentence de mort renduë contre lui, livré entre les mains des Soldats qui lui remirent ses vestemens, après l'avoir dépouillé d'un manteau d'écarlate, dont ils l'avoient couvert par dérision ; & l'ayant chargé d'une Croix très-pesante, ils le traisne-rent, avec deux criminels, au lieu du supplice, appellé le Calvaire, & en langue Hébraïque, *Golgotha*. Jesus étoit tellement affoibli par les souffrances dont on l'avoit accablé, que n'ayant pas la force de porter sa Croix, les Juifs obligerent un Cyrénéen, nommé Simon, passant fortuitement par là, de la porter aprés lui. Le Sauveur du monde allant au supplice étoit suivi d'une grande foule de peuple & de plusieurs femmes qui fondoient en larmes à la vûë d'un si triste spectacle ; mais le Fils de Dieu se tournant de leur côté : Filles de Jerusalem, leur dit-il, ne pleurez point à mon sujet, pleurez plutôt votre malheur & celui de vos enfans ; car il viendra un tems où l'on dira : Bienheureuses les entrailles qui n'ont point conçû, & les mammelles qui n'ont point allaité. Et les peuples crieront pour lors aux montagnes de tomber sur eux, & aux colines de les ensevelir ; car si ces choses arrivent au bois verd, que ne fera-t-on pas à celui qui est sec.

S. Matthieu, Chap. 27. S. Marc, Chap. 15. S. Luc, Chap. 23. S. Jean, Chap. 19.

LORSUQE Jesus fut monté sur la montagne de Calvaire, on lui presenta du vin mêlé de myrrhe, dont il ne but point, & à trois heures (c'est-à-dire, neuf heures du matin, selon notre maniere de compter) il fut attaché à la Croix, sur laquelle on mit une inscription en Hebreu, en Grec & en Latin, qui contenoit ces paroles, JESUS DE NAZARETH, ROI DES JUIFS. Les Soldats jetterent ensuite ses vêtemens au sort, & il fut crucifié entre deux voleurs condamnez au même supplice, pour accomplir ce que l'Ecriture avoit prédit de lui, qu'il seroit mis au rang des criminels. Cependant plusieurs Juifs passant devant la Croix où il étoit attaché, le chargeoient d'injures & d'imprécations, & secoüant la tête, par dérision : Malheureux, lui disoient-ils, qui te vantois de détruire le Temple, & de le rebâtir en trois jours : Si tu es si puissant, que ne te sauves-tu toi-même, & que ne descends-tu de la Croix ? Et l'un des voleurs qui étoient crucifiez à ses côtez : Si tu es, lui dit-il, le Christ, délivre-toi & nous aussi du supplice ; mais l'autre voleur prenant la deffense de Jesus-Christ, répondit à son compagnon, je m'étonne que toi qui souffres presentement le même supplice, ayes si peu la crainte de Dieu devant les yeux ; car pour nous si nous souffrons une mort si cruelle, nous l'avons bien meritée ; mais cet homme-cy est innocent. Ce criminel addressant ensuite sa parole au Fils de Dieu, & le priant de se souvenir de lui lorsqu'il seroit arrivé dans son Royaume. Je vous promets, lui dit Jesus-Christ, que dès aujourd'hui, vous serez avec moi dans le Paradis.

S. Matthieu, Chap. 27. S. Marc, Chap. 15. S. Luc, Chap. 23. S. Jean, Chap. 18.

PENDANT que les Juifs regardoient avec plaisir le spectacle de la mort honteuse de notre Sauveur, le Ciel & la Terre en fremirent d'horreur, & le Soleil cachant sa lumiere aux hommes, les tenebres couvrirent la face de la Terre depuis six heures jusqu'à neuf, c'est-à-dire, selon notre calcul, depuis midi jusqu'à trois heures, & alors Jesus-Christ s'étant écrié à haute voix : Mon Dieu, mon Dieu, pourquoi m'avez-vous abandonné : Quelqu'un des assistans lui présenta au bout d'un roseau une éponge trempée dans le vinaigre, dont il lui donna à boire, & Jesus-Christ ayant aussi-tôt jetté un grand cri, rendit l'ame. Lorsqu'il expira, le voile du Temple se rompit, la Terre trembla, les rochers se fendirent, & les Tombeaux s'étant ouverts, plusieurs corps en sortirent ressuscitez, & ils vinrent dans la Ville sainte, où ils furent vûs de plusieurs personnes. Le Centenier qui assistoit à la mort de Jesus-Christ, étonné de tant de prodiges, avoua que Jesus étoit Fils de Dieu. Les Soldats étant venus ensuite par l'ordre de Pilate visiter les corps des crucifiez, rompirent les jambes des deux voleurs ; mais ils n'en firent pas de même au corps de Jesus-Christ, parce qu'ils le trouverent mort ; & alors un des Soldats lui ayant percé le côté avec une lance, il en sortit aussi-tôt du sang & de l'eau.

S. Matthieu, Chap. 27. S. Marc, Chap. 15. S. Luc. Chap. 23. S. Jean, Chap. 19.

CEUX qui avoient fait mourir Jefus-Chrift , ayant vû la terre trembler ,
le voile du Temple déchiré , les pierres fenduës , les tombeaux ouverts , les
morts reffufcitez , & le Soleil obfcurci ; il faut avouer , dirent-ils , que cet
homme étoit jufte , & qu'il étoit le Fils de Dieu ; & tous ceux qui avoient
affifté à ce fpectacle , étonnez de tant prodiges , retournoient fur leurs pas , fe
frappant la poitrine de regret qu'ils avoient d'une mort fi cruelle & fi injufte.
Or fur le déclin du jour qui étoit alors le jour que l'on avoit coûtume de fe
préparer à celui du Sabath , un homme de bien , nommé Jofeph , de la Ville
d'Arimathie , Juge de profeffion , qui n'avoit point eu de part à la condamnation injufte de Jefus-Chrift , dont il avoit été Difciple en fecret , vint prier
Pilate de lui permettre d'enlever fon corps. Pilate ne pouvoit croire qu'il fut
déja mort ; mais ayant appris du Centenier qu'il étoit expiré , il accorda à Jofeph fa demande , & lui permit de le defcendre de la Croix ; ce que Jofeph
ayant fait , il l'enfevelit honorablement.

S. Matthieu , Chap. 27. S. Marc , Chap. 15. S. Luc . Chap. 23. S. Jean , Chap. 19.

SI Joseph d'Arimathie merite une éloge singulier pour les devoirs de pieté qu'il rendit publiquement au Corps de Jesus-Christ, malgré la haine & le mépris que cette action lui devoit attirer de la part des Scribes & des Pharisiens, Nicodéme qui l'accompagna dans cet office de charité, n'est pas moins digne de loüange, en ce qu'ayant apporté cent livres d'une mixtion précieuse, composez de myrrhe & d'aloës, il prit avec Joseph le Corps de Jesus-Christ qu'ils ensevelirent ensemble, après l'avoir embaumé avec des parfums suivant la coûtume que les Juifs observent lors qu'ils enseveliffent les morts. Il y avoit un jardin sur la montagne où Jesus fut crucifié, & dans ce jardin un tombeau nouvellement fait, & taillé dans le roc où personne n'avoit encore été inhumé. Ce fut dans cet endroit qu'ils donnerent la sepulture à ce Corps sacré, parce que le soir du jour de la préparation au Sabath étant arrivé, ils furent obligez de choisir le tombeau le plus proche qu'ils purent trouver, & à l'instant mesme Joseph ferma l'entrée du tombeau avec une grosse pierre, pendant que Marie, mere de Jesus, & Marie Magdelaine s'étant affifes auprès du monument, remarquoient l'endroit où ils avoient mis le Corps de Jesus-Christ; & lorsqu'elles furent de retour elles preparerent du baume & des parfums pour le venir oindre, lorsque le jour du Sabath seroit passé.

S. Matthieu, Chap. 27. S. Marc, Chap. 15. S. Luc, Chap. 23. S. Jean, Chap. 19.

LES Princes des Prêtres & les Pharisiens dont la haine n'étoit pas éteinte par la mort de Jesus-Christ, étant venus trouver Pilate: Nous nous souvenons, Seigneur, lui dirent ils, que ce Seducteur a dit avant sa mort, qu'il ressusciteroit dans trois jours. Ordonnez donc que l'on mette des Gardes autour de son tombeau jusqu'au troisiéme jour, de peur que ses Disciples n'enlevent son Corps à la faveur de la nuit, & ne fassent accroire au peuple qu'il est ressuscité, ce qui causeroit une erreur beaucoup plus dangereuse que la premiere. Pilate leur ayant laissé le soin de le faire garder eux-mêmes comme ils le jugeroient à propos, ils se transporterent sur le lieu de la sepulture de Jesus-Chirst, & ayant scellé la pierre qui fermoit l'entrée du tombeau, ils établirent des Gardes à l'entour; mais quelques précautions qu'ils pussent prendre, Jesus ayant été trois jours dans le tombeau, ressuscita des morts, par sa seule puissance, comme il l'avoit prédit à ses Apôtres. Les Gardes du Sepulchre étonnez d'un miracle si surprenant, demeurerent sans mouvement & comme morts lorsqu'ils virent que Jesus-Christ étoit ressuscité; & aussi-tôt ils en allerent porter la nouvelle aux Prêtres, lesquels ayant tenu entr'eux un Conseil secret, donnerent une somme d'argent considerable aux Soldats pour leur faire dire que les Disciples de Jesus étoient venus enlever son Corps secretement pendant que les Gardes étoient endormis, leur promettant, en cas que Pilate vint à apprendre cette nouvelle, de lui faire entendre la même chose pour les justifier auprès de lui. Les Soldats ayant pris l'argent des Prêtres, executerent leurs passions & répandirent ce faux bruit qui subsiste encore aujourd'hui dans l'opinion de plusieurs d'enre les Juifs.

S. Matthieu, Chap. 28. S. Marc, Chap. 16. S. Luc, Chap. 24. S. Jean, Chap. 20.

Les trois Maries vont au tombeau de Jesus, pour l'oindre.

LE premier jour du Sabath, dès le point du jour, Marie Madelene, Marie mere de Jacques, & Salomée, achepterent des parfums pour embaumer le Corps de Jesus-Christ. Il arriva pour lors un grand tremblement de terre, & l'Ange du Seigneur étant descendu, roula de dessus le tombeau la pierre qui en fermoit l'entrée, & s'assit dessus. Ses regards étoient autant d'éclairs qui sortoient de ses yeux, & son vêtement étoit blanc comme la neige. Il dit à ces femmes : N'appréhendez rien, je sçai bien que vous cherchez Jesus de Nazareth qui a été crucifié, il est ressuscité, & il n'est plus ici : Approchez & remarquez l'endroit où on avoit mis son Corps, & allez au plutôt faire sçavoir à ses Disciples, & sur tout à Pierre, que Jesus-Christ est ressuscité : Soyez assurées qu'il sera devant vous en Galilée, & que vous le verrez-là, comme je vous l'ai dit. Elles n'eurent pas plutôt reçu cet avertissement de l'Ange, que la frayeur les ayant contraint de doubler le pas, elles coururent avec une joye nompareille en porter la nouvelle aux Disciples du Fils de Dieu.

S. Matthieu, Chap. 28. S. Marc, Chap. 16. S. Luc, Chap. 24. S Jean, Chap. 20.

PIERRE & le Diſciple que Jeſus aimoit le plus , ayant appris de Magdelene la réſurrection de leur Maiſtre , accoururent à ſon tombeau pour en
être plus certains. Le Diſciple bien-aimé , ayant été plus diligent que Pierre , y
arriva plutôt que lui , & s'étant panché ſur le tombeau , il apperçut à l'écart le
linceul où le Corps de Jeſus-Chriſt avoit été enveloppé , & il n'entra point juſques dans le tombeau, ce que Pierre fit lorſqu'il fut arrivé , & il vit les linges
dont Jeſus-Chriſt avoit été enveloppé , que l'on avoit mis à l'écart , à la reſerve
du ſuaire , dont la teſte de Jeſus-Chriſt étoit couverte , lequel avoit été mis ſé-
parément dans un autre endroit. Alors le Diſciple bien-aimé y entra auſſi ; &
ayant vû les choſes en cet état , il ajouta foi à ce Myſtere ; car ils ne ſçavoient
pas encore ce que l'Ecriture avoit prédit, que Jeſus-Chriſt devoit reſſuſciter. Ce
qu'ayant reconnu ils retournerent dans leurs maiſons avec une joye & un étonnement qui paſſe l'imagination.

S. Luc, Chap. 24. S. Jean, Chap. 20.

MARIE Magdelene qui étoit toujours demeurée auprès du tombeau, s'étant panchée pour regarder dedans, y apperçut deux Anges revestus de splendeur, dont l'un étoit assis à la teste & l'autre aux pieds du tombeau où Jesus-Christ avoit été inhumé. Ces Anges ayant demandé à Marie, quel étoit le sujet de ses larmes? c'est, dit-elle, parce qu'on a enlevé le corps de mon Seigneur, & que je ne sçai où on l'a mis. A peine eut-elle proferé ces paroles, que s'étant retournée, elle apperçut Jesus qui lui demanda, pourquoi elle pleuroit, & ce qu'elle cherchoit. Marie qui le prenoit pour un Jardinier, le pria de lui déclarer s'il avoit emporté le corps de Jesus, & où il l'avoit mis, afin qu'elle l'emportât. Alors Jesus l'appella par son nom, & Magdelene l'ayant aussi-tôt reconnu, l'appella *Raboni*, c'est-à-dire, Maistre; & comme elle pensoit s'approcher de lui: Femme, lui dit-il: Ne me touchez point; car je ne suis point encore monté auprés de mon Pere. Alors Magdelene obéissant à Jesus-Christ, vint annoncer à ses Disciples qu'elle avoit vû notre Sauveur.

S. Marc, Chap. 16. S. Jean, Chap. 20.

DEUX Disciples de Jesus-Christ allant à Emaüs éloigné de la Ville de Jerusalem de six milles ou environ, & s'entretenant des prodiges arrivez à la mort
de Jesus-Christ, il les aborda, sans se faire connoître, leur demandant quel étoit le
sujet de leur entretien. L'un d'eux qui s'appelloit Cleophas, demanda à Jesus-Christ
s'il étoit assez nouvellement venus dans le païs, pour ne pas sçavoir ce qui étoit
arrivé depuis peu en la personne de Jesus de Nazareth, ce Prophete si puissant en
œuvres & en paroles devant Dieu & devant les hommes, & de quelle maniere les
Prêtres & les Magistrats l'avoient fait crucifier. Nous esperions, poursuivirent-ils,
qu'il délivreroit le peuple d'Israël, & il y a aujourd'hui trois jours que ces choses
sont arrivées. Quelques femmes ont rapporté qu'on ne l'avoit point trouvé dans le
tombeau, mais qu'elles avoient seulement vû des Anges de qui elles avoient appris
qu'il étoit ressuscité. Alors Jesus leur reprochant leur incredulité, leur fit un détail
des témoignages de l'Ecriture; & comme ils s'approchoient du village d'Emaüs, il
fit semblant de vouloir passer outre; mais ils le retinrent, le priant de demeurer avec
eux, à cause que le jour baissoit. Jesus ayant satisfait à leurs empressemens, se mit
à table avec eux, & si-tôt qu'il eut rendu graces & rompu le pain, ils le reconnurent à ces marques; mais Jesus-Christ ayant aussi-tôt disparu à leurs yeux, ils se leverent à l'instant & vinrent trouver en diligence les onze Disciples, leur annonçant
la nouvelle de la Résurrection de leur Maître, & en même tems ils leur raconterent fidellement comme ils l'avoient trouvé dans le chemin, & ensuite reconnu à sa
maniere de rompre le pain.

S. Marc, Chap. 16. S. Luc, Chap. 24.

LE lendemain du Sabath les Disciples de Jesus s'étant enfermez dans un lieu, pour se mettre à couvert de la fureur des Juifs, il s'apparut aux onze Apôtres, & s'étant presenté au milieu d'eux, il leur dit : La paix soit avec vous. Cette apparition les mit dans un si grand trouble qu'ils le prenoient pour un phantôme. Jesus les faisant revenir de cette frayeur : d'où peut provenir, leur dit-il, ce trouble & cette appréhension où je vous vois maintenant ? touchez mes mains & mes pieds, & vous reconnoistrez que c'est moi-mesme : un Esprit n'a ni chair ni os, comme vous voyez que j'en ai. Les Disciples transportez de joye de revoir leur Maistre, en furent si surpris, qu'ils croyoient encore que ce fut une illusion. Jesus pour les tirer de doute, leur demanda, s'ils avoient quelque chose à manger ; & comme on lui eut presenté du poisson rôti & des gateaux de miel, il en mangea en leur présence, leur reprochant leur incrédulité & leur dureté de cœur à ne pouvoir croire ce qu'ils avoient oui dire à ceux qui l'avoient vû. Jesus-Christ leur dit ensuite : Paix soit avec vous : Je vous envoye de mesme que mon Pere m'a envoyé. Puis répandant son souffle sur eux : Recevez, leur dit-il, le Saint-Esprit : les pechez seront remis à ceux à qui vous les remettrez, & ils seront retenus à ceux à qui vous les retiendrez.

S. Marc, Chap. 16. S. Luc, Chap. 24. S. Jean, Chap. 20.

THOMAS l'un des douze Apôtres, surnommé Dydime, qui n'étoit point
avec eux lorsque Jesus-Christ leur apparut, étant averti par ses Compagnons que Jesus-Christ étoit ressuscité : si je ne vois, leur répondit-il, les vestiges
des clouds dans ses pieds & dans ses mains, & si je ne mets la main dans son
côté, je ne puis me resoudre à croire ce que vous me dites. Huit jours après la
premiere apparition Thomas estant avec les autres Disciples, Jesus entra dans
le lieu ou ils étoient lors que toutes les portes étoient fermées, & s'arrestant au
milieu d'eux : La paix soit avec vous, leur dit-il, & ensuite adressant sa parole
à Thomas : Mettez icy votre doigt, lui dit-il, & regardez mes mains, approchez
aussi votre main & mettez la dans mon côté, & ne soyez plus incredule, mais
fidele. Alors Thomas ayant confessé qu'il étoit son Seigneur & son Dieu : Thomas, lui dit Jesus-Christ, vous avez crû, parce que vos yeux ont vû : Bienheureux sont ceux qui croyent sans avoir vû. Jesus-Christ fit en presence de ses
Disciples plusieurs autres signes miraculeux qui ne sont point écrits dans ce Livre. Or toute l'Histoire de l'Evangile a été mise au jour, pour apprendre à tout
le monde que Jesus est le Christ & le Fils de Dieu, afin qu'en le croyant, les
hommes reçoivent la vie en son nom.

S. Jean, Chap. 20.

PIERRE & ses Compagnons étant allez à la pesche sur la Mer de Tibe-
riade, & n'ayant rien pris pendant toute la nuit, Jesus-Christ leur apparut le matin sur le rivage, sans qu'ils le connussent : Mes amis, leur dit-il,
n'avez-vous rien à manger ? eux ayant répondu que non : Jettez, leur dit-il, vos
filets à côté droit de la barque, ce qu'ils firent ; & le poisson s'y prit en si grande
quantité qu'ils ne pouvoient les retirer de l'eau. Le Disciple bien-aimé de Jesus
ayant dit à Pierre, que celui qu'ils voyoient étoit le Seigneur, Pierre vêtit aussi-
tôt sa robe, & marcha sur les eaux pour aller vers lui. Les autres Disciples ayant
tiré de la mer leur pesche, tournerent la barque de ce côté-là, & s'approchant
du rivage, ils virent du poisson qui rotissoit sur la braise, dont Jesus-Christ
les invita de venir manger, leur distribuant à tous du pain & du poisson ; c'étoit
la troisiéme fois qu'il leur étoit apparu après sa Resurrection. Peu de tems après
Jesus ayant demandé trois fois à Pierre, s'il l'aimoit, & Pierre le lui ayant assuré
autant de fois, Jesus lui dit deux fois : Paissez mes agneaux, & une fois : Paissez
mes brebis, lui déclarant ensuite ce qui lui devoit arriver.

S. Jean, Chap. 21.

NOUS avons vû dans les Figures précedentes Jesus-Christ crucifié. honteuse-
ment , & ressuscité glorieusement. Nous allons le voir dans celle-ci montant dans
le Ciel , à la vûë de ses Disciples. Sa glorieuse Ascension arriva quarante jours après
sa Résurrection ; il employa ces quarante jours à instruire ses Disciples & à s'entretenir avec eux des merveilles du Royaume de Dieu , leur commandant de ne point
sortir de Jerusalem, mais d'y attendre l'effet de la promesse que son Pere leur avoit faite
par sa bouche ; car, leur dit-il, Jean vous a baptisé avec de l'eau, mais vous serez bapti-
sez dans peu de jours dans le S. Esprit même. Ses Disciples s'étant assemblez , & lui demandant s'il rétabliroit dans peu de tems le Royaume d'Israël : Il ne vous appartient
pas , leur dit-il , de connoître les tems & les momens que mon Pere a mis en sa puissance ; mais vous recevrez la vertu du Saint-Esprit lorsqu'il viendra sur vous , &
vous rendrez témoignage de ma doctrine , non seulement dans la Ville de Jerusalem,
dans la Judée & dans la Samarie ; mais encore par toute la terre. Ce qu'ayant dit ,
il fut élevé dans l'air à leur veuë , & aussi-tôt une nuée l'enveloppant, il disparut à
leurs yeux. Les Apôtres tenant toujours leurs regards arrêtez vers le Ciel, deux
hommes vêtus de blanc leur apparurent , disant: Hommes de Galilée , pourquoy
tenez-vous toujours vos yeux levez vers le Ciel, apprenez que Jesus qui vous a quitté
pour aller dans le Ciel, viendra un jour dans le même état que vous l'avez vû monter.

S. Marc , Chap. 16. S. Luc , Chap. 24. Actes des Apôtres , Chap. 1.

JESUS étant monté au Ciel, les Apôtres retournerent à Jerusalem, où ils demeurerent tous ensemble dans une parfaite union, perseverant avec un mesme esprit dans l'Oraison, accompagnez de plusieurs personnes de l'autre sexe, parmi lesquelles étoit Marie, Mere de Jesus. Ils jetterent le sort sur les Disciples qui n'étoient point du nombre des Apôtres, pour en choisir un qui remplit la place de Judas le traistre, & le sort tomba sur saint Matthias. Le jour de la Pentecoste les Apôtres étant tous assemblez dans un mesme lieu, il s'éleva subitement dans l'air un bruit semblable au souffle d'un vent impétueux ; ce bruit remplit toute la maison où ils étoient assis, & en mesme temps ils virent paroistre comme plusieurs langues de feu, qui s'étant partagées & arrestées sur un chacun d'eux, aussi-tost ils furent remplis tous du Saint-Esprit, & commencerent à parler en plusieurs sortes de Langues. La ville de Jerusalem étant alors habitée de toutes sortes de Nations, on vit accourir à la Prédication des Apôtres une affluence de peuples differens, qui furent étonnez de les entendre parler en mesme temps à chacun d'eux selon sa langue naturelle, & les assistans se demandoient l'un à l'autre, avec étonnement : ceux qui nous parlent, ne sont-ils pas Galiléens, & comment se peut-il faire que nous puissions les entendre raconter chacun en notre langue les merveilles de Dieu ?

Actes des Apôtres, Chap. 1. & 2.

SAUL qui ne respiroit que menaces & que meurtres contre les Disciples de Jesus-Christ, étant venu offrir son bras au Grand-Prêtre, pour les persecuter, lui demanda des Lettres de créances addressantes aux Synagogues de Damas, pour mettre aux fers & ammener à Jerusalem tout ce qu'il trouveroit de Chrétiens. Mais lorsqu'il approchoit de la Ville de Damas, ses yeux furent frappez subitement d'un rayon de lumiere, ce qui le saisit d'une telle frayeur, qu'il tomba de dessus son cheval. Il entendit alors une voix qui lui disoit : Saul, Saul: Pourquoi me persecutez-vous ? & ayant demandé qui êtes-vous, Seigneur ? Je suis, lui dit le Seigneur, Jesus, que vous persecutez ; il vous est dur de regimber contre l'aiguillon. Saul ayant demandé à Jesus-Christ ce qu'il vouloit qu'il fît : Levez-vous, lui dit-il, & entrez dans la Ville, où l'on vous prescrira ce que vous devez faire. Alors Saul à qui l'éblouissement de cette lumiere celeste avoit ôté l'usage de la vûë, se leva & se fit conduire à Damas, où il demeura l'espace de trois jours, privé de la vûë. Ananie l'étant venu trouver en cet état, lui déclara que Jesus-Christ lui étant apparu en chemin l'avoit envoyé pour lui rendre la vûë du corps & de l'ame ; ce qu'il n'eut pas plutôt dit, qu'étant tombé de ses yeux comme des écailles, il recouvra la vûë, & fut baptisé ensuite sous le nom de Paul, au lieu de Saul qu'il portoit auparavant. Après avoir reçû les lumieres de l'esprit, il rétablit par des alimens les forces de son corps, & depuis ce tems-là Dieu s'est servi de lui comme d'un vase d'élection, pour répandre par tout l'onction de Jesus-Christ, & pour prescher hardiment devant les Princes de la terre & les Nations Payennes un Dieu crucifié, ce qui lui a merité le surnom d'Apôtre des Gentils.

Actes des Apôtres, Chap. 9.

LE Livre de l'Apocalypse n'est autre chose qu'un recueil des visions que Dieu a revelées à Saint Jean l'Evangeliste, une partie desquelles nous marque les persecutions que l'Eglise a endurées dans sa naissance & dans son progrès, & celles qu'elle endurera sur la fin pendant le regne de l'Antechrist. Saint Jean eut ces révelations lorsqu'il demeuroit en exil dans l'Isle de Patmos, par le commandement de Domitien. Ce Livre sacré contient, selon le sentiment de saint Jerôme, autant de Mysteres que de paroles, dont chacune comprend plusieurs Oracles cachez. Il y represente d'abord sept visions principales, qui regardoient les sept Eglises d'Asie, signifiées par les sept Chandeliers d'or qu'il vit. Il nous marque aussi l'état de l'Eglise universelle, & les persecutions qu'elle doit souffrir; l'intention de ce saint Prophete étant principalement d'exhorter les Fideles à la patience, leur remontrant que les peines & les travaux qu'ils souffriront seront de peu de durée, en comparaison d'une récompense éternelle qui les attend dans le Ciel. Enfin l'on peut dire, que de tous les Livres du nouveau Testament, il n'y a que l'Apocalypse que l'on puisse appeller Prophetie.

S. Jerôme en son Prologue, au Chap. 1. de l'Apocalypse.

SAINT Jean l'Evangelifte ayant jetté les yeux vers le Ciel, apperçut une porte ouverte, & la premiere voix qu'il entendit étoit comme le fon d'une trompette qui lui parloit en ces termes : Monte ici , & je te ferai voir bien des chofes qui arriveront dans peu de tems. Sàint Jean ayant été auffi-tôt ravi en extafe, apperçut dans le Ciel un Thrône fur lequel étoit affife une perfonne revêtuë d'un éclat femblable à celui d'une pierre de Jafpe & de Sardoine. Ce Thrône étoit environné de vingt-quatre fieges où étoient affis autant de vieillards veftus de blanc , ayant chacun une couronne d'or fur la tefte. On voyoit au deffus du Thrône fept lampes ardentes qui font les Efprits de Dieu, & à côté du Throfne quatre animaux pleins d'yeux devant & derriere ,& ayant chacun fix aîles. L'un d'eux reffembloit à un Lion, l'autre à un Veau , le troifiéme à un Homme & le quatriéme à un Aigle volant , & ils prononçoient jour & nuit ces paroles : Saint, Saint, Saint, le Seigneur Tout-puiffant qui a été, qui eft & qui fera , & les vingt - quatre Vieillards fe profternoient devant celui qui étoit affis fur le Thrône, l'adorant & mettant leurs couronnes à fes pieds.

Apocalypfe , Chap. 4.

L'AGNEAU ayant ouvert un des sept Sceaux, Saint Jean entendit l'un des quatre animaux, qui disoit avec une voix de tonnere : Venez & voyez. Il n'eut pas plutôt obéi à cette voix, qu'il vit venir un homme armé d'un arc, & monté sur un Cheval blanc ; cet homme remporta une couronne, & sortit victorieux. Le second Sceau étant ouvert, Saint Jean entendit le second animal qui lui dit la mesme chose, & en mesme temps il vit sortir un homme monté sur un Cheval roux, à qui Dieu donna le pouvoir de troubler le repos de la terre, & d'obliger les hommes à s'entretuer, & pour ce sujet il fut armé d'une grande épée. Le troisiéme Sceau ayant été ouvert, le troisiéme Animal dit la mesme chose, & aussi-tôt parut un homme portant une balance dans sa main, & monté sur un Cheval noir. L'ouverture du quatriéme Sceau étant faite, le quatriéme Animal parla comme les trois autres, & l'on vit d'abord paroistre un Cheval de couleur pasle. Celui qui étoit dessus, s'appelloit la Mort, suivie de l'Enfer, & on lui donna un pouvoir absolu sur les quatre parties du Monde pour faire mourir les hommes par le glaive, par la famine, par la peste & par les animaux de la terre.

Apocalypse, Chap. 6.

LE cinquiéme Sceau ayant été ouvert, Saint Jean vit sous l'Autel les ames de ceux que l'on avoit fait mourir en haine de la parole de Dieu, parce qu'elles avoient rendu témoignages à la verité. Elles s'écrioient à haute voix, disant: Jusques à quand, Seigneur, juste & équitable, differerez-vous de vanger notre sang sur ceux qui habitent sur la terre. On donna à chacune de ces ames des robes blanches, & on les exhorta à la patience, jusques à ce que leur nombre fut accompli par l'arrivée de leurs Freres qui devoient souffrir comme eux le martyre. On doit conclure de cette Vision que la fin du monde arrivera lorsque le nombre des Martyrs & des Fideles, qui n'est connu que de Dieu seul, sera rempli, & que par consequent il est impossible aux hommes de sçavoir en quel tems ces choses se feront, à moins que d'en être assuré par une revelation particuliere de Dieu.

Apocalypse, Chap. 6.

L'OUVERTURE du sixiéme Sceau ayant été faite par l'A-
gneau, Saint Jean entendit un grand tremblement de terre, &
il vit à l'instant le Soleil devenir noir, & la Lune de couleur de sang.
Le Ciel laissoit tomber les Etoilles sur la terre, de même que le Figuier laisse tomber les figues lorsqu'il est agité du vent. Le Ciel se
retira comme un livre que l'on roule. Les Montagnes & les Isles
changerent de situation, & les Rois de la terre, les Princes, les Generaux d'armées, les riches & les pauvres, les hommes libres & les
esclaves se cacherent dans les cavernes, disant aux montagnes &
aux rochers : Tombez sur nous & nous cachez à la vûe de celui qui
est assis sur le Thrône, & garantissez-nous de la colere de l'Agneau ;
car le grand jour de l'indignation est venu , & personne ne pourra
lui résister.

Apocalypse, chap. 6.

FIN.

IL eſt conſtant que Jeſus-Chriſt étant venu la premiere fois au monde pour rachep-
ter les hommes, il y viendra une ſeconde fois pour les juger. Avant ce dernier avenement les hommes deviendront ſi corrompus, qu'à peine pourra-t-on reconnoître
dans le monde les moindres veſtiges de la veritable Religion ; & c'eſt pour lors que
l'Antechriſt, appellé l'Homme de peché & l'Enfant de perdition, paroîtra ſur la terre
pour y perſecuter le reſte des Fideles. Son impieté ira juſqu'à ſe déclarer contre Dieu,
à vouloir s'élever au-deſſus de lui, & ſe faire adorer dans les Temples comme Dieu
même. Il ſera ſecondé de la puiſſance de Sathan, qui lui aidera à executer ſes abomi-
nables deſſeins. Il ſe diſtinguera par de faux miracles, & par des ſignes trompeurs,
pour plonger tout le monde dans l'erreur & entraîner dans ſa perte tous ceux qui
pouvant ſe ſauver par les lumieres de la verité, l'auront rejettée. *2. ad Theſſal. 2.*

Si les jours que doit vivre l'impie n'avoient été abregez, nul n'auroit été ſauvé ; mais
ils ſeront abregez en faveur des Elûs. *Matth. 24. 22.*

Le Seigneur lui donnera la mort par le ſouffle de ſa bouche, & le détruira par l'é-
clat de ſon avenement. *2. ad Theſſal. 2.*

Un peu après ce tems d'affliction, le Soleil deviendra obſcur, la Lune ne donnera
plus ſa lumiere, les Etoilles tomberont du Ciel, & les vertus des Cieux ſeront ébranlées.
Matth. 24.

Toutes les Nations de la terre ſeront dans la douleur & dans la conſternation à cauſe
du bruit épouventable que fera la mer par l'agitation de ſes flôts, & les hommes ſeche-
ront de crainte dans l'attente des maux dont l'Univers ſera menacé. *Luc. 21.*

Enfin tout le feu qui eſt dans le Ciel, ſur la Terre & dans les Enfers ſe raſſemblera ſur
la Terre pour donner la mort au reſte des vivans, & pour embraſer le monde par ſes
ardeurs. *Ignis ante eum precedet, Pſal. 96.*

De quelle maniere les Morts ressusciteront de leurs Tombeaux, & reprendront leur chair.

APRE'S que tous les prodiges marquez dans la figure précedente, auront boulversé toute la nature, alors le signe du Fils de l'Homme paroîtra dans le Ciel, & tous les peuples de la Terre seront dans un triste abbattement, & ils verront le Fils de l'Homme qui viendra sur les nuées du Ciel avec une grande puissance & une grande majesté, & il envoyera ses Anges qui feront entendre le son éclatant de leurs trompettes, & qui assembleront ses Elûs des quatre parties du monde, depuis le haut des Cieux jusqu'à leurs extremitez. *Matth.* 24. v. 3. Cette assemblée se fera dans la vallée de Josaphat. *Joël.* 3. v. 3. Et aussi-tôt que le signal aura été donné par la voix de l'Archange & par le son de la Trompette de Dieu, le Seigneur descendra lui-même du Ciel, & ceux qui seront morts en Jesus-Christ, ressusciteront les premiers; puis ceux qui seront vivans & qui seront demeurez en vie jusqu'alors seront emportez avec eux dans les nuées pour aller au devant du Seigneur au milieu de l'air. 1. *ad Thessal.* 4. v. 17. Et ceux qui auront fait de bonnes œuvres sortiront de leurs tombeaux pour ressusciter à la vie; mais ceux qui auront fait de mauvaises œuvres en sortiront pour ressusciter à leur condamnation. *En S. Jean,* 5. 29. Voici un mystere que je vous rapporte; à la verité nous ressusciterons tous, & néanmoins nous ne ressusciterons pas tous glorieux, à cause que nous ne mourrons pas tous en grace; & la gloire de ceux-même qui ressusciteront pour le Ciel, sera inégale, selon l'inégalité de leurs merites; de même qu'entre les Etoiles, les unes ont plus de lumiere & d'éclat que les autres. 1. *aux Corinth.* 15. Les Justes brilleront comme le Soleil dans le Royaume de leur Pere Celeste. *Matth.* 13. v. 43. Nous devons tous comparoître devant le Tribunal de Jesus-Christ, afin que chacun reçoive ce qui est dû aux bonnes ou mauvaises actions qu'il aura faites pendant qu'il étoit revêtu de son corps. 2. *aux Corinth.* 5. 10.

Quelles seront la forme & les circonstances du Jugement dernier, & comment il s'executera.

ET quand le Fils de l'Homme, sera venu dans sa Majesté, accompagné de tous ses Anges, il s'asseoira sur le Thrône de la gloire, & toutes les Nations de la terre étant assemblées devant lui, il séparera les uns d'avec les autres, comme un berger separe les brebis d'avec les boucs, & il mettra les brebis à la droite & les boucs à la gauche. Alors le Roi dira à ceux qui seront à sa droite : Venez les benis de mon Pere, posseder le Royaume qui vous a été préparé dès le commencement du monde ; car j'ai eu faim, & vous m'avez donné à manger ; j'ai eu soif, & vous m'avez donné à boire ; j'ai eu besoin de logement, & vous m'en avez fourni ; j'ai été nud, & vous m'avez revêtu ; j'ai été malade, & vous m'avez visité ; j'ai été en prison, & vous y êtes venu me consoler. Alors les Justes répondront : Seigneur, quand est-ce que nous vous avons vû avoir faim, & que nous vous avons donné à manger ; ou avoir soif, & que nous vous avons donné à boire ; quand est-ce que nous vous avons vû sans logement, & que nous vous avons logé, ou sans habit, & que nous vous avons revêtu ; & quand est-ce que nous vous avons vû malade, ou en prison, & que nous vous avons visité ; & le Roi leur repliquera : Je vous dis en verité, qu'autant de fois que vous avez exercé ces œuvres de misericorde sur les moindres de mes Freres, c'est sur moi-même que vous les avez exercées.

Et ensuite il dira à ceux qui seront à la gauche : Retirez-vous, maudits, & allez au feu éternel qui a été préparé pour le Diable & pour ses Anges ; car j'ai eu faim, & vous ne m'avez pas donné à manger ; j'ai eu soif, & vous ne m'avez pas donné à boire ; j'ai eu besoin de logement, & vous ne m'avez pas logé ; j'ai été sans habits, & vous ne m'avez pas revêtu ; j'ai été malade & en prison, & vous ne m'avez pas visité. Et les méchans lui diront : Seigneur, quand est-ce que nous vous avons vû avoir faim ou soif, ou être sans logement, ou sans habits, ou malade, ou prisonnier, & que nous ne vous avons pas assisté ; mais il leur répondra : Je vous dis en verité, qu'autant de fois que vous avez manqué à rendre ces assistances aux moindres de ces petits, vous avez manqué à me les rendre à moi-même ; & alors ceux-ci iront dans le supplice éternel, & les justes dans la vie éternelle. *Matth. 25. 31.* Mais ces deux Arrêts s'executeront par le ministere des bons & des mauvais Anges ; les bons Anges conduiront les justes dans le Ciel avec douceur & charité, & les Démons précipiteront les coupables dans l'Enfer avec violence & avec cruauté ; ils les sépareront du milieu des justes, & les jetteront dans la fournaise de feu ; c'est-là qu'il y aura des pleurs & des grincemens de dents. *Matth. 13. 49.*

TABLE

DES FIGURES

Contenuës dans le Nouveau Testament.

FIN.

TABLE DES HISTOIRES

Repreſentées en ce Volume du Nouveau Teſtament, par rapport aux Evangiles de l'année.

CATALOGUE

Des Livres imprimez, & qui se vendent à Paris chez ALEXIS DE LA ROCHE, Quay des Augustins, près la ruë Gilles-cœur, à l'Esperance.

Oeuvres de Monsieur Girard de Ville-Thierry, Prêtre.

LA Vie des Vierges, ou les Obligations des Vierges Chrétiennes, *in 12. sous presse.*

La Vie des Gens mariez, ou les devoirs & les obligations de ceux qui s'engagent dans le Mariage, prouvées par l'Ecriture, par les saints Peres & par les Conciles. *in 12*

Là Vie des Veuves ou les devoirs & les obligations dés Veuves Chrétiennes. *in 12*

La Vie des Religieux & Religieuses, ou les obligations de ceux qui embrassent la Vie Monastique, prouvées par l'Ecriture, par les saints Peres & par les Conciles *in 12*

La Vie de Jesus-Christ dans l'Eucharistie, ou les bontez & les misericordes de J. C. dans l'Eucharistie, & les obligations des Fideles qui veulent participer avec fruit à ce divin Sacrement. *in 12*

Traité de la Vocation à l'Etat Ecclesiastique, & les obligations de ceux qui embrassent cet état. *in 12*

De Monsieur de Royaumont.

Histoire de l'Ancien & du Nouveau Testament, *in-folio*, avec un nouveau cours de planches en tailles-douces.
——La même Histoire *in 4°.* avec les mêmes planches.
——La même *in 12.* sans figures, de grand papier.
——Idem, petit papier, *sous presse.*

De Monsieur le Roux, Curé dans le Diocese de Chartres.

Concordia quatuor Evangelistarum, plenam rectè ordinatam concinneque, quo hærentem Domini nostri Jesu-Christi historiam nova eaque expeditissima arte exhibens ipsis scilicet sacris Scriptoribus, prout simul loquuntur, & regione cujusque collocatis & solis eorum verbis clarioribus, expressioribus & aliunde aptioribus, charactere nigro notatis, historieque filum formantibus; cum variis indicibus & annotationibus opera & studio.

Concorde des quatre Evangelistes representant l'Histoire de notre Seigneur Jesus-Christ selon l'ordre chronologique, & dans un seul tissu, où par le moyen de certaines marques fort naturelles, non seulement on voit tout d'un coup ce que chaque Evangeliste a de particulier, & ce qui est commun ou à deux, ou à trois, ou à tous les quatre ; mais aussi on peut sans aucune peine les lire un chacun séparement, & voir en quoi ils sont semblables, & en quoi ils sont differens. 2. vol. *in 8°.*

De Monsieur d'Aumat, Avocat du Roy à Clermont.

Les Loix Civiles dans leur ordre naturel, vol. *in-folio.*
——Le même, six volumes *inquarto.*
Les Soliloques de Gerlac, *in 12.*
La vie de Marie de Savoye, Reine de Portugal, & de l'Infante Isabelle sa fille, par le P. d'Orleans, de la Compagnie de Jesus. *in 12*
Histoire de France par M. Mezeray, 3. vol. *in 4°.*
——Le même 10. vol. *in 12.*
Description Geographique & Historique de la Morée, enrichie de cartes, *in 8°.*
La Vie des Saints illustres, par M. Arnaud d'Andilly. 2. vol. 8.
La Vie de M. Darenthon, Evêque d'Aler.
Gaitte, *de usura & fœnore.* *in 4°.*
La frequente Communion par M. Arnaud *in 8.* de Bruxelles.
La Tradition de l'Eglise sur la penitence, du même.
Theophili Antecessoris Institutionum libri quatuor ex Jacobi Curtii latina interpretatione. Joan. Doujatius, Antecessorum Parisiensium & Regiorum Professorum Primicerius, interpretationem, ubi opus videbatur, correxit, opus ipsum tum selectis VV. MM. Jacobi Cujacii & Car. Ann. Fabroti cum suis notis illustravit, Autoris errores judicavit, & paraphrasin distinxit amera versione.